Tira-teimas da língua portuguesa

"Na mão habilidosa do mestre da linguagem, que são os escritores maiores, as palavras se revestem de graça e simpatia, demonstram idade e sotaque, exalam o perfume das flores ou ferem de espinhos as mazelas dos homens, sussurram amores ou semeiam ódios, aplaudem os heróis ou flagelam os déspotas."

(Dicionário escolar da ABL)

Tira-teimas da língua portuguesa

J. Milton Gonçalves

5ª Edição (Revista e ampliada)
De acordo com a nova reforma ortográfica

GRYPHUS

Rio de Janeiro

© J. Milton Gonçalves

Revisão
Laila Christina de Carvalho Gonçalves
José Carlos Pereira
Miguel Damian Ribeiro Pessoa

Editoração Eletrônica
Rejane Megale Figueiredo

Capa
Alex Boulware e Julia Neiva

1ª edição – Presença Editores, 1993
5ª edição – Gryphus Editora, 2017

Adequado ao novo acordo ortográfico da língua portuguesa

CIP-BRASIL. CATALOGAÇÃO-NA-FONTE
SINDICATO NACIONAL DOS EDITORES DE LIVROS, RJ

G626t
5. ed.

Gonçalves, J. Milton
   Tira-teimas da língua portuguesa / J. Milton Gonçalves - 5. ed. rev. ampl. - Rio de Janeiro : Gryphus, 2017.

   380 p. : il. ; 21 cm.
   ISBN: 978-85-831-1090-3

   1. Língua portuguesa - Erros. 2. Língua portuguesa - Vícios de linguagem. I. Título.

17-39196
                                       CDD: 469.7
                                       CDU: 811.134.3'42

GRYPHUS EDITORA
Rua Major Rubens Vaz, 456 – Gávea – 22470-070
Rio de Janeiro – RJ – Tel: +55 21 2533-2508 / 2533-0952
www.gryphus.com.br– e-mail: gryphus@gryphus.com.br

"Como é rica nossa língua! E quanta coisa nela não há que de nós anda de todo em todo desconhecida!"

(Pe. José F. Stringari)

APRESENTAÇÃO

Se o título deste livro fosse *Dicionário de dúvidas de linguagem* não seria nenhum exagero, já que aborda centenas de problemas da língua portuguesa – rigorosamente em ordem alfabética –, tornando-se uma obra de referência muito prática e com uma didática bem descontraída.

Na seção *Questões vernáculas*, o leitor vai encontrar coisas insuspeitas: vai perceber, por exemplo, que a locução *lava jato* e o termo *lava-jato* são modelos sem identidade linguística, apesar de serem formas amplamente difundidas pela nossa imprensa. Mais pasmado vai ficar ao descobrir que *lírio do campo* não tem hífen, quando a regra (segundo o novo acordo) diz que palavras compostas designativas de espécie botânica, como *lírio-do-mar*, *lírio-do-brejo*, *lírio-das-pedras*, *lírio-do-vale*, *lírio-da-serra* e *lírio--roxo-do-campo* grafam-se com hífen.

O capítulo *Acidentes de redação* mostra palavras mal-empregadas ou desnecessárias que tornam a comunicação hilariante, como neste caso: **"Antes de morrer**, Cristiano Araújo fez um seguro de vida beneficiando seus familiares".

Os 150 pecados capitais da língua portuguesa representam um dos itens mais práticos e interessantes do livro. Nele estão os erros mais comuns provocados pela falta de conhecimentos básicos, como nestes passos: "O **mal** cheiro estava insuportável". "**Houveram** muitas reclamações".

Os anglicismos – palavras, locuções ou construções da língua inglesa, empregadas em nosso idioma – constituem um dos pontos altos deste manual, tanto pelo grande número de termos registrados quanto pela orientação correta da grafia, uso e pronúncia. Tudo fundamentado nos melhores dicionários britânicos e americanos da atualidade.

O *TIRA-TEIMAS DA LÍNGUA PORTUGUESA* passa a limpo todas essas dúvidas (e muitas outras) para que alunos, professores, jornalistas, radialistas e o público em geral possam se comunicar com segurança e perfeição.

O AUTOR

SUMÁRIO

QUESTÕES VERNÁCULAS 11

ACIDENTES DE REDAÇÃO 336

OS 150 PECADOS CAPITAIS 340

PALAVRAS COM MAIS DE UMA GRAFIA 356

PROSÓDIA 358

ESTRANGEIRISMOS – (Anglicismos) 359

DICAS SOBRE O USO DO HÍFEN 374

DICAS SOBRE ACENTUAÇÃO GRÁFICA 378

BIBLIOGRAFIA 380

A / há.

A preposição **a** expressa tempo futuro ou distância: *Ela chegará daqui a 15 dias. Estamos a 2km da praia.*

Há indica passado e pode ser substituído por **faz**: *Ele chegou há duas semanas. (= Ele chegou faz duas semanas).*

Anda em erro quem diz: *Ela partiu há dez anos atrás*. Aqui, o termo **atrás** está sobrando. A simples presença da palavra **há** já é o bastante para indicar tempo passado. Assim, ou se usa apenas **há**, ou se usa apenas **atrás**: *Ela partiu há dez anos* ou *Ela partiu dez anos atrás*.

Usa-se também para exprimir existência: *Há dois homens na sala. Havia duas crianças na rua.*

☞ Veja **CONCORDÂNCIA VERBAL**.

ATENÇÃO! – O verbo **haver**, no sentido de existir, não se usa no plural. Quando um verbo auxiliar aparece antes dele, deve também permanecer no singular. Aqui o verbo **haver** é impessoal; a impessoalidade, como afirmam alguns gramáticos, "é uma doença contagiosa". ***Houve*** *muitos problemas*. ***Haverá*** *muitas reclamações*. ***Deve haver*** *muitos candidatos*. ***Vai haver*** *inúmeros protestos*. ***Pode haver*** *vários imprevistos*.

A baixo / abaixo.

Grafa-se **a baixo** em oposição a **de cima**, em construções como: *A parede trincou de cima **a baixo**. Ela me olhou de cima **a baixo**. Ele observou a modelo de alto **a baixo**.*

Nos demais casos, usa-se **abaixo** (antônimo de *acima*): *A temperatura estava **abaixo** de zero. A água trouxe o muro **abaixo**. Em poucos segundos, o prédio veio **abaixo**.*

A casa / à casa.

Antes do termo **casa** (quando significa residência própria de quem fala) não ocorre o fenômeno da crase, já que, nesse caso, tal palavra não aceita a anteposição do artigo **a**: *Cheguei **a casa** muito tarde ontem.* Por isso é que se diz com naturalidade: *permaneci em casa, estive em casa, não saí de casa.*

No entanto, quando a palavra **casa** estiver especificada, a presença do artigo será obrigatória. Portanto, a crase será inevitável nesta construção: *Ontem fui **à casa** de meus avós.*

A cavaleiro / a cavalheiro.

A cavalheiro não existe. A expressão vernácula é **a cavaleiro**, que significa *com o domínio da situação, sem constrangimento, à vontade,* sobranceiro:

> "Ele *estava a cavaleiro* daquela situação." (Dic. escolar da ABL)

A cerca de / há cerca de / acerca de.

A cerca de indica distância aproximada: *Ele estava **a cerca de** 5 metros do acidente.*

Emprega-se **há cerca de** para indicar tempo decorrido. Equivale a *faz aproximadamente: Tudo isso sucedeu **há cerca de** 40 anos.*

Acerca de significa *a respeito de*: *Falaram **acerca dos** problemas sociais.*

EM TEMPO: Cerca de tem o sentido de *mais ou menos, aproximadamente*: ***Cerca de** 100 pessoas compareceram ao funeral.*

À custa de / as custas de.

Na primeira expressão (que significa *na dependência de, com o sacrifício de*), a palavra **custa**, assim como o artigo que a precede, deve estar sempre no singular: *Ele vive **à custa do** sogro.* A segunda é usada juridicamente para se referir às despesas processuais: *Coube ao marido pagar **as custas do** processo.*

ATENÇÃO! – No verbete **zangão**, o Dicionário Aulete (digital) define o referido termo da seguinte forma:

"Fig. Pej. Pessoa que vive *às custas de* outra, explorando-a; PARASITA."

No Dicionário contemporâneo da língua portuguesa (novíssimo Aulete), edição impressa, o erro foi reparado. Parabéns!

A distância / à distância.

O **a**, da expressão acima, não deve ser acentuado: *Havia rumores **a distância**.* Só ocorre crase quando o termo **distância** vier determinado: *Havia rumores **à distância** de dois quilômetros.*

Esta é a melhor trilha a seguir, em que pese o exemplo de Graciliano Ramos, em Vidas secas: *"Pedras de gamão estavam **à distância**".*

A domicílio / em domicílio.

Devemos usar **a domicílio** com verbos de movimento. **Em domicílio** se usa com verbos de quietação. Resumindo: levamos algo a domicílio; fazemos alguma coisa em domicílio: *Levamos pizzas* **a domicílio**. *Damos aulas de espanhol* **em domicílio**.

A expensas de / às expensas de / à expensa de.

Há gramáticos que aceitam as três locuções com o sentido de *à custa de*. O Volp só consigna as duas primeiras formas; o Dic. escolar da ABL registra as duas últimas.

☞ Veja **À CUSTA DE**.

A fim de / afim.

Escrevemos **afim** para indicar *semelhança, afinidade, parentesco*: *O português e o espanhol são idiomas* **afins**.

Grafamos **a fim de** para indicar *finalidade, propósito*: *Ele usava barba e bigode falsos* **a fim de** *não ser reconhecido. Nem sempre ele vai à escola* **a fim de** *aprender*.

A gota d'água.

A gota d'água (sem hífen) é o motivo culminante de um acontecimento: *O carrinho foi* **a gota d'água** *em sua expulsão*.

Mas com hífen: *pé-d'água, caixa-d'água, borda-d'água, pau-d'água, carga-d'água, cobra-d'água, queda-d'água, cabeça-d'água, lua-d'água, mãe-d'água, espelho-d'água, olho-d'água, pingo-d'água, flor-d'água*.

ATENÇÃO! – Quando se refere a um brilhante em forma de gota, usado em pingentes ou brincos, grafa-se **gota-d'água** (com hífen).

A grosso modo / grosso modo.

Não existe a expressão **a grosso modo** (nem **de grosso modo**) tão a gosto de algumas pessoas de certa idoneidade. O que temos é apenas **grosso modo** (sem preposição), que significa *de modo grosseiro, por alto, aproximado*: *Os exames preliminares revelaram,* ***grosso modo****, um desfalque superior a 500 mil dólares.*

À medida que / na medida em que.

Não devemos confundir essas expressões. A primeira significa *à proporção que, conforme*: **À medida que** *o tempo passa, nós nos tornamos mais saudosistas.* A segunda expressão corresponde a *tendo em vista que, uma vez que*: *É necessário prevenir as doenças,* ***na medida em que*** *elas existem.*

ATENÇÃO! – A expressão **à medida em que** não existe.

A menos / ao menos.

A menos refere-se a uma *quantidade menor que a esperada*: *A fazenda tinha 15 alqueires* ***a menos****.*

Ao menos significa *no mínimo, pelo menos*: *Dê-lhe* ***ao menos*** *alguns trocados.*

A menos de / há menos de.

Em **a menos de**, o **a** indica quantidade, distância ou tempo futuro: *Não é permitido estacionar* ***a menos de*** *5m da esquina. Estamos a* ***menos de*** *2 meses do Carnaval. Discursou* ***a menos de*** *15 pessoas.*

Na segunda locução, o **há** expressa tempo decorrido e pode ser substituído por **faz**: *Formou-se em medicina* ***há menos de*** *um ano.*

A palácio / ao palácio.

Quem tem uma audiência agendada vai **a** palácio: *O secretário foi* **a palácio** *reivindicar o cargo perdido.*

Quem vai fazer uma visita vai **ao** palácio: *Os turistas foram* **ao palácio** *tirar algumas fotos.*

A par / ao par.

Na forma culta da língua, a ideia de *estar ciente (estar inteirado) de alguma coisa* é expressa pela locução prepositiva **a par de**: *Ele está sempre* **a par** *dos últimos acontecimentos.*

A locução adjetiva **ao par** é expressão de uso exclusivamente comercial; designa *título ou moeda de valor idêntico*: *O dólar e o real já estiveram* **ao par**.

A persistirem / ao persistirem.

As duas formas são corretas, mas não têm o mesmo sentido. O primeiro caso expressa condição semelhante a *se persistirem* (= *caso persistam*).

A intenção da frase, amplamente divulgada na mídia, é indicar condição, ou seja, "se persistirem os sintomas, o médico deverá ser consultado", e não "ao persistirem os sintomas...", que equivale a "quando persistirem os sintomas...".

A ponto de / ao ponto de.

A ponto de equivale a *prestes a, na eminência de, de tal modo que, em perigo de*: *O prédio estava* **a ponto de** *desabar. A criança chorou tanto que estava* **a ponto de** *desmaiar.*

A segunda expressão só se usa quando **ponto** faz o papel de substantivo: *Regressamos **ao ponto de** partida*.

Ao ponto também se usa para designar carne medianamente assada: *Gosto de saborear uma picanha **ao ponto***.

A primeira vez em que.

Exemplificando o erro: "***A primeira vez em que** eu te vi, eu nunca me esqueci daquele dia...*" (Roberto Carlos, *O amor mais lindo da minha vida*.)

Nas expressões de sentido temporal, a palavra **que** é geralmente considerada conjunção, e as conjunções não aceitam o emprego de **em** antes delas. Corrija-se para: ***A primeira vez que** eu te vi, eu nunca me esqueci daquele dia...*

Se a expressão, contudo, começar por **na**, **no**, ou pelo verbo **haver**, o **que** passa a ser pronome relativo, e assim o **em** será bem-vindo:

☞ Veja NA ÉPOCA QUE.

Há momento em que a vida não faz mais sentido.
"*Houve vezes em que pensou em desistir.*" (Aulete)
"*No momento em que um chegava, o outro saía.*" (Aurélio)
Na primeira vez em que te vi,...

A princípio / em princípio / por princípio.

A princípio é sinônimo de *no começo*: ***A princípio**, a fazenda ia bem; depois, a seca dizimou os animais*.

Em princípio significa *em tese*: ***Em princípio**, todos somos iguais perante a justiça*.

Por princípio é o mesmo que *por convicção*: ***Por princípio**, não discuto religião nem política*.

À rua / na rua.

O verbo **morar**, assim como os termos **residente**, **sito** e **situado**, rege a preposição **em**, e não **a**:

> "Eu *morava na rua* do Bispo, numa casa de azulejo de quatro andares."
> (Camilo, Os brilhantes do brasileiro.)

A sós / só.

A sós é uma locução invariável: *Ele gosta de ficar a sós. Elas gostam de ficar a sós.*

Quando significa *sozinho*, **só** é adjetivo e, consequentemente, sofre variação: *Será que estamos sós no Universo?*

ATENÇÃO! – Quando **só** significa *somente, apenas*, é invariável: *De nosso caso, só restam boas recordações.* Como palavra denotativa, equivalente a *somente,* não varia: *Eles só não morreram porque não havia chegado a hora.*

À toa / à-toa.

Antes da reforma ortográfica, havia diferença de sentido entre estas duas expressões. **À toa** (sem hífen) era uma locução adverbial de modo: *Vivia à toa pelas ruas.*

À-toa (com hífen) era um adjetivo: *Ninguém a respeitava: era uma mulherzinha à-toa.*

Hoje, no caso em análise, o hífen desapareceu. Usa-se a mesma forma (**à toa**) para ambos os casos, e ponto-final.

A todos e a todas.

O notável colunista Josué Machado, em seu fabuloso *Manual da falta de estilo,* comenta: "Certas expressões nascem da seguinte forma: uma pessoa singela, mas em evidência, fala uma tolice, outra repete, às vezes vira manchete numa segunda-feira rala e vira moda".

Se não estou enganado, o criador dessa "pérola" é um ex-presidente da República de boca e bigode bem pronunciados. Não se trata, aqui, de uma pessoa singela, mas tem culpa no cartório. Foi ele quem nos enfiou goela abaixo a ridícula expressão **brasileiros e brasileiras**, que usava orgulhosamente para abrir seus discursos. A partir dessa criação "maravilhosa", os maria vai com as outras não se contiveram: asneiras semelhantes começaram a brotar em todo o País, tais como *deputados e deputadas, senadores e senadoras, professores e professoras, corintianos e corintianas* e coisas do gênero.

Quando se abre um discurso, utilizando-se de um substantivo para indicar nacionalidade ou profissão, basta usar o substantivo masculino no plural, e pronto. Quando se diz: *"O Brasil são os brasileiros",* fica clara a ideia de que todos os brasileiros estão inclusos.

Se **todos** é um pronome indefinido abrangente, chega-se à triste conclusão de que a expressão **a todos e a todas** vai além de um simples erro de linguagem, vai além da redundância; é, no mínimo, um crime de leso-patriotismo (se não for um homicídio triplamente qualificado).

À uma hora / há uma hora / a uma hora.

No primeiro caso, acentua-se o **a** porque precede um numeral indicando hora, e não um mero artigo indefinido (como na terceira expressão): *A aula começa **à uma hora**.*

Há uma hora equivale a *faz uma hora: A criança está chorando há uma hora.*

O terceiro caso indica tempo futuro: *Partirei daqui* **a uma hora.**

Abaixo-assinado / abaixo assinado.

O documento assinado por várias pessoas de caráter reivindicatório chama-se *abaixo-assinado* (com hífen). **Abaixo assinado** (sem hífen) aplica-se aos signatários do documento.

Abreviação / abreviatura / siglas.*

A **abreviação** é um processo de redução de palavras até o limite em que não haja prejuízo ao entendimento: **quilo** (por *quilograma*), **moto** (por *motocicleta*), **micro** (por *microcomputador*), **foto** (por *fotografia*), **pneu** (por *pneumático*).

Temos de distinguir **abreviação** da **abreviatura**, que é a representação de uma palavra através de suas sílabas ou de letras, como **a.C.** (por *antes de Cristo*), **cel.** (por *coronel*), **cf.** (por *confira* ou *confronte*), **etc.** (por *et cetera*), **ed.** (por *edição*).

A **sigla** é o conjunto das letras iniciais de um nome composto por duas ou mais palavras, formando ou não outra palavra; não deixa de ser uma abreviação especial, que se criou para facilitar a divulgação de um órgão ou empresa: **FAB** *(Força Aérea Brasileira)*, **ONU** *(Organização das Nações Unidas)*, **Petrobras** *(Petróleo Brasileiro)*, **Bovespa** *(Bolsa de Valores do Estado de São Paulo).*

---

* Siglas pronunciáveis (com mais de três letras) devem ser escritas apenas com a primeira letra maiúscula: *Masp, Unesp, Unesco, Sebrae, Volp,* etc.

Acaso / caso / se caso.

Acaso deve ser usado com a conjunção **se**: *Se acaso ela me ligar, diga-lhe que saí.*

Caso rejeita o **se**: *Caso ela me ligue, diga-lhe que saí.* É redundante fazer uso da expressão **se caso;** ambos os termos têm o mesmo significado. Ou se usa **caso** ou **se,** mas nunca os dois juntos.

Acenar lenços brancos.

Não! Assim não! Assim fica feio. O verbo **acenar** não é transitivo direto; exige a preposição **com**: *A torcida vibrava acenando com lenços brancos.* Eis um exemplo clássico de nossa literatura:

> "Pois ide! disse o capitão-mor acenando-lhe **com** a mão."
>
> (José de Alencar, *O sertanejo*.)

Adiar a data.

Datas não se adiam, trocam-se; a decisão, contudo, é que é passível de adiamento: *O diretor resolveu adiar a estreia da peça. A noiva decidiu trocar a data do casamento.*

Adrede / adredemente.

Adredemente não existe. O que nossa língua tem é **adrede**. Pronuncia-se [*adrêde*]; significa *de caso pensado, de propósito, intencionalmente*. É advérbio e, por isso mesmo, não aceita a terminação **mente**:

> "Embora, *adrede* construída, desde a véspera, vê-se uma jangada de quatro paus boiantes." (Euclides da Cunha)

Afora / a fora / fora.

Usa-se **afora** quando significar *à exceção de, além de, ao longo de, para o lado de fora*: **Afora** *o último volume, ele leu toda a coleção. Pedro herdou duas fazendas e três apartamentos* **afora** *alguns carros importados. Eles já viajaram muito por este mundo* **afora**. *Disse alguns palavrões e saiu porta* **afora**.

A expressão **a fora** só se usa em raras construções como *de fora* **a fora**, *de dentro* **a fora**, etc.

A palavra **fora** é usada como sinônimo de **afora** (quando significa exceto): **Fora** *os dois primeiros capítulos, o livro é interessante.*

Alerta(s).

Alerta significa *atento, vigilante*. A forma a ser usada depende da função gramatical. Como interjeição ou advérbio é invariável: *Soldados,* **alerta!** *(interjeição) Os soldados caminhavam* **alerta** *pelo acampamento. (advérbio)*

É variável quando for adjetivo ou substantivo: *Eram vigias* **alertas:** *não deixavam escapar nada. (adjetivo) Os gansos deram vários* **alertas***. (substantivo)*

Alto e bom som.

Expressão indicativa de clareza. Dizer **alto e bom som** é expressar-se de maneira audível, em voz alta, sem medir consequências. Não é aconselhável dizer **em** *alto e bom som*. A preposição, neste caso, tende a deixar a frase (que já é meio arcaica) um tanto ferrugenta:

> "...Proclamavam *alto e bom som* que voltara Balduíno Braço de Ferro."
> (Aquilino Ribeiro, *Portugueses das sete partidas*.)

Alugam-se casas.

Em orações desse tipo, o verbo vai para o plural quando é transitivo direto, isto é, quando não existe preposição entre a partícula apassivadora **se** e o substantivo no plural: **Consertam-se** *sapatos*. **Vendem-se** *livros usados*. **Alugam-se** *casas*.

☞ Veja TRATA-SE DE.

Amoral / imoral.

Embora a cada passo se confunda o uso dessas palavras, nem sempre é indiferente o emprego delas. **Imoral** refere-se a uma pessoa desonesta, ou a tudo que fere os bons costumes: *Quase todas as novelas da televisão são **imorais***.

Amoral aplica-se a tudo e a todos que ficam indiferentes à moral: *Muitos julgam a filosofia uma ciência **amoral***.

Anexo.

É bom lembrar que **anexo** não é advérbio, e sim adjetivo. Como tal, concorda em gênero e número com o substantivo a que se refere: *Seguem **anexos** os documentos. Seguem **anexas** as fotocópias. A certidão está **anexa** aos documentos.*

Como substantivo, **anexo** refere-se àquilo que está ligado como acessório: *O ovário é um **anexo** do útero.*

ATENÇÃO! – São condenadas construções como: ***Anexo** segue a certidão*. ***Em anexo** envio a duplicata*. ***Anexo** a esta, envio a certidão*.

☞ Veja EM ABERTO.

Ânsia / ânsias.

Ânsia (no singular) usa-se, de preferência, no sentido de *aflição, angústia*: *A falta de notícia do filho causava-lhe* **ânsia**.

Quando o significado for *náuseas*, é preferível empregar *ânsias* (no plural): *Comeu tanto que ficou com* **ânsias**.

Ante- / anti-.

Ante- e **anti-** são prefixos que não podem ser confundidos: o primeiro indica *anterioridade: antenupcial (anterior ao casamento)*. O segundo encerra a ideia de *contra: antinupcial (contra o casamento)*.

Ambos os prefixos só se usam com hífen antes de **h** ou quando tais prefixos terminarem na mesma vogal com que se inicia o segundo elemento: *anti-horário, ante-estreia, anti-inflacionário*.

Antes de / antes que.

Antes de (locução prepositiva) rege palavras ou orações reduzidas: *A noiva chegou* **antes do** *previsto. Ele tomou um copo de leite* **antes de** *sair*.

Antes que (locução conjuntiva) liga orações desenvolvidas: *O espetáculo deve terminar antes que comece a chover*.

Note que **depois de** e **depois que** seguem as mesmas regras: *Os torcedores só deixaram o estádio* **depois do** *apito final. Os torcedores só deixaram o estádio* **depois que** *o árbitro terminou o jogo*.

ATENÇÃO! – Evite, portanto, deslizes como: *O zagueiro chegou* **antes que** *o atacante e dominou a bola*.

Ao encontro de / de encontro a.

Há que observar a diferença entre essas duas expressões. A primeira locução exprime *conformidade*; a segunda tem sentido oposto. O exemplo, a seguir, é autoexplicativo: *A inflação – que vem **ao encontro da** gana de empresários inescrupulosos – sempre vem **de encontro ao** anseio do povo.*

Ao invés de / em vez de.

Ao invés de tem o sentido de *ao contrário de*: ***Ao invés de** economizar, gastava tudo que ganhava.*

Em vez de significa *em lugar de*: ***Em vez de** beber água, só bebe refrigerante.*

Aonde / onde / donde.

Poucas pessoas empregam tais palavras com propriedade. Usa-se **onde** com verbos de quietação (quando não há ideia de movimento): ***Onde** você mora? Eu sei **onde** ela trabalha.*

Aonde e **donde** são usadas com verbos que expressam movimento: A primeira exprime destino; a segunda, origem: ***Aonde** vão com tanta pressa? **Donde** vem toda essa gente?*

ATENÇÃO! – **Dadonde** não existe (pelo menos por enquanto).

Antiético / anético / aético / anti-ético.

Antiético é tudo que é *contrário à ética*. Suas variantes **anético** e **aético** têm abrigo no Volp.

Anti-ético, contudo, é forma inexistente, visto que **anti** só exige hífen antes de **h** e de **i**.

ATENÇÃO! – Não confunda os termos anteriores com o adjetivo **antético,** que – segundo o Aurélio – é *planta que pode florescer: "Planta **antética**".*

Aparecer / parecer.

Aparecer não é verbo pronominal. Assim, quando se deseja empregá-lo com o sentido de *fazer-se notar, pôr-se em evidência, exibir-se,* a forma correta será sempre: *ela faz isso só* **para aparecer**. E nunca: *ela faz isso só para* **se** *aparecer.*

Parecer, no entanto, significando *assemelhar-se a, ter a aparência de, parecer-se,* não se constrói sem a presença do pronome oblíquo: *Ela* **se parece** *com a mãe. Eu* **me pareço** *com meu pai.*

Apendicite.

Apendicite é substantivo feminino. Não obstante, muita gente anda por aí a dizer *o apendicite*. Incerteza que se agrava pelo fato de **apêndice** ser palavra masculina.

ATENÇÃO! – Não se pode dizer que alguém foi operado da **apendicite**, e sim do **apêndice**. Doenças sanam-se; órgãos, no entanto, é que são operados.

Veja alguns substantivos femininos que, volta e meia, são usados como masculinos por pessoas distraídas:

a acne	a bacanal	a ênfase	a ferrugem	a patinete
a agravante	a cal	a entorse	a gênese	a quitinete
a alface	a couve	a enzima	a libido	a sentinela
a aluvião	a dinamite	a faringe	a mascote	a soja
a apendicite	a echarpe	a fênix	a omoplata	a toalete

Apóstrofe / apóstrofo.

Apóstrofe é uma figura de linguagem que consiste em dirigir-se o orador (fazendo uma interpelação) a uma pessoa ou coisa real ou fictícia: "*Sabei cristãos, sabei príncipes, sabei ministros, que se vos há de pedir estreita conta do que fizestes*". (Pe. Antônio Vieira)

Apóstrofo é o sinal gráfico (') usado para indicar a supressão de uma ou mais letras.

Apreçar / apressar.

Apreçar é *procurar saber o preço de alguma coisa.* **Apressar** é *acelerar, tornar mais rápido:*

"*Apreçou aqui e ali a mercadoria e acabou comprando-a ao lado de casa.*" (Dic. escolar da ABL)

Apreender / aprender.

Apreender é *assimilar mentalmente, compreender: Esse menino* **apreende** *as questões com facilidade: tem uma memória privilegiada.*

Aprender é *instruir-se, reter na memória (através do estudo ou da experiência): Ela* **aprendeu** *a falar inglês em três meses.*

ATENÇÃO! – **Apreender** também significa *apropriar-se judicialmente: A polícia* **apreendeu** *toda a mercadoria roubada.*

Ar condicionado / ar-condicionado.

Sem hífen é *o ar refrigerado propriamente dito: O* **ar condicionado** *não me faz bem.* Com hífen, é *o aparelho que refrigera: Preciso comprar dois* **ares-condicionados**.

Arrear / arriar.

O primeiro significa *pôr arreios em:* **Arreou** *o cavalo e saiu campo afora.* O segundo é o mesmo que *abaixar, descer: Ao atleta não é permitido jogar com as meias* **arriadas.**

Arroz de carreteiro.

Arroz de carreteiro (sem hífen) é *arroz preparado com carne de sol.* As locuções ligadas por preposição, em geral, deixaram de ter hífen: *lua de mel, jogo da velha, pé de moleque, dor de cotovelo, pôr do sol,* etc.

Os termos que designam espécies botânicas ou zoológicas (como *joão-de-barro, castanha-do-pará* e *coco-da-baía*) não abrem mão do hífen. **Madressilva** e **girassol** constituem exceções.

ATENÇÃO! – Por tradição, *água-de-colônia, arco-da-velha, ao deus-dará, pé-de-meia, à queima-roupa, mais-que-perfeito,* e *cor-de-rosa* conservam o hífen. O que é difícil de entender (e a assessoria da ABL não explica) é a razão pela qual o Volp (5ª edição) lista **raio-do-sol** (com hífen). Que raio será esse!

É preciso ficar atento para as palavras de duplo sentido:

barriga de freira *(mármore avermelhado)*
barriga-de-freira *(tipo de feijão)*
bico de papagaio *(deformação óssea)*
bico-de-papagaio *(espécie de planta)*
cabeça de prego *(gíria tipográfica)*
cabeça-de-prego *(larva de mosquitos)*

olho de boi *(espécie de selo postal)*
olho-de-boi *(tipo de peixe)*
olho de gato *(dispositivo de segurança)*
olho-de-gato *(espécie de erva)*
pau de sebo *(mastro de festas)*
pau-de-sebo *(espécie de árvore)*

copo de leite *(alimento)*	pé de cabra *(alavanca metálica)*
copo-de-leite *(flor)*	pé-de-cabra *(espécie de planta)*
grão de bico *(tipo de alimento)*	pé de galinha *(rugas em torno dos olhos)*
grão-de-bico *(espécie de planta)*	pé-de-galinha *(espécie de planta)*
mão de vaca *(sovina)*	perna de pau *(jogador de má qualidade)*
mão-de-vaca *(tipo de árvore)*	perna-de-pau *(pernilongo)*

Ascensão / assunção.

Ambos os termos têm o mesmo significado: *subida, elevação*. O primeiro aplica-se ao Senhor; o segundo, à Virgem.

ATENÇÃO! – Nas tradições católicas, distinguem-se os termos: **ascensão** é a festa comemorativa da glorificação de Cristo, logo após sua morte, representada especialmente pela subida ao Céu por suas próprias forças; **assunção** refere-se à subida da Virgem Maria ao Céu (de corpo e alma) levada pelos anjos.

Aspirar.

Aspirar pede objeto direto quando o sentido for de *sorver, absorver, introduzir ar (ou qualquer fluido) para dentro dos pulmões: É uma delícia **aspirar** o perfume das flores. **Aspirar** ar puro é muito saudável.*

Quando seu significado for de *desejar, almejar*, pede objeto indireto com a preposição **a**: ***Aspiro** a uma vida melhor.*

ATENÇÃO! – O que pouca gente sabe, porém, é que este verbo não aceita como complemento o pronome **lhe(s)**, mas apenas as formas analíticas **a ele, a ela, a eles, a elas**: *Uma medalha olímpica – quem não **aspira a ela**?*

Assistir.

Convém que nos detenhamos um pouco neste caso. Há verbos que mudam de regência sem modificar o sentido: **puxar a** espada, **da** espada, **pela** espada. O verbo **assistir**, contudo, tem significados e usos distintos conforme a regência. Quando o significado for de *prestar assistência, socorrer, ajudar,* o verbo será transitivo direto: *A mãe sempre **assiste os** filhos nas horas difíceis.*

Quando, porém, significa *comparecer, estar presente,* constrói-se com objeto indireto: *Estilistas e modelos **assistiram aos** desfiles.*

ATENÇÃO! – O verbo **assistir**, assim como **aspirar** e **responder**, não aceita a forma pronominal **lhe(s)**, mas sim **a ele, a ela, a eles ou a elas**: *O espetáculo foi muito bom: muita gente assistiu **a ele**.* E nunca: assistiu-lhe.

Até / até a / até à / até há / até que.

Até pode indicar *tempo, distância* ou *inclusão*: *Trabalhamos **até** o pôr do sol. Fomos **até** o colégio. Comeu tudo, **até** pão amanhecido.*

Até a e **até** são formas análogas embora não exista unanimidade entre os gramáticos: *Fomos **até** o colégio.* / *Fomos **até ao** colégio. Fomos **até a** praia.* / *Fomos **até à** praia.* Muitos gramáticos acham desnecessário o uso da preposição **a** nesses dois exemplos. Contudo, a maioria considera o uso das duas preposições imprescindível para evitar ambiguidade. Veja como é obscura esta frase: *O rio inundou tudo, **até** o casarão da fazenda.* A incerteza aflui porque **até** tanto pode exprimir *limite* quanto *inclusão*. Se, no entanto, o casarão não foi inundado, basta fazer uso da preposição **a**, e o sentido da frase ficará claro: *O rio inundou tudo, **até ao** casarão da fazenda.*

Até que marca o limite da ação ou estado mencionados na oração principal: *Permaneça aqui até que a polícia chegue.*

Até há, com **h**, expressa ideia verbal: *Por incrível que pareça, até há quem diga que o homem ainda não foi à Lua.*

Atender.

Na maioria das vezes, tanto faz ser transitivo direto ou indireto.

---

1. **Dar atenção:** *O bom filho sempre atende (a)os conselhos da mãe.*
2. **Responder (a chamado):** *Ela nunca atende (a)o telefone.*
3. **Estar disponível para ouvir:** *O secretário atendeu mal (a)os prefeitos.*
4. **Dar consulta:** *Aquele médico nunca atende às / as pessoas carentes.*
5. **Responder (a chamado):** *Meu avô nunca atende a / à porta.*
6. **Deferir:** *O governador vai atender (a) nossa reivindicação.*
7. **Servir a:** *O garçom atendeu mal (a)os fregueses.*
8. **Receber:** *Não atendia ninguém aos sábados. (transitivo direto)*
9. **Cumprir ordem; obedecer:** *A mãe chamava, mas ele não atendia. (Int.)*

FONTE: *(Dicionário Houaiss / Dicionário escolar da língua portuguesa – ABL)*

Aterrar / aterrissar / aterrizar.

Todas as três formas são corretas para se referir à ação de pousar em terra. Seus substantivos correspondentes são **aterragem** e **aterrissagem**. O Volp (5ª edição) consigna os três verbos, porém não dá abrigo ao substantivo **aterrizagem**, que se encontra registrado no Aulete e no Aurélio.

Ateu.

Ateu é aquele que nega a existência de Deus. Feminino: **ateia** Pronuncia-se [*atéia*].

Confira algumas formas femininas que podem causar surpresas: **anfitrião:** anfitriã, anfitrioa; **aviador:** aviatriz; **bispo:** episcopisa, bispa; **bretão:** bretã; **charlatão:** charlatona; **folião:** foliona; **frei:** sóror; **profeta:** profetisa; **tabelião:** tabeliã, tabelioa.

ATENÇÃO! – Embaixatriz é a esposa do embaixador; **embaixadora** é a mulher que exerce as funções de um embaixador.

☞ **Veja SENATRIZ.**

Atrás / trás / traz.

Atrás é advérbio (com acento e com **s**). Tem o sentido de *na parte posterior: O ladrão estava **atrás** do muro.*

Trás corresponde a **atrás**. Usa-se sempre depois de uma preposição: *Pato joga melhor quando vem de **trás**. Crianças devem viajar no banco de **trás**.* **Traz** é forma do verbo **trazer**: *Será que o dinheiro **traz** felicidade?*

Através de.

A locução **através de** não deve ser usada para introduzir o agente da passiva, que – numa linguagem esmerada – constrói-se com **por**: *Os casos de indisciplinas serão resolvidos **pela** diretoria.* E não: *através da diretoria.*

Aumentativo / diminutivo.

Graus que modificam os substantivos para expressar aumento ou pequenez. Há dois tipos de aumentativo e diminutivo. **Analítico:** *casa grande, casa pequena*; **sintético:** *casarão, casinha.*

Eis alguns aumentativos e diminutivos que suscitam dúvidas:

GRAU NORMAL	AUMENTATIVO	DIMINUTIVO
aldeia	aldeia grande*	aldeola; aldeota
animal	animalaço	animalejo
beiço	beiçoca, beiçola, beiçorra	beicinho
boca	bocarra, boqueirão, bocaça	boquinha
cão	canaz, canzarrão	cãozinho, cãozito
chapéu	chapelão, chapeirão	chapelete, chapeleta
chuva	chuvão, chuvarada, chuveirão	chuvinha, chuvisco
corpo	corpaço, corpanzil	corpúsculo
dente	dentão, dentilhão, dentola	dentículo
fazenda	fazendão	fazendola, fazendinha
flor	florona (prefira *flor grande*)	florzinha, florinha
gato	gatão, gatarrão, gatorro	gatinho
homem	homão, homenzarrão	homenzinho, homúnculo
ilha	ilha grande*	ilhota, ilhéu, ilheta.
jornal	jornalaço	jornaleco (uso pejorativo)
mala	malotão	maleta, malote
mão	manzorra, mãozorra, manopla	manita
mulher	mulheraça, mulherão, mulherona	mulherzinha, mulherinha
nariz	nariganga, narigão	narizinho
ponte	ponte grande*	pontícula, pontilhão
rapaz	rapagão	rapazelho, rapazote.

* Os dicionários não registram o grau aumentativo de *aldeia, ilha,* nem de *ponte*. Isso significa que nem todos os substantivos têm a forma sintética para os graus aumentativo e diminutivo. Por isso é que se usam com frequência construções como *aldeia grande, ilha enorme, ponte longa, cara pequena.*

Auxílio / seguro (+ substantivo).

Sempre que o termo **auxílio** (assim como **seguro**) vier antes de um substantivo, indicando *benefício*, deverá ser ligado por hífen: *auxílio-doença, auxílio-enfermidade, auxílio-funeral, auxílio-maternidade, auxílio-natalidade, auxílio-reclusão, seguro-maternidade, seguro-saúde.*

ATENÇÃO! – Embora alguns gramáticos aceitem o plural em ambos os termos que compõem o substantivo, os dicionários Houaiss e Aurélio (o Volp inclusive) fazem a seguinte observação:

Auxílio + substantivo – *auxílio-doença; plural: auxílios-doença.*

Seguro + substantivo – *seguro-desemprego; plural: seguros--desemprego* ou *seguros-desempregos.*

Resumindo: **auxílio + substantivo** – só o primeiro elemento vai para o plural.

Seguro + substantivo – ambos os termos vão para o plural (ou só o primeiro). (Prefira a última forma.)

Avôs / avós / avos.

O plural de **avô (paterno)** + **avô (materno)** é **avôs**. Nos demais casos, usa-se **avós**.

ATENÇÃO! – Não devemos confundir essas palavras com o plural de **avo**, termo que se acrescenta a um cardinal superior a dez, para designar o numeral fracionário correspondente, como em *um onze avos, três doze avos,* etc.

☞ **Veja UM DOZE AVOS.**

B

Babador / babadoiro / babadouro.

Na linguagem esmerada, **babador** é aquele que baba muito; *babão*. **Babadouro** (ou babadoiro) é uma peça de pano, ou plástico, que se põe sobre o peito das crianças, enfermos ou idosos, presa ao pescoço, para que não sujem a roupa ao comer ou babar. O povo, no entanto, prefere *babador* a *babadouro*.

Bacharel.

Bacharel é o indivíduo diplomado em qualquer curso de graduação. A forma feminina e *bacharela*.

☞ Veja ATEU.

Bahia / baía.

O Acordo Ortográfico de 1911 eliminou o **h** utilizado para indicar o hiato (sequência de duas vogais pertencentes a sílabas diferentes), como em *jahu, sahida, bahia, sahude, atahude, bahu, ahi*, etc.

A partir de então, o hiato passou a ser indicado pelo acento agudo: *jaú, saída, baía, saúde, ataúde, baú, aí*, etc. O estado da Bahia, no entanto, manteve a grafia tradicional, mas as palavras derivadas do nome do estado são grafadas sem **h**: *baiano, laranja-da-baía, coco-da-baía, baianismo* (amor ardente à Bahia, ao seu povo e aos seus costumes), *baianidade* (o mesmo que *baianismo*).

ATENÇÃO! – O dic. Aurélio (ed. Século XXI), no verbete *água-de-coco*, apresenta o seguinte deslize: *"Albume líquido do **coco-da-bahia** ainda verde utilizado em geral como bebida refrigerante"*. É apenas mais uma evidência de que ninguém é perfeito.

EM TEMPO: Na 5ª edição, o termo, em apreço, foi revisado.

Baixar / abaixar.

Usa-se **baixar** nos seguintes casos:

1. Como verbo intransitivo: *O nível da água **baixou**. O preço dos combustíveis nunca **baixa**. A febre **baixou**;*

2. No sentido de emitir, expedir (decreto, ordem, portaria, etc.): *O presidente **baixou** um decreto;*

3. Obter cópias de um arquivo da *Internet (to download)*: *Ela **baixou** vários programas;*

4. Perder popularidade: *O prestígio do partido **baixou** no conceito da população;*

5. Tomar forma corpórea; materializar-se (ente espiritual): *Nem um exu sequer **baixou** em nosso terreiro;*

6. No sentido de curvar-se, inclinar-se: *Quando viu a mãe, ela **baixou** a cabeça.*

Nos demais casos (com objeto direto), um ou outro verbo têm uso corrente: *A lojas **abaixaram / baixaram** os preços. Quando o pai chegou, ele **baixou / abaixou** a voz.*

Barato / caro.

Barato e **caro**, quando empregados como advérbios, ficam invariáveis: *Os carros custam **caro**. Vende-se **barato** esta casa.* Como adjetivos, entretanto, devem concordar com o substantivo a que se referem: *Ela só usa sapatos **caros**. Sapatos **baratos** não duram muito.*

ATENÇÃO! – Devemos evitar a expressão *preço **caro*** (ou ***barato***). Esses termos já encerram a ideia de preço. Os produtos, no entanto, é que são caros ou baratos. Quem nunca ouviu este despautério?: *"A partir de amanhã, o preço do álcool **custará mais caro**".*

Bastante / bastantes.

Bastante, quando advérbio, é invariável: *Eles são **bastante** modestos;* como adjetivo, tem o significado de *suficiente* e, por conseguinte, flexiona-se em número: *Minha sogra tem **bastante** dinheiro. Temos provas **bastantes** para acusá-lo.*

Bastar / faltar / sobrar.

Esses verbos variam como qualquer outro verbo regular, isto é, concordam normalmente com o sujeito: ***Sobravam*** *recursos, mas **faltavam** projetos. **Bastam** dois ônibus para transportar todos os alunos.*

☞ Veja CONCORDÂNCIA VERBAL.

ATENÇÃO! – A expressão **basta de** é invariável: ***Basta de** impostos e mais impostos!*

Basta também se usa com o sujeito oracional: *Basta que ele diga... Basta-lhe dizer...* Mas nunca: *basta ele dizer...*

Bater / dar / soar (concordância).

Ao contrário de **fazer** e **haver** (invariáveis quando indicam tempo), os verbos **bater**, **dar** e **soar** concordam com o número de horas expresso, que é o sujeito da oração: ***Bateram*** *(deram, soaram) 11h no relógio da igreja:*

"As sete horas soaram." (Aulete)

ATENÇÃO! – Se a palavra **relógio** for o sujeito da oração, a concordância será no singular: ***Bateu*** *(deu, soou) 11h o relógio da matriz.*

"O carrilhão soava 10 horas." (Aurélio)

☞ Veja CONCORDÂNCIA VERBAL.

Bê-á-bá / beabá.

O Volp consigna ambas as formas, e o Houaiss as ratifica. Portanto, são formas fidedignas; não há como criticá-las. Referem-se ao conjunto das letras do alfabeto; *abecedário*. No sentido figurado, contudo, significam *os conhecimentos elementares de algum assunto: De política externa, ele só sabe o **beabá** (ou **bê-á-bá**)*.

Bem (+ hífen).

Quando os prefixos **bem, além, aquém, recém** e **sem** formam palavras com outros elementos, emprega-se o hífen: *bem-estar, bem-apessoado, bem-afortunado, bem-acostumado, além-mar, além-mundo, aquém-fronteiras, aquém-oceano, recém-casado, recém-chegado, recém-nascido, sem-cerimônia, sem-fim, sem--terra, sem-teto, sem-vergonha.*

Bem / bom.

Bem é advérbio; **bom**, adjetivo. *Bem* se opõe a *mal*; *bom*, a *mau*: *Ele trabalha **bem** porque é um **bom** funcionário. Quem é **bom** só pratica o **bem**.* (No último exemplo, **bem** é substantivo.)

Bem educado / bem-educado.

Bem educado (sem hífen) usa-se na voz passiva: *Alberto foi **bem educado** pelos avós.*

A palavra (com hífen) é adjetivo com o sentido de *polido, cortês, respeitoso: Henrique é um menino **bem-educado**.*

☞ Veja MAL EDUCADO.

Bem-feito / bem feito / benfeito.

Bem-feito é o particípio do verbo **bem-fazer** (*fazer algo com muito capricho*). Como adjetivo, tem o sentido de *feito com esmero, bem-acabado: unhas **bem-feitas**.*

Bem feito usa-se na voz passiva: *O trabalho foi **bem feito** por Cristina.* A mesma locução é empregada como interjeição irônica: ***Bem feito**! Sua mãe não queria que você brincasse com fogo.*

Benfeito é o particípio do verbo **benfazer** (*fazer o bem*). Apesar de o Volp consignar **benfazer**, ele só registra **benfeito** como substantivo (*benfeitoria*). Como adjetivo, **benfeito** (*que se benfez*) encontra abrigo no Aurélio e no Houaiss com os respectivos exemplos: *corpo benfeito, seios benfeitos*. O novíssimo Aulete, no entanto, registra *corpo bem-feito*, forma abonada pelo acadêmico e gramático Evanildo Bechara, que dispensa qualquer comentário.

Bem-vindo / benvindo.

Em edições anteriores (até 1999), o Volp abonava ambas as formas para dizer que uma pessoa era bem recebida num grupo, numa comunidade, numa cidade, etc. (Pouca gente sabe disso.) Agora só registra a forma com hífen.

Benvindo (ou Benvinda), contudo, sobrevive apenas como nome próprio: *Benvindo nem sempre era **bem-vindo**.*

Beneficente.

É quase desnecessário falar da grafia do adjetivo **beneficente** *(caritativo, que faz caridade),* visto que pouca gente deixa de escrever tal palavra corretamente. Cumpre, porém, advertir que a deturpada forma **"beneficiente"** às vezes aparece aqui e ali, em construções como *"promoção beneficiente", "churrasco beneficiente"* e coisas que tais.

Não custa lembrar que algumas pessoas menos cautelosas também tropeçam no substantivo **beneficência** *(hábito ou virtude de fazer o bem)* grafando-o **"beneficiência"**: *Madre Tereza de Calcutá era conhecida pela sua **beneficência**.*

☞ **Veja DEPEDRAR.**

Berruga / Verruga.

Ambas as palavras têm o respaldo dos melhores dicionários da atualidade para se referir a *um crescimento arredondado e duro na superfície da pele.*

Verruga é a forma erudita proveniente do latim: vem de *verruca*. **Berruga**, no entanto, é uma deturpação da linguagem popular que o Volp também recebeu de braços abertos.

Bicampeão / bi-campeão.

Os elementos de composição **bi, tri, tetra, penta, hexa**, etc. ligam-se ao termo seguinte sem hífen: *O Brasil sagrou-se **bicampeão** mundial de futebol em 1962.*

Da mesma forma, grafam-se *tricampeão, tetracampeão, pentacampeão, hexacampeão, heptacampeão, octocampeão, eneacampeão, decacampeão, hendecacampeão, dodecacampeão, tridecacampeão...*

Bife à cavalo*.

É desanimador o que se passa no Brasil com a língua portuguesa. Entre outros, erro que se vem cada vez mais firmando é o de acentuar o **a** antes de substantivos masculinos e de verbos.

Só há crase antes de palavras masculinas quando estiver subentendida a expressão **à moda de** (ou **à maneira de**): *filé à chateaubriand, gol à Pelé, drible à Rivelino.*

Antes de verbos não ocorre crase porque não há a presença do artigo: *Descontos **a partir** de 50%.*

☞ **Veja CRASE.**

Bimensal / bimestral.

Bimensal refere-se a algo que ocorre quinzenalmente, isto é, duas vezes por mês. Quando o intervalo é de dois meses, diz-se **bimestral**.

---

* Segundo o cronista Luís Edmundo M. P. da Costa (1878-1961), "um bife com ovo em cima, era denominado, nas primeiras décadas do século XX, de *bife com ovo a cavalo*". Como o povo gosta de fazer as coisas às avessas, com o passar do tempo prevaleceu a lei do menor esforço: cavalo virou cavaleiro, e vice-versa.

Biotipo / biótipo.

Ambos os termos são usados para se referir ao tipo físico de um indivíduo.

Também com dupla grafia: *autópsia, autopsia; biópsia, biopsia; necrópsia, necropsia; triglicéride, triglicerídeo; diabete, diabetes; tiroide, tireoide: drágea, drageia; cisto, quisto; panarício, panariz.*

Blá-blá-blá / blablablá.

Os vocábulos onomatopaicos passam a ter hífen: *blá-blá-blá,* tique-taque, *tim-tim, zigue-zague, zum-zum (= zum-zum-zum), lenga-lenga, tró-ló-ló, rame-rame, bi-bi, nhem-nhem-nhem (= nhe-nhe-nhem).*

Bochincho / bochinche.

Ambos os termos prestam-se para designar *confusão ou briga em que se envolvem várias pessoas; bate-boca.* Ainda existem mais duas variantes: **bochicho** ou **buchicho**, mas nunca **buxixo**.

Bolsa-Escola / Bolsa-Família.

Quando se referem ao nome do programa são substantivos próprios e masculinos; devem ser grafados com iniciais maiúsculas: *O **Bolsa-Família** e o **Bolsa-Escola** já ajudaram muitas pessoas que vivem em situação de extrema pobreza.*

O benefício, porém, é substantivo comum e feminino: *Só recebe a **bolsa-escola** quem mantém a criança na escola. Para receber a **bolsa-família** é preciso manter o cadastro atualizado.* Segundo a assessoria da ABL, essas palavras grafam-se com hífen.

Bom dia / bom-dia.

Assim como **boa-tarde** e **boa-noite**, só escrevemos **bom-dia** (com hífen) quando estivermos falando do cumprimento: *Ela deu-me um **bom-dia** muito caloroso. Ela o cumprimentou, mas deu para perceber que foi um **bom-dia** forçado.*

No discurso direto, porém, não há hífen: ***Bom dia**, dona Antônia.*

ATENÇÃO! – Quando não se trata de cumprimento, não se usa hífen (ainda que os termos estejam determinados): *Ela está mal-humorada porque não teve uma **boa noite**. Aqueles **bons dias** que passamos juntos jamais serão esquecidos.*

Bom senso.

Oficialmente, **bom senso** não tem hífen. (Fiquemos atentos!)

ATENÇÃO! – Ao folhear aleatoriamente a 5ª edição do Volp, deparei-me com **bom-senso** (hifenizado). Ao examinar a versão *on-line* do referido Vocabulário, confesso que fiquei um tanto ou quanto confuso: **bom-senso** (com hífen) não consta da preciosa ferramenta eletrônica.

Num gesto louvável, a assessoria da ABL confirmou a vernaculidade de **bom senso** (sem hífen), e adiantou que a divergência será desfeita na próxima edição. Eis um ato de dignidade e de bom senso.

Bom-tom.

Comportamento fino, bem-educado:

"Não é *bom-tom* falar mal dos outros." (Dic. escolar da ABL)

BOVESPA / Bovespa (siglas*).

Apesar de o novo Acordo Ortográfico não abordar a questão das siglas, os grandes veículos de comunicação da imprensa brasileira adotam as seguintes normas:

1. "Siglas pronunciáveis com mais de três letras devem ser escritas apenas com a primeira letra maiúscula": **Bovespa** *(Bolsa de Valores do Estado de São Paulo)*, **Petrobras** *(Petróleo Brasileiro S.A.)*, **Volp** *(Vocabulário Ortográfico da Língua Portuguesa)*, **Masp** *(Museu de Arte de São Paulo)*, **Ibope** *(Instituto Brasileiro de Opinião Pública e Estatística)*, **Sucen** *(Superintendência de Controle de Endemia)*, **Bird** *(Banco Internacional para a Reconstrução e Desenvolvimento)*.

2. Já a sigla formada por menos de quatro letras deve ser escrita com todas as letras maiúsculas (independentemente de ser ou não pronunciável): **ONU** *(Organização das Nações Unidas)*, **HC** *(Hospital das Clínicas)*, **IOF** *(Imposto sobre Operações Financeiras)*, **CAN** *(Correio Aéreo Nacional)*, **CEF** *(Caixa Econômica Federal)*.

3. Siglas pronunciáveis destacadamente (formadas por mais de três letras) devem ser grafadas com todas as letras maiúsculas: **CDHU** *"cê-dê-agá-ú" (Companhia de Desenvolvimento Habitacional e Urbano do Estado de São Paulo)*, **IBGE** *"i-bê-gê-é" (Instituto Brasileiro de Geografia e Estatística)*, **CBTU** *"cê-bê-tê-ú" (Companhia Brasileira de Trens Urbanos)*.

---

* Não custa lembrar que também existem as siglas mistas como a UFSCar *(Universidade Federal de São Carlos)* para distinguir da já existente UFSC *(Universidade Federal de Santa Catarina)*.

Brasileiro / brasilense.

Embora a primeira forma seja a mais comum, ambas são lícitas para se referir à pessoa que nasceu no Brasil ou àquele que possui cidadania brasileira; ou a algo pertencente ao Brasil. O Aurélio e o Houaiss ainda registram *brasiliano, brasílico, brasiliense e brasílio* (com o aval do Volp).

Braguilha.

Parte dianteira das calças, desde o cós na cintura até entre as pernas. O Houaiss também consigna *barguilha, barriguilha e bragueta* como variantes.

Brigar entre eles / brigar entre si.

Quando o sujeito pratica e recebe a ação, o correto é usar **entre si**: *Nas torcidas organizadas, por falta de oponentes, muitos torcedores* **brigam entre si**.

Não havendo reciprocidade (sujeito e complemento diferentes), a forma correta será sempre **entre eles**: *Nunca houve e nunca haverá paz* **entre eles**.

Brocha / broxa.

Brocha é *tacha* (prego curto de cabeça larga e chata); **broxa** é *pincel grande* empregado em caiação ou pintura comum.

Bucho / buxo.

Bucho é *estômago de animais*, excetuando-se as aves. No sentido figurado, significa *mulher feia*. **Buxo** é *nome de planta*.

C

Cabeleireiro / cabelereiro.

A primeira forma é a correta, em que pese a repetição do sufixo **ei**. Ocorre que o referido termo não deriva de **cabelo**, mas de **cabeleira**.

Caçar / cassar.

Caçar é perseguir (animais silvestres) para prender ou matar. **Cassar** é tornar nulo ou sem efeito, revogar: *cassar o direito, o mandato, etc.*

Caibo / cabo.

Ambos os termos são irrepreensíveis, mas não têm o mesmo significado. **Caibo** é forma do verbo **caber**: *Acho que não caibo naquela cama.*

Cabo é termo usado em várias acepções: a) *militar imediatamente abaixo do sargento; b) parte de um instrumento ou objeto por onde se prende, segura ou maneja algo; c) ponta de terra que se projeta mar adentro; d) extremo, fim; e) feixe de fios metálicos; f) fio grosso usado para transmissão de correntes elétricas.*

Cada / cada um.

Na linguagem coloquial é comum o uso do pronome **cada** isoladamente: *Os livros custaram R$50,00 cada.* Os gramáticos, no entanto, preconizam o uso de **cada** apenas como pronome de função adjetiva, isto é, só quando precede um substantivo (ou um pronome com função de substantivo): *Os livros custaram R$50,00 **cada um**. O Campeonato Mundial de Futebol se realiza a **cada quatro anos**.*

Café-concerto.

Casa de diversões onde o público bebe assistindo a números musicais e de variedades. Pl.: *cafés-concerto* e *cafés-concertos*.

Caixa.

O termo **caixa**, quando se refere à função de uma pessoa, deve concordar com o sexo do funcionário: *Antônio é **o caixa** mais velho do banco*. Em se tratando de mulher, dir-se-á **a caixa**: *Teresa é **a caixa** mais competente da loja:*

"*A caixa* contava as notas calmamente, sem se preocupar com os que esperavam." (Dic. Unesp)

"*O caixa* ficou nervoso com a demora do cliente." (Idem)

"Ela era *a caixa* da empresa." (Eduardo Martins, *Manual do Estado*.)

Cal.

É verdade que se diz comumente *na marca do cal*, mas não se pode negar que a forma correta é *na marca da cal*, porque **cal** é substantivo feminino. Daí as expressões *cal hidratada*, *cal viva*, *cal terçada*, *cal gorda*, *cal magra*: *Na cobrança do pênalti, a bola deve ficar na marca **da cal**.*

☞ Veja APENDICITE.

Caligrafia bonita.

O termo origina-se do Grego *Kalligraphía*: **Kalli** (*belo*) mais **graphía** (*escrita*); assim temos **caligrafia** = *escrita bela*.

Quando a palavra foi incorporada ao nosso idioma, perdeu seu sentido de origem e passou a significar simplesmente *maneira própria de escrever à mão*. Assim, passamos a ter *caligrafia bonita, caligrafia feia, caligrafia librária**:

> "Só escreve à máquina por ter *péssima caligrafia.*" (Dic. Houaiss)

Calvice / calvície.

Conquanto ambas as formas sejam usadas até por pessoas de certo merecimento, não há dúvida de que a grafia correta é **calvície** (*perda parcial ou completa de cabelos na cabeça*): *A **calvície** do governador paulista é bem pronunciada:*

> "A *calvície* do rapaz manifestou-se muito cedo." (Dic. Aurélio)

Candidatos a vereadores.

Essa expressão é tão fascinante quanto **candidatos a deputados, candidata a vereadora** e outras "maravilhas" que se veem aos montes em campanhas eleitorais.

Os cargos a que as pessoas se candidatam devem ficar sempre no singular masculino, sem levar em conta o sexo dos concorrentes: *Pureza é forte **candidata a vereador**. Há cinco **candidatos a deputado** em nossa região. Os **candidatos a vereador** estão confiantes na vitória.*

---

* Segundo os dicionários Aurélio e o Caldas Aulete, **caligrafia librária** é *a caligrafia esmerada, em manuscritos de luxo.*
Não obstante as fontes mencionadas, o adjetivo **librário** não encontra abrigo em nossos dicionários, nem na 5ª ed. do Volp. Segundo a assessoria do vocabulário oficial, o termo poderá ser incluído na próxima edição. Vamos aguardar.

> **ATENÇÃO!** – O cargo fica obrigatoriamente no feminino quando pertencer exclusivamente a mulheres: *São todas **candidatas a merendeira**. Havia apenas duas **candidatas a costureira**.*

Canja de galinha.

A velha máxima diz que "cautela e canja de galinha não fazem mal a ninguém". **Canja de galinha** pode não fazer mal à saúde, mas à comunicação faz (e muito!). Essa superabundância tem caráter popular e familiar. A forma correta, contudo, e apenas **canja**, já que toda canja é feita de caldo de galinha. Ou não é? Eis outras construções que devem ser evitadas:

amigo **pessoal**
anção **idoso**
barba **na cara**
conclusão **final**
consenso **geral**
conviver **junto**
criar **novos** empregos
dar **de graça**
decapitar **a cabeça**
demente **mental**
descer **para baixo**
elo **de ligação**
encarar **de frente**
entrar **para dentro**
exultar **de alegria**
goteiras **no teto**
há muitos anos **atrás**
habitat **natural**
inaugurar algo **novo**

introduzir **dentro**
labareda **de fogo**
manter **o mesmo**
multidão **de pessoas**
novidade **inédita**
outra alternativa
panorama **geral**
pequenos detalhes
planos **para o futuro**
pomar **de frutas**
protagonista **principal**
repetir **de novo**
sair **para fora**
sorriso **nos lábios**
sua **própria** autobiografia
subir **para cima**
surpresa **inesperada**
vereadores **da câmara municipal**
viúva **do falecido**

[Como se percebe, o exagero está nos termos em negrito.]

☞ Veja ELO DE LIGAÇÃO.

Cardeal / cardial.

Cardeal é *nome de ave*. Usa-se, também, para designar cada um dos prelados do Sacro Colégio pontifício, que são responsáveis pela eleição do Papa. **Cardeal** é ainda termo que aparece na expressão *pontos cardeais*.

Cardial, contudo, é palavra muito pouco usada: refere-se à **cárdia** (*abertura superior do estômago*).

ATENÇÃO! – **Cardeal** como adjetivo tem o sentido de *principal*:

"A razão *cardeal* de toda a superioridade humana é sem dúvida a vontade." (José de Alencar, *A pata da gazela*, apud Aurélio.)

Casa geminada / casa germinada.

A primeira forma é a correta. **Geminado** vem de gêmeo; *casas gêmeas*. Dizer **casa germinada** é afirmar que ela nasceu por meio de uma semente. E pode?

Cegar / segar.

Cegar é *tornar cego, impedir de ver ou tirar o gume de uma faca, navalha, tesoura*, etc.

Segar significa *cortar, ceifar*. Diz-se, também, *segar (um alimento) em fatias finas*.

Cela / sela.

Cela tem vários significados: *pequeno quarto de dormir; aposentos de frades ou de freiras nos conventos; quarto de presos nas penitenciárias; cada cavidade dos favos das abelhas*.

Sela é *arreio* (apetrechos que se colocam sobre um cavalo, no qual se assenta o cavaleiro).

Censo / senso.

Censo é *recenseamento* (conjunto dos dados estatísticos dos habitantes de uma determinada região).

Senso é *juízo* (faculdade de julgar, de apreciar).

Cerração / serração.

Cerração é *nevoeiro espesso, neblina, bruma.*

Serração é o ato de serrar (cortar com serra ou serrote); emitir um som estridente como o do serrote:

"O pássaro *serrava* ao crepúsculo." (Dic. Aulete)

Cessamento / sessamento.

Cessamento é o mesmo que **cessação**, ou seja, *o ato de cessar, parar, interromper.* Na linguagem forense, indica *paralisação de uma atividade jurídica; passando, por conseguinte, a ter novo aspecto.*

Sessamento é sinônimo de **sessação**; refere-se à *ação de sessar, peneirar.*

Chá / xá.

A princípio, **chá** era apenas a infusão de folhas especiais oriundas da Índia e da China. Por extensão, passou a designar qualquer infusão preparada com folhas, raízes, flores secas, frutos secos ou cascas de outras plantas: *chá de erva-cidreira, chá de boldo, chá de canela, chá de camomila,* etc.

Xá é palavra proveniente da língua persa; significa *soberano.*

Chácara / xácara.

Ambas as grafias são corretas, porém não são equivalentes. A primeira é uma propriedade rural (pequeno sítio), frequentemente destinada ao lazer; a segunda é uma narrativa popular em versos, geralmente acompanhada ao som de viola.

Chamar a atenção.

Faz-se muita confusão quanto ao uso destas duas construções: *chamar a atenção de alguém* e *chamar alguém à atenção*. A primeira se usa para pedir cuidado a alguém para algum fato: *O técnico* **chamou a atenção** *do goleiro para as bolas cruzadas na área;* a segunda é usada no sentido de advertência: *O árbitro* **chamou** *o atacante* **à atenção**.

A expressão também é usada com o sentido de *despertar, atrair o interesse (de alguém): A maneira como ela anda* **chama a atenção** *até dos cegos.*

ATENÇÃO! – Embora seja correto afirmar que *o árbitro chamou o atacante à atenção,* não se pode dizer que *o atacante foi chamado à atenção pelo árbitro*. Nesse caso, o verbo **chamar** não se constrói na voz passiva. Aqui, temos que nos valer de verbos transitivos diretos como **admoestar, repreender, advertir.**

Checar / xecar.

Checar é *verificar, examinar, aferir, conferir, fiscalizar, estabelecer correção.*

Xecar, segundo o Volp, é *"dar xeque ao rei"*. (Lance, no jogo de xadrez, em que o rei do adversário encontra-se em perigo iminente.)

Vale a pena mencionar que **xecar** é um termo pouco encontradiço. Dos dicionários mais usados no Brasil, apenas o Michaelis consigna-o como variante de **xequear,** outra forma que raramente encontra abrigo em nossos léxicos, mas que conta com o abono oficial.

Choveram vaias.

O verbo **chover** é impessoal quando indica fenômeno da natureza. Nesse caso, conjuga-se apenas na terceira pessoa do singular; em sentido figurado, porém, concorda normalmente com o seu sujeito:

"*Choviam pétalas sobre os campeões.*" (Domingos P. Cegalla)

Ciclo vicioso / círculo vicioso.

Nota-se uma viva tendência de usar a expressão **ciclo vicioso** em vez de **círculo vicioso**, que é a forma correta: refere-se a *uma sucessão de ideias ou fatos que voltam sempre à situação inicial.*

Se círculo vicioso não é lá a oitava maravilha do mundo moderno, o que se dirá de *ciclo vicioso*, que nem sequer existe.

Cólera*.

Houve uma época em que se fazia muita confusão quanto ao gênero dessa palavra. Hoje, com exceção do Aurélio (que não aceita a forma masculina), todos os demais dicionários modernos têm a seguinte opinião: quando se refere ao sentimento de *violência, fúria*, é feminino; com referência à doença infecciosa aguda, contagiosa *(cólera-morbo),* é masculino.

---

* "Quando se trata da doença, tanto os que dizem 'o cólera' como os que preferem 'a cólera' têm respeitáveis autoridades em que se apoiar." (Odilon Soares Leme)

Coletivo.

(Diz-se do substantivo que, no singular, indica uma coleção de seres da mesma espécie.)

Veja alguns dos coletivos mais comuns*:

acervo: *de livros*
álbum: *de fotografias*
alcateia: *de lobos*
antologia: *de trechos literários*
armada: *de navios de guerra*
arquipélago: *de ilhas*
assembleia: *de pessoas reunidas*
atilho: *de espigas de milho*
atlas: *de mapas*
banca: *de examinadores*
banda: *de músicos*
bando: *de malfeitores, de aves*
batalhão: *de soldados*
cacho: *de uvas, de bananas*
cáfila: *de camelos*
cambada: *de ladrões*
cancioneiro: *de canções, de poemas*
caravana: *de viajantes peregrinos*
cardume: *de peixes*
clero: *de sacerdotes*
colmeia: *de abelhas*
concílio: *de bispos*
congresso: *de parlamentares*
constelação: *de estrelas*
corja: *de vadios*
elenco: *de artistas*
enxoval: *de roupas*

esquadra: *de navios de guerra*
esquadrilha: *de aviões*
fato: *de cabras*
fauna: *de animais de uma região*
feixe: *de lenha, de capim*
frota: *de navios, de ônibus, de táxis*
girândola: *de fogos de artifício*
junta: *de médicos, de examinadores*
legião: *de anjos, de demônios*
leva: *de presos*
manada: *de bois, de elefantes*
matilha: *de cães de raça*
molho: *de chaves*
ninhada: *de pintos*
nuvem: *de insetos*
panapaná*: *de borboletas*
pelotão: *de soldados*
penca: *de bananas, de chaves*
pinacoteca: *de pinturas*
plantel: *de bons animais, de atletas*
quadrilha: *de ladrões, de bandidos*
ramalhete: *de flores*
repertório: *de obras musicais*
réstia: *de alhos, de cebolas*
revoada: *de pássaros*
romanceiro: *de poesias narrativas*
vara: *de porcos*

---

*   Tem como variante: panapanã.

Colmeia.

Termo usado para se referir a um *cortiço (ou outra acomodação) de abelhas*. Tanto podemos pronunciar [*colméia*] quanto [*colmêia*]. No Brasil, é mais comum a pronúncia com o ditongo (éi) aberto; em Portugal, prefere-se a pronúncia fechada.

Comgas / Petrobras / Eletrobras.

O que essas palavras têm em comum? A impropriedade ortográfica, é claro!

Ocorre que as abreviaturas são flutuantes e a ABL não legisla sobre elas, mas recomenda que as siglas sigam as regras ortográficas estabelecidas para os nomes comuns, ou seja, palavras oxítonas terminadas em <u>a</u> (seguida ou não de <u>s</u>) devem ser acentuadas.

Tudo começou quando a Petrobras, ainda no século passado, resolveu abolir o acento justificando a medida como um imperativo pela internacionalização da empresa (como se o acento agudo no <u>a</u> fosse um entrave na expansão de seus negócios). Posteriormente, a Comgas e a Eletrobras seguiram a mesma trilha.

A pergunta que fica é a seguinte: Com essa medida politicamente pouco correta, essas empresas não estariam induzindo crianças (e até adultos mais ou menos escolarizados) a grafarem palavras como *Telebrás, Liquigás, Abegás, Sindigás, Radiobrás* e *Intelbrás* sem acento? (Se é que ele já não foi rejeitado por algumas dessas empresas também.)

Comprimento / cumprimento.

Comprimento é *a extensão de alguma coisa*. **Cumprimento** é, entre outras coisas, *o ato de cumprimentar uma pessoa*.

Concordância verbal.

Acomodação flexional de um verbo com o sujeito da oração.

1. O VERBO PERMANECE NO SINGULAR:

a) Quando o sujeito é representado por um coletivo: *A **multidão esperava** impacientemente.*

b) Quando os sujeitos são resumidos por **tudo, nada, ninguém, nenhum**, etc.: *A mãe, o pai, os irmãos, **ninguém** o **impediu** de deixar a casa.*

c) Quando o verbo **ser** é usado com ideia de quantidade: ***Mil reais é** muito por uma bugiganga dessas.*

d) Com o verbo **fazer** usado em expressão de tempo: ***Faz dez anos** que ela morreu.*

COMPARE: *Fazem dez anos todos esses acontecimentos lastimáveis*. Aqui, "todos esses acontecimentos lastimáveis" é o sujeito de *fazem*.

e) Com o verbo **haver**, no sentido de existir: ***Houve** muitas reclamações.*

ATENÇÃO! – O verbo **haver**, no sentido de existir, não se usa no plural. Quando um verbo auxiliar aparece antes dele, deve também permanecer no singular. Vale a pena lembrar que o verbo **existir**, no entanto, concorda normalmente com o sujeito: ***Existem** corruptos na política*. Se **existir** vier precedido por um verbo auxiliar, este também concorda com o sujeito: ***Devem existir** corruptos até no Vaticano.*

f) Quando o sujeito é representado por uma frase: *"Ordem e progresso" **é** nosso lema.*

g) Quando dois sujeitos, no singular, vêm ligados *por* **bem como, assim como:** *O substantivo,* **assim como** *o adjetivo,* **flexiona-se** *em gênero, número e grau.*

h) Quando o sujeito é representado pela expressão **mais de um**: **Mais de um** *candidato* **deverá** *ser aprovado.*

COMPARE: Do ponto de vista lógico, a expressão *mais de um torcedor* representa dois ou mais torcedores. Por capricho, entretanto, o verbo despreza a lógica e permanece no singular para concordar com o numeral **um**. E a expressão *menos de dois*, que teoricamente expressa unidade, exige o verbo no plural. São coisas da vida, ou melhor, da língua.

ATENÇÃO! – É de rigor o plural quando o verbo exprime reciprocidade: **Mais de um** *jogador* **cumprimentaram-se.**

Se a expressão vier repetida, o verbo também vai para o plural: **Mais de um** *palmeirense,* **mais de um** *são-paulino* **foram** *presos.*

2. VERBO NO PLURAL:

a) Quando a oração apresentar sujeito composto: *O Sol e a Lua* sempre **existirão**.

b) Quando o verbo **ser** tiver como sujeito **tudo, nada, isto** ou **aquilo** (e seu predicativo estiver no plural): *Na vida, nem* **tudo são flores***.

c) Quando os nomes de rios, cidades e países vierem precedidos de artigo no plural: **Os** *Estados Unidos* **representam** *uma potência tecnológica.*

---

* A concordância no singular TUDO É FLORES, ainda que tenha sido advogada por alguns escritores de nomeada (como Júlio Ribeiro e outros), deve ser evitada em nossos dias.

ATENÇÃO! – Se o sujeito não estiver precedido de artigo no plural, o verbo deverá permanecer no singular: *O Amazonas é o maior rio brasileiro.*

d) Quando o sujeito é representado pela expressão **menos de dois**: *Menos de dois torcedores invadiram o campo.*

e) Sempre que a partícula **se** vier entre um verbo e um substantivo no plural, o verbo deverá concordar com o substantivo, que é o sujeito da oração: ***Alugam**-se casas.* ***Consertam**-se sapatos.* ***Vendem**-se revistas usadas.* ***Dão**-se aulas de espanhol.* ***Vendem**-se produtos importados.*

ATENÇÃO! – Se, contudo, aparecer uma preposição (geralmente **de**) antes do substantivo, este se transforma em objeto indireto (a oração passa a ter sujeito indeterminado) e o verbo permanece rigorosamente no singular, visto que não há voz passiva pessoal com verbos transitivos indiretos: ***Trata**-se de jogadas ensaiadas.* ***Necessita**-se de vendedores com prática.* ***Precisa**-se de professores.*

3. O VERBO PODERÁ FICAR NO SINGULAR OU NO PLURAL:

a) Quando o sujeito composto estiver ligado pelas conjunções **ou...ou** ou **nem...nem**: *Nem o pai nem o filho **sabia** (ou **sabiam**) falar francês.* (PREFIRA O PLURAL)

b) Quando o sujeito for representado por **um e outro** ou **nem um nem outro**: *Um e outro **fez** (ou **fizeram**) a lição.* (PREFIRA O PLURAL)

☞ Veja **NUM E NOUTRO**.

c) Com coletivos partitivos (**a maior parte de, metade de, a maioria de**) seguidos de substantivo no plural: *A maioria dos professores ainda não **chegou** (ou **chegaram**).* (PREFIRA O SINGULAR)

d) Quando os núcleos do sujeito forem sinônimos (ou quase) e estiverem no singular: *O **tempo** e a **vida** não **para** (ou **param**).* (PREFIRA O PLURAL)

e) Na indicação de datas: *Hoje **são** (ou **é**) 12 de junho.* (Com o verbo no singular, subentende-se a palavra **dia**.) (PREFIRA O SINGULAR)

f) Quando os sujeitos estiverem ligados pelas expressões correlativas **tanto... quanto, assim... como, não só... mas também**: *Tanto a mãe quanto o pai **maltratava** (ou **maltratavam**) a criança.* (PREFIRA O PLURAL)

g) Quando o sujeito for formado pela expressão **um dos ... que**, o verbo poderá ficar no singular ou no plural, mas depende do contexto: *Ele é **um dos** alunos que não **gostam** de estudar.* (SEMPRE NO PLURAL)

ATENÇÃO! – O verbo fica no singular apenas quando a ação se refere a uma única pessoa ou coisa: *O Sol é **um dos** astros que **dá** luz e calor à Terra.*

☞ Veja UM DOS QUE.

Conosco / com nós.

Conosco é a combinação da preposição **com** + a forma arcaica **nosco**; usa-se sem complemento: *Ela estuda **conosco**. Ele sempre sai **conosco**. Estou triste porque dizem que nosso filho não se parece **conosco**.*

Quando a expressão vem seguida de palavras reforçativas como *próprios, mesmos, todos, outros*, um numeral, ou oração adjetiva, emprega-se **com nós**: *O professor quer falar **com nós dois**. Eles brigavam até **com nós**, que éramos seus vizinhos. Nós nos preocupávamos mais com eles do que **com nós próprios**. Há momentos na vida em que nós só podemos contar **com nós mesmos**.*

ATENÇÃO! – As mesmas regras se aplicam a **convosco** e **com vós**: *A escola conta **convosco**. A escola conta **com vós todos**.*

Conseguir com que.

Não se pode redigir desta maneira: *Renato conseguiu **com** que os torcedores incentivassem seu time*. O verbo **conseguir**, nessa acepção, não aceita a preposição **com**. Cumpre, portanto, corrigir: *Renato conseguiu que os torcedores incentivassem o seu time*.

ATENÇÃO! – O verbo **fazer**, entretanto, admite a preposição **com**: *Ele fez **com que** o assistente anulasse o gol.*

No sentido de *fingir*, usa-se sem a preposição: *O jogador **fez que** não ouviu o apito. Marcelinho **fez que** chutou, e parou; depois que a barreira pulou, ele concluiu: "matou o goleiro".*

Contra-senso / contrassenso.

Contrassenso é uma dessas palavras que perderam o hífen. Segundo a nova Reforma Ortográfica, nas formações em que o prefixo **contra** termina na mesma vogal com que se inicia o segundo elemento, deve haver hífen: *contra-almirante, contra-ataque, contra-argumento*.

No entanto, quando o segundo elemento começar por **r** ou **s**, duplicam-se essas letras: *contrassenso, contrarregra, contrassenha, contrarrevolucionário.*

☞ Veja **DICAS SOBRE O USO DO HÍFEN, pág. 373.**

Contra filé / contra-filé / contrafilé.

Uma conceituada empresa – líder mundial em processamento de carnes – tem feito, com muita frequência, divulgação de seus produtos no rádio e na televisão. Pelo visto os produtos devem ser de boa qualidade; a comunicação, porém, nem tanto. Num de seus comerciais, aparecia (ou ainda aparece) o apresentador segurando um pacote no qual se lia **contra filé** (separadamente) – forma que não existe em nossa língua.

Contra só aceita hífen antes de **a** e **h**: *contra-asa, contra-almirante, contra-ataque, contra-homônimo.* Fora isso, é tudo numa palavra só: *contraindicação, contraordem, contrafilé.*

Parodiando a frase de efeito da referida empresa, diríamos que fonte confiável também tem nome: *Vocabulário Ortográfico da Língua Portuguesa.* Ah, a propaganda é de graça.

Crase.

Este fenômeno ocorre quando a preposição **a** e o artigo **a(s)** se encontram e se sobrepõem.

CRASE PROIBIDA

1. Antes de palavra masculina: *Fomos **a** pé.*
2. Antes de verbo: *Fomos obrigados **a trabalhar**.*
3. Antes de artigo indefinido: *Chegamos **a uma** casa deserta e sombria.*
4. Antes de pronomes pessoais: *Não me refiro **a ela**.*

5. Antes de substantivo no plural (desacompanhado do artigo): *Ela não vai a solenidades sem estar acompanhada.*
6. Antes de pronomes indefinidos: *Não revelarei o fato a ninguém.*
7. Antes de pronomes de tratamento que não admitem artigo: *Deram boas-vindas a Sua Santidade.*
8. Antes da palavra **casa** (quando significa residência própria de quem fala): *Cheguei a casa muito tarde ontem.*
9. Antes dos demonstrativos **esta** e **essa**: *Nunca assistirei a essa peça.*
10. Antes da palavra **terra**, em oposição a bordo: *Retornamos a terra depois de vinte dias.*

CRASE OBRIGATÓRIA

1. Antes de palavra feminina acompanhada de artigo: *Fomos à praia ontem.*
2. Antes de numeral quando indica hora: *Chegamos às duas horas.*
3. Antes de substantivo (masculino ou feminino) quando a palavra **moda** (ou **a maneira de**) fica subentendida: *Marcelinho fez um gol à Pelé.*
4. Antes dos pronomes **aquele(s), aquela(s)** e **aquilo** quando regidos de preposição: *Sozinha, ela jamais chegaria àquela conclusão.*
5. Nas locuções adverbiais formadas por palavras femininas: *às pressas, às vezes, às cegas, à boca pequena, à procura de,* etc.
6. Nas locuções prepositivas, formadas de palavras femininas: *à roda de, à volta de, à espera de, à procura de,* etc.
7. Nas locuções conjuntivas, formadas de palavras femininas: *à medida que, à proporção que,* etc.

CRASE FACULTATIVA

1. Antes dos possessivos: *O professor fez um apelo à (ou a) sua aluna.*

2. Antes de nome de pessoas, quando esta faz parte de nosso círculo de amizade: *Refiro-me à (ou a) Isabela.*

3. Com a locução **até a** (antes de palavra feminina): *Fomos até à (ou a) Bahia.*

4. Antes de certos nomes próprios de lugar, como **Europa, África, Ásia, Espanha, França, Inglaterra** e **Holanda:** *Eles irão à (ou a) Espanha.*

> **ATENÇÃO!** – Espanha, assim como os demais nomes citados, não exige obrigatoriamente o artigo quando regido de preposição.

Crescente / crescendo.

Faz-se muita confusão acerca dessas palavras. **Crescente**, quando substantivo, é sinônimo de *enchente* e de *meia-lua*. Designa, ainda, *cabelo postiço usado para complemento de penteado*. Como adjetivo, tem o significado de *próspero*. Mas quando o sentido for de *aumento progressivo*, o termo adequado será sempre **crescendo**: *O Palmeiras vem num crescendo extraordinário.* Eis outros exemplos:

"A minha obsessão vai **num crescendo**, chega ao frenesim,..."
(José Rodrigues Miguéis, *Gente da terceira classe*.)

"O presidente renunciou quando a indignação popular atingiu **um crescendo**." (Houaiss)

Cuspido e escarrado.

Trata-se de uma expressão popular para designar duas pessoas idênticas ou muito semelhantes fisicamente.

Segundo alguns estudiosos da língua portuguesa, a frase é resultado da analogia com **esculpido em carrara** (tipo de mármore produzido em Carrara, na Itália, que se tornou muito popular, a ponto de ser exportado para todo o mundo).

No entanto, para o eminente filólogo Antenor Nascentes e pesquisadores idôneos, não há dúvida: *"cuspido e escarrado surgiu do uso indevido da expressão esculpido e encarnado".*

Cuspir no prato que comeu.

A frase **cuspir no prato que comeu** apresenta um erro crasso de regência verbal. *Comer uma coisa* é bem diferente de *comer em uma coisa*. A construção, como está, nos leva a entender que alguém comeu o prato em que havia cuspido, o que – convenhamos – é dose para avestruz.

Talvez a expressão possa ser assim redigida até por jornalistas de algum apreço, mas o que se deve dizer é *cuspir no prato em que come*u. Assim, não irrita o ouvido, nem o estômago.

A preposição *em* também aparece nas seguintes construções:

Estamos *em* greve
Entregamos *em* domicílio
Televisão *em* preto e branco
Televisão *em* cores
Em nível de diretoria
Ele está *em* via de perder tudo

Jardim *em* flor = Jardim florido
O lugar *em* que nasci
Livro *em* que confio
Em princípio = *em* tese
A discussão não deu *em* nada
Pintura *em* relevo

Custa-me crer / custa-me a crer.

É correto e indiferente o uso de ambas as formas. O verbo **custar** (seguido de outro no infinitivo) admite facultativamente o uso da preposição **a**:

"*Custa-me dizer* isto." (M. de Assis)
"*Custou-me a deixar* meu pai." (Camilo)

ATENÇÃO! – A construção **custo a crer** é de uso exclusivamente popular.

D

Dá gosto de ler um livro desses!

Dá desgosto ver uma construção dessas! Há quem diga que o emprego da preposição **de**, nesses casos, realça a comunicação. Não custa lembrar, porém, que brilho nem sempre é sinônimo de perfeição. Na linguagem culta, prefere-se a forma sem o **de**: *Dá gosto ler um livro desses. **Dá gosto** sentir o cheiro da relva molhada. **Dava gosto** ver Pelé jogar.*

Dado / dado a / devido a.

Possivelmente por influência da locução prepositiva **devido a**, é bastante disseminado o uso da expressão errada **dado a** em construções como: *Dado aos últimos resultados negativos, o técnico será demitido.*

Na oração acima, **dado** funciona simplesmente como particípio. Neste sentido, não aceita a preposição **a**, e deve concordar com o substantivo a que se refere: *dados os últimos resultados; dadas as circunstâncias; dado o desespero; dada a necessidade:*

"Dados os baixos índices de audiência, o programa sairá do ar."
(Odilon Soares Leme, *Tirando dúvidas de português*.)

☞ Veja POR CONTA DE.

ATENÇÃO! – Dado só aceita a preposição **a** no sentido de *habituado, acostumado, afeito, propenso: dado ao vício, dado a beber, homem dado às letras, mulher dada à promiscuidade.*

É incompreensível por que alguns puristas exacerbados negam legitimidade à expressão **devido a** com o sentido de *por causa de; em razão de; em virtude de*, quando Caldas Aulete, Aurélio, Michaelis, Houaiss, Cegalla, (a ABL inclusive) abonam a locução prepositiva:

"Senhoras e senhores, nossa viagem entre os dois aeroportos levará em torno de 1h, *devido a* obras na pista." (Fernando Veríssimo)

"*Devido ao* calor, dormi mal esta noite." (Dic. escolar da ABL)

"*Devido à* chuva, o tempo refrescou." (Dic. Unesp)

Daqui dez minutos.

Essa construção é muito da simpatia de pessoas pouco sensatas e de locutores imprudentes. Nunca se devem usar **daqui** e **dali** sem a preposição **a** para indicar tempo ou distância: *daqui a dez minutos, daqui a dois meses, dali a cinco quilômetros.*

Ultimamente, tem-se abusado de expressões como **daqui um pouquinho**, **daqui dois minutinhos**... A continuar assim, daqui a poucos dias esse pessoal vai ficar falando sozinho.

Parece brincadeira! Onde deve haver preposição, eles omitem; onde não deve, eles usam. Quem nunca ouviu este jargão: "*Após ao jogo, assistam o filme...*"? Bem, eu já ouvi tanto que nem dói mais.

Dar a luz a um belo menino.

Tarefa difícil é atinar com o sentido dessa passagem. É praticamente impossível saber o que se passou na cabeça do articulista ao redigi-

-la: não se sabe, ao certo, se alguém recebeu alguma coisa ou se nasceu uma criança. Para a primeira hipótese, a construção estaria perfeita, pois por **luz** subentende-se qualquer dos objetos empregados como iluminantes: *lampião, vela, lâmpada*, etc. Para a segunda, a expressão deveria ser: *Ela deu à luz um belo menino*. Não nos esqueçamos de que **dar à luz** é equivalente a **dar ao mundo**.

Dar muito o que falar.

O <u>o</u> está sobrando nessa frase: não tem função sintática. Corrija-se para *dar muito que falar: No Brasil, a Copa do Mundo **deu muito que falar**. Este livro **vai dar muito que falar***.

Dar o troco a / dar o troco em.

No sentido de *revidar golpes, retrucar, responder, replicar*, usa-se com a preposição **a**. *Dar o troco em* alguém é erro indecoroso e muito usado pelos narradores de futebol. Dá-se o troco **a** alguém, e não **em** alguém:

"Levou um tapa, mas *deu o troco ao* agressor." (Caldas Aulete)

ATENÇÃO! – Essa extravagância é semelhante a dizer: *puxar **uma** perna, dar chutes **no** gol, empatar **em** 2 a 2, pagar **com** a mesma moeda, fazer entrega **a** domicílio, ganhar o lance **na** moral, **aficcionado** por esportes*. Corrija-se para:

*puxar **de uma** perna, dar chutes **a** gol, empatar **de** ou **por** 2 a 2*, pagar **na** mesma moeda, fazer entrega **em** domicílio, ganhar o lance **no** moral, **aficionado** por esportes*.

---

* Embora um ou outro gramático use *empatar em*, é bom evitar esse modelo de regência, visto que não é da natureza da língua portuguesa empregar a preposição *em* com adjuntos adverbiais de quantidade.

Dar parte.

Exemplificando o erro: *João **deu parte da vizinha ao delegado** por causa de um furto.*

Veja como a redação ruim interfere na comunicação. A construção como está nos leva a entender que João dividiu a vizinha em partes, dando uma dessas ao delegado para ficar livre de um furto que ele cometera.

A construção íntegra, contudo, é *dar parte a alguém alguma coisa* (tendo sempre uma oração inteira como objeto): *João deu parte ao delegado **que a vizinha lhe furtara**. A filha deu parte à polícia **que o pai a agredira**.*

De cócaras / de cócoras / de cócora).

Diz-se **de cócoras** – ou **cócaras** – (sempre no plural) para se referir a uma pessoa que está sentada sobre os próprios calcanhares. Também no plural: **de bruços** e **de joelhos**.

Veja alguns dos substantivos que só se usam no plural:

algemas	hemorroidas
alvíssaras	matinas (orações matutinas)
anais	nádegas
apetrechos (petrechos)	núpcias
arredores	óculos
cadeiras (ancas)	ouros (um dos naipes do baralho)
cócegas	paraquedas
comenos (momento, ocasião)	para-raios
condolências	palmas (aplausos)
confins	parabéns
copas (um dos naipes do baralho)	paus (um dos naipes do baralho)
costas	pêsames

custas (de um processo)
damas (jogo)
entranhas
espadas (um dos naipes do baralho)
férias
fezes
finanças
picles (legumes conservados em vinagre e sal)
primícias (primeiros frutos)
profundas (a parte mais profunda)
suspensórios
trevas
vísceras
víveres (alimentos para subsistência)

ATENÇÃO! – alguns substantivos têm a mesma forma tanto no singular quanto no plural: *alferes, atlas, cais, cós, íbis (espécie de aves), lápis, oásis, ônibus, pênis, pires, tênis.*

De mais / demais.

Use **demais** quando significar *em excesso, muito, em demasia*: *Ele trabalha **demais**. Comer **demais** não é bom.*

De mais (separadamente) é o mesmo que *a mais* (opõe-se a *de menos*): *Nunca recebi dinheiro **de mais**. Não vejo nada **de mais** nessa notícia.*

De maneira que / de maneiras que.

As locuções conjuntivas **de maneira que, de modo que, de forma que** são invariáveis. Usam-se sempre no singular.

De segunda à sexta-feira.

É preciso lembrar sempre que a crase ocorre quando a preposição **a** e o artigo **a(s)** se encontram e se sobrepõem. Aqui, não é o caso. O que temos é apenas a presença da preposição **a**: *Trabalho **de** segunda **a** sexta-feira.* Quando se diz *da segunda à sexta-feira*, o acento se justifica: Atendemos **da** segunda **à** sexta-feira. Fornecemos marmitas **da** segunda **à** sexta-feira.

Deixar claro a intenção.

Algumas pessoas, às vezes gradas, têm o tolo escrúpulo de fazer uso de expressões como **deixar claro, deixar evidente, deixar nítido, deixar patente** sem levar em conta a concordância do adjetivo com o termo a que se refere: *O técnico deixou clara (e não claro) sua intenção. Queiro deixar claras (e não claro) duas coisas:... Deixaram nítidas (e não nítido) suas pretensões. Ele deixou evidentes (e não evidente) suas intenções.* Se a locução for seguida da palavra **que**, permanecerá invariável: ***Deixou claro que** sua decisão era irreversível.*

Demorar.

Exemplificando o erro: *O árbitro **demorou para** marcar a penalidade máxima.*

Há também os que demoram a entender a própria língua, que (por ironia do destino) é sua ferramenta de trabalho.

Segundo mestre Aires da Mata Machado Filho, o verbo **demorar**, no sentido de *tardar, custar*, pode ser usado com **a** ou **em**, mas nunca com **para**:

"*Demorei em* (ou *a*) *resolver o problema.*" (Cândido Jucá)
"Ele *demorou a escrever.*" (Dic. Michaelis)

Depedrar / depredar.

O verbo **depredar**, que tem o sentido de *causar destruição, roubar, saquear, devastar,* nada tem a ver com *pedra*.

Eis outras palavras (ou expressões) que frequentemente têm a grafia adulterada:

a fim de, e não: *"afim de"*
água **salobre / salobra**, e não: *"saloba"*
asterisco, e não: *"asterístico"*
beneficência, e não: *"beneficiência"*
bugiganga, e não: *"buginganga"*
cabeleireiro, e não: *"cabelereiro"*
casa **geminada**, e não: *"germinada"*
chuchu, e não: *"xuxu"*
chuva **de granizo**, e não: *"de granito"*
cinquenta, e não: *cincoenta*
corintiano, e não: *"corinthiano"*
disenteria, e não: *'desinteria"*
duzentos gramas, e não: *"duzentas"*
empecilho, e não: *"impecilho"*
espetáculo **beneficente**, e não: *"beneficiente"*
esteja, e não: *"esteje"*
incrustado, e não: *"incrustrado"*
mendigo, e não: *"mendingo"*
meteorologia, e não: *"metereologia"*
mortadela, e não: *"mortandela"*
muçarela / muzarela / mozarela, e não: *"mussarela"*
pichar, e não: *"pixar"*
privilégio, e não: *"previlégio"*
quantia **vultosa**, e não: *"vultuosa"*
reivindicar, e não: *"reinvindicar"* ou *"reinvidicar"*
salsicha, e não: *"salchicha"*
seja, e não: *"seje"*
sicrano, e não: *"siclano"*
tinha **chegado**, e não: *"chego"*
tomara, e não: *"tomare"*
xifópago, e não: *"xipófago"*
zoar, e não: *"zuar"*

Depois de / após.

Exemplificando o erro: **Após realizados** *os exames médicos, o jogador foi contratado.*

Antes de particípio, nunca se usa **após**, e sim **depois de**: *depois de realizados os exames médicos; depois de terminado o primeiro tempo; depois de concluído o relatório.* Usa-se **após**, corretamente, em construções como: *após o apito final; jogo após jogo; após a desclassificação; após o intervalo.*

Fique atento! O jargão esportivo **após ao** *jogo* não existe. Prefira a forma *depois do jogo* ou **após o** *jogo*: **Após o** *jogo, assista...*

Desapercebido / despercebido.

Exemplificando o erro: *O lance passou* **desapercebido**.

Modernamente, não se usa **desapercebido** nessa acepção. Em nossos dias, essa palavra tem o sentido de *desprevenido, desacautelado, desguarnecido.* Quando a referência for a algo que não se viu ou não se ouviu, usa-se **despercebido**.

EIS OUTROS PARÔNIMOS QUE TIRAM O SONO DE MUITA GENTE:

Arrear *(pôr arreios em)*
Arriar *(abaixar, descer)*

Descargo* *(alívio de consciência)*
Desencargo* *(desobrigação)*

Eminente *(alto, elevado)*
Iminente *(que vai acontecer logo)*

Estada *(permanência de pessoas)*
Estadia *(permanência de veículos)*

Onicolor *(que tem todas as cores)*
Unicolor *(que tem só uma cor)*

Rufar *(tocar, dando rufos)*
Ruflar *(fazer tremular, agitar as asas)*

Soar *(emitir som)*
Suar *(transpirar)*

Vultoso *(volumoso)*
Vultuoso *(inchado, deformado)*

---

* "O certo é *descargo de consciência*, pois se refere a *alívio*. **Descargo** é *tirar a carga*. É bom saber que **desencargo** significa *desobrigação, sem compromisso*." (Sérgio Nogueira, *Dicas de português*.)

Desculpem nossa falha.

Quem se desculpa de alguma falha, dessa maneira, tem de ser perdoado duas vezes: uma, pelo defeito; outra, pelo vernáculo.

Nossos locutores de televisão consagraram essa "preciosidade" para pedir escusa aos telespectadores quando ocorrem alguns problemas técnicos nas transmissões ao vivo. E pelo visto, os locutores esportivos também estão lendo pela mesma cartilha. O verbo **desculpar** é pronominal e requer a preposição **de** (ou **por**): *Desculpem-nos de* nossa falha. ***Desculpem-nos pelo*** transtorno.

Se há trabalho proveitoso é a leitura de um bom dicionário de regência verbal. Veja este exemplo extraído do *Dicionário de verbos e regimes* de Francisco Fernandes:

> "O visconde abriu a porta da sala imediata, culpando-se e desculpando-se da demora, porque estava ainda recolhido." (Camilo)

Desjejum.

Desjejum é *a refeição que se toma pela manhã para quebrar o jejum*. É o nosso tradicional *café da manhã*, que em Portugal é conhecido como *pequeno almoço*.

Além do que já foi dito sobre a primeira refeição do dia, só nos resta conhecer suas variantes: *brequefeste, dedejum, dejejua, dejejuadoiro, dejejuadouro, dejejum, dejua, dejuação, desjejua, desejum, desjejuador.* (Vale a pena lembrar que são termos pouco usados, porém são formas legalmente reconhecidas.)

> **ATENÇÃO! – Brequefeste** é o aportuguesamento do termo inglês *breakfast*: pronuncia-se [***brék fâst***]. **Desejum** é termo ainda não dicionarizado, mas consta no Vocabulário Oficial. ... E vai que cola!

Despensa / dispensa.

Despensa é *compartimento de uma casa onde se guardam mantimentos;* **dispensa** é *licença ou autorização.*

Dessabor / dissabor.

O primeiro termo é sinônimo de *insipidez (falta de sabor)*; o segundo, *mágoa, desgosto: O* **dessabor** *da fruta era de estranhar. Sua irreverência tem-me causado profundos* **dissabores***.*

Destrinchar / trinchar.

Destrinchar ou **destrinçar** é *expor um assunto minuciosamente, descrever com todos os detalhes, explicar miudamente, esmiuçar: Ninguém* **destrinchava** *uma questão tão bem quanto ela.* **Trinchar** é *cortar em pedaços ou fatias:*

> *"Trinchou o peru assado com gestos corretos."* (Conde de Ficalho, *apud* Aurélio.)

Dia a dia.

Antes da nova Reforma Ortográfica tínhamos que obedecer à seguinte norma: **dia-a-dia** (com hífen) era substantivo, equivalente a *cotidiano*; vinha sempre acompanhado de determinante: *Meu* **dia-a-dia** *é muito agitado*. Sem hífen, era uma locução adverbial com o sentido de *diariamente, com o correr dos dias*: **Dia a dia** *o joão-de-barro ia construindo sua casinha.*

ATENÇÃO! – Pela nova ortografia, o nosso dia a dia ficou mais fácil: tanto o substantivo (hoje, locução substantiva) quanto à locução adverbial grafam-se do mesmo jeito. A regrinha (que era tão imprescindível) agora vai pro lixo, com hífen e tudo.

Difícil de aceitar / difícil de se aceitar.

Após expressões como **ruim de, bom de, fácil de, difícil de, gostoso de, agradável de,** o pronome **se** não deve ser usado; não tem função sintática nenhuma, não serve pra nada: é semelhante a um feriado que cai num domingo.

Não obstante, a vida sempre nos reserva alguma surpresa. No verbete "músico", do Dicionário Houaiss, aparece a expressão "agradável de *se* ouvir".

Em contato com a assessoria do eminente *Instituto Antônio Houaiss de Lexicografia,* obtivemos a seguinte explicação:

"Essa partícula, junto ao verbo no infinitivo, é expletiva; pode ser eliminada sem alteração do sentido e é até mais elegante fazê-lo ao escrever, como sabe. Mas não é erro utilizá-la nesses casos. Quando aparece em construções como essa que cita, o seu uso é puramente estilístico; depende do gosto de quem a empregou. No português falado, ela é um recurso muito comum."

A explicação é quase convincente; não poderia ser de outra forma. Convém lembrar que, na hora de prestar um vestibular ou um concurso público, nem sempre prevalece o gosto do concorrente. Nessas horas, o que predomina mesmo é a linguagem culta, e não o português informal, caso contrário o candidato se dará mal, principalmente se tiver a ousadia de redigir algo parecido como *osso duro de **se** roer.*

A gramática nos ensina que o infinitivo preposicionado já tem valor passivo; rejeita, por conseguinte, a partícula **se**.

Outro detalhe importante: se o infinitivo vier acompanhado de complemento, é aconselhável omitir a preposição **de**:

Música agradável de ouvir. ⟶ É agradável ouvir uma canção dessas.
Remédio ruim de tomar. ⟶ É ruim tomar um remédio amargo.
Emprego difícil de conseguir. ⟶ É difícil conseguir um bom emprego.

Dignatário / dignitário.

Faz-se muita confusão acerca da vernaculidade de **dignatário**, para se referir a *uma pessoa que exerce um cargo elevado ou tem alta graduação honorífica*.

A maioria dos gramáticos só aceita **dignitário**. O fato de alguns dicionários não listarem determinada palavra não significa que ela não exista.

Dignatário, como variante de **dignitário**, tem abrigo no Aulete, no Houaiss e no Volp, que é o magnata da comunicação:

"Os altos *dignatários* do Estado." (Aulete)

Diminuir.

Exemplificando o erro: *No Canadá, os habitantes estão diminuindo.*

Observe como uma redação malfeita interfere na comunicação. Se tal proposição fosse verdadeira, no futuro a população canadense seria constituída apenas de baixinhos. O sensato é dizer que *no Canadá, o número de habitantes está diminuindo.*

Disparada / disparado.

Exemplificando o erro: *A Portuguesa é, **disparada**, a melhor equipe do torneio.*

Prefiro acreditar que esse erro taludo tenha sido apenas um cochilo do comentarista, já que **disparado**, quando expressa grande diferença sobre o adversário (em competições esportivas ou eleitorais, ou ainda numa profissão), é sempre invariável: *A Portuguesa é, **disparado**, a melhor equipe do torneio. Ela é, **disparado**, a melhor cantora do Brasil.*

A invariabilidade de alguns termos atormenta muita gente. Este fenômeno ocorre até com o substantivo quando faz papel de adjetivo: gols-**relâmpago**, elementos-**chave**, homens-**bomba**, escolas-**padrão**, homens-**gol**, ataques-**surpresa**.

ATENÇÃO! – A ABL sugere que ambos os elementos sejam flexionados ou apenas o primeiro. As gramáticas normativas, entretanto, são imperativas: "Em composto cujo segundo elemento dá ideia de finalidade ou semelhança, ou limita o primeiro, o bom senso pede que se flexione apenas este: *contratações-monstro*."

Dó.

Dó é substantivo masculino tanto para se referir a uma nota musical quanto para designar *compaixão (sentimento de comiseração): A mendicância infantil é algo que nos causa **extraordinário dó**.*

"Se inda contudo nesse peito resta / *Algum benigno dó* de um solitário, / Vem, vem! desmente a acusação funesta!" (Antônio Feliciano de Castilho, Os amores, apud Aurélio.)

Doa a quem doer / doa em quem doer.

Não há dúvida de que algo dói **no** nosso íntimo, e não **a** nosso íntimo.

No caso em tela, o que temos é uma expressão idiomática já consagrada pelo uso e pelo tempo. Portanto, *doa **a** quem doer* é a forma correta.

☞ Veja ASSISTIR.

"Reafirmo que tudo será apurado, *doa a quem doer*." (Dic.Unesp)

"Agora, *doesse a quem doesse*, santa paciência: ali mandava ele. E muito respeitinho!..." (Miguel Torga, Bichos.)

Doente grave / doente terminal.

Não se diz doente **grave**; **grave** é o estado do paciente. Na mesma linha de considerações, é inaceitável a expressão **doente terminal**. Trata-se de denominação impropriamente usada para se referir a uma pessoa que se encontra na fase final da doença, já próxima da morte. Diz-se corretamente: *doente em estado grave* ou *em estado terminal*.

Dormir no volante.

Dormir no volante seria dormir literalmente em cima do volante. Convenhamos – algo pouco confortável! A expressão correta é *dormir ao volante*. (Coisa que não se deve fazer.)

Duas metades iguais.

As palavras **duas** e **iguais** estão sobrando nessa expressão, porque metades são sempre duas, e sendo metades, são necessariamente iguais. Assim, dizemos com propriedade: *Dividiram a fazenda em* **metades** ou *Dividiram a fazenda em* **duas partes iguais.**

Duas vezes menor.

Exemplificando o erro: *O Estado de São Paulo é duas vezes menor que Minas Gerais.*

Embora seja correto afirmar que uma coisa é tantas vezes maior do que outra, não se pode dizer que determinada coisa é tantas vezes menor, porque uma vez menor já é igual a nada. À luz do exposto, temos: *Minas Gerais é duas vezes maior que o Estado de São Paulo.* Quem tem ouvidos (para ouvir) ouça.

E

É de se estranhar.

A presença do pronome **se** diante do verbo **estranhar,** nessa frase, é uma tristeza em razão da ignorância que ele insinua. Sempre que **de + infinitivo** puder ser substituído por um adjetivo, nunca se usa o pronome **se**. No caso, **de estranhar** equivale ao adjetivo **estranho**:

de + infinitivo	Adjetivo correspondente
É de admirar...	admirável
Era de impressionar...	impressionante
Foi de espantar...	espantoso

ATENÇÃO! – Não é de estranhar esse erro na nossa imprensa escrita e falada. Veja o que encontramos numa das questões (consideradas corretas) da FUVEST*:

"É *de se admirar* que, enquanto a revolução da narrativa de ficção remonta a Homero, o cinema desenvolveu técnicas tão complexas em apenas cem anos."

É realmente *de admirar...*

---

* Questão de número 64, alternativa D, Vestibular de 1996 (1ª fase).

É capaz.

É característica da linguagem coloquial empregar **capaz** no lugar de *possível* ou *provável* em frases como: *É **capaz** que chova hoje.* Diga-se, de preferência: *É **provável** que chova hoje.*

ATENÇÃO! – Segundo alguns estudiosos, **capaz** não é sinônimo de *possível* ou de *provável;* só deve ser empregado com verbo no infinitivo precedido da preposição **de** (ou **para**): *O time precisa de um centroavante **capaz de resolver** seus problemas.* **MAS HÁ CONTROVÉRSIA.**

☞ Veja PROVÁVEL.

É pena que.

É pena que sempre se constrói com o verbo no subjuntivo: *É **pena que** Ralf não saiba chutar a gol.*

Eis alguns verbos (ou expressões) que pedem o uso do subjuntivo:

Aconselho que *volte* a estudar.
Desejo que *fique* para sempre.
Duvido que ela *faça* o trabalho.
Espero que você se *recupere* logo.
Exijo que *respeite* sua mãe.
Faço questão (de) que *fique* comigo.
Lamento que não possa *vir* conosco.
Não acredito que *seja* mentirosa
Não admito que *falem* mal de mim.
Não permito que *falem* assim.
Ordeno que *faça* sua obrigação.

Peço que *seja* honesto.
Pode ser que ele *chegue* hoje.
Prefiro que ela *vá* embora.
Proíbo que *saia* sozinha.
Que pena que não *queira* estudar!
Quero que *desligue* o celular.
Receio que ele *desista* do trabalho.
Suponho que *seja* honesto
Sugiro que *fique*.
Talvez eu *chegue* a tempo.
Tomara que não *chova* amanhã.

É pouco / é suficiente / é demais / é muito.

Nas expressões de quantidade, preço, distância e peso, o verbo **ser** permanece invariável: *Cinquenta reais por uma pizza de muçarela* **é muito**. *Dois chutes a gol* **é pouco**. *Duzentos dólares* **é suficiente**. *Quatrocentos gramas de queijo* **é demais**.

É que.

Exemplificando o erro: No nosso campo, nós somos que damos as cartas.

A preocupação excessiva de falar bem é que, em geral, leva muita gente a cair no ridículo.

Somos, no caso vertente, deve ser substituído pela locução **é que**, que é invariável e serve para dar realce a um elemento da oração. A concordância se faz como se a locução não existisse: *Nós é que damos as cartas*. Outra opção seria construir: *No nosso campo, somos nós que damos as cartas*. Veja, ainda, estes exemplos muito ilustrativos do prof. Odilon Soares Leme:

> **Os japoneses é que** têm dominado esses mercados nos últimos anos.
> **Esses mercados é que** os japoneses têm dominado nos últimos anos.
> **Nos últimos anos é que** os japoneses têm dominado esses mercados.
> **São** os japoneses **que** têm dominado esses mercados nos últimos anos.
> **São** esses mercados **que** os japoneses têm dominado nos últimos anos.
> (*Tirando dúvidas de português*, pág. 18.)

Eis aí.

Tratar-se de um assunto muito questionável, ou seja, enquanto, alguns consideram tal expressão uma redundância, outros veem nela apenas um recurso expressivo. A verdade é que não há um consenso no emprego de **eis aí**.

Evidenciando a questão:

1. Dic. Aurélio: *aqui está*

    Ex.: *"Eis a cidade enfim."* (Raimundo Correia)

2. Dic. Caldas Aulete: *aqui está, olhe aqui*

    Ex.: *"Eis o troféu que tanto buscavam."*

3. Dic. Michaelis: *aqui está; aqui tendes*

    Obs.: "A palavra aparece frequentemente reforçada: *eis aqui, eis aí, eis ali.*"

4. Dic. Houaiss: *aqui está; veja*

    Ex.: "Tantos anos depois, *eis-nos* envelhecidos e enfraquecidos."

5. Dic. etimológico da língua portuguesa: *aqui está*

    (Antônio Geraldo da Cunha) – Não cita exemplos.

6. Dic. de sinônimos e antônimos: *aqui está, vede*

    (Francisco Fernandes e Celso P. Luft) – Não cita exemplos.

7. 1001 dúvidas de português: *aqui está*

    (José de Nicola e Ernani Terra)

    Como **eis** significa *aqui está*, na expressão **eis aqui** temos um pleonasmo. Ex.: *"Eis a procuração que me pediste."*

8. Manual de redação do jornal **O Estado de São Paulo:**

    (Eduardo Martins)

    "**Eis aqui** é redundância. **Eis** já significa *aqui está.*"

9. Não erre mais!: *"Não há redundância nessa expressão."*
(Luiz Antonio Sacconi)

Ex.: *"Eis aqui este sambinha, feito de uma nota só."*
(Newton Mendonça e Tom Jobim)

10. Dicionário de dificuldades da língua portuguesa:
(Domingos Paschoal Cegalla)

Expressão usada pela 1ª pessoa do discurso para indicar ao ouvinte o que está perto ou presente, o que está próximo do tempo, o que vai dizer:
Ex.: *"Eis o que os senhores devem fazer."*

A palavra pode ser reforçada por *aqui, ali, que, senão quando:*
Ex.: *"Eis aqui o dinheiro."*

11. Até na Bíblia há controvérsia:

Nem mesmo mestre João Ferreira de Almeida (tradutor da Bíblia Sagrada) resistiu aos encantos da expressão neste lance: "*Mulher, eis aí teu filho. Depois disse ao discípulo: Eis aí tua mãe*".

É fantástico verificar que a mesma passagem (João 19,26) – traduzida pela *Sociedade torre de vigia de bíblias e tratados* – não contém o **aí** depois do **eis**. Eis a redenção da dúvida gramatical pela palavra do Senhor. Aleluia!

CONCLUSÃO: Diante do exposto, deduz-se que ambas as formas não são de desprezar, em que pese a certos gramaticões.

Elo de ligação.

Parece que algumas pessoas adoram "brincar de falar português". Se **elo** já contém a ideia de ligação, conclui-se que a expressão **elo de ligação** é um exagero do tamanho de um bonde. Veja outros erros exclusivos da imprensa esportiva:

1. O goleiro **saiu fora** da área e tocou a bola com a mão.
   (saiu)
2. O atacante caiu só depois que **entrou dentro da** grande área.
   (entrou na)
3. Um time vence ou perde uma partida **por pequenos detalhes**.
   (por detalhes)
4. O técnico resolveu **manter o mesmo** time para o segundo tempo.
   (manter o)
5. O técnico pretende **lançar um novo atacante** no próximo jogo.
   (lançar um atacante)

☞ Veja **CANJA DE GALINHA**.

Ela(s) / ele(s).

Eis um dos cacoetes mais ridículos que se têm ouvido da boca de cultos e incultos nos últimos tempos, em frases como: *O governador de São Paulo,* **ele** *vai visitar nossa região na próxima semana. Os professores,* **eles** *entrarão em greve amanhã. As crianças abandonadas,* **elas** *são vítimas das desigualdades sociais.* As palavras grifadas são apócrifas, estão sobrando; representam a repetição do sujeito da oração (sem necessidade).

Para quem não sabe, **cacoete linguístico** é a predileção pelo *uso repetitivo e automático de certas palavras ou expressões desnecessárias; hábito feio, de mau gosto, anormal, ridículo ou vicioso.* Quem tem ouvidos (para ouvir) ouça.

Ela mesmo / ela mesma.

Exemplificando o erro: ***Ela mesmo*** *vai cobrar a falta.*

A impropriedade dessa construção é de doer. Sendo **mesmo** demonstrativo de identidade, concorda com o termo a que se refere: *Ela* **mesma** *vai cobrar a falta. Eles* **mesmos** *criticaram a arbitragem.*

Quando **mesmo** significa *até* – aparece antes do substantivo ou pronome pessoal –, fica invariável: ***Mesmo*** *ela perderia aquele gol.* ***Mesmo*** *os dirigentes criticariam a arbitragem.* Não varia, ainda, quando equivale a *de fato* ou *realmente*: *Ela defendeu* ***mesmo*** *o pênalti. Elas conquistaram* ***mesmo*** *a medalha de prata.*

É censurável o uso de **o mesmo, a mesma, os mesmos, as mesmas** como substituto de um pronome. São condenadas, portanto, frases como a que se segue: *O técnico foi contratado ontem e* ***o mesmo*** *fará sua estreia amanhã.* Nesse caso, o pronome **ele** (que nem precisaria ser usado) pode perfeitamente substituir **o mesmo**.

Em aberto.

Não se deve empregar o conjunto **em + adjetivo** em construções como *cargo* **em aberto**, *questão* **em aberto**, *documento* **em anexo**, que podem ser supridas por *cargo vago, questão aberta* e *documento anexo*.

ATENÇÃO! – As locuções constituídas da preposição **em** + adjetivo como **em apenso, em suspenso, em atraso** (e as outras já mencionadas), embora de uso frequente, não têm tradição em nossa língua. A única exceção fica por conta de **em branco**: *folha em branco, voto em branco, espaço em branco.*

Cumpre observar que são legítimas as expressões formadas por **em + adjetivo** com valor adverbial: *em breve* (= brevemente), *em falso* (= falsamente), *em vão* (= inutilmente).

Em mão / em mãos.

Qualquer uma das duas formas serve, pois ambas estão em boas mãos; são construções vernáculas, ainda que vão de encontro à caturrice de alguns gramatiqueiros.

Evidenciando a questão:

Caldas Aulete ⟶ **EM MÃO(S):**
"*Usado para indicar que a carta ou outro documento enviado a alguém é, ou deve ser, entregue ao destinatário por um mensageiro particular, e não através do correio.*"

Aurélio ⟶ **EM MÃO:**
1. "*Palavras que se escrevem (em geral abreviadamente: E. M.) no sobrescrito de carta cuja entrega ao respectivo destinatário se confia a um particular, e não ao correio.*"
2. "*Diz-se desse modo de enviar correspondência:* **Mandei-lhe uma carta em mão.** *[Também se diz* **em mão própria.***]*"

Michaelis ⟶ **EM MÃOS:**
"*Palavras que se põem no sobrescrito das cartas cuja entrega é feita por alguém que nos presta esse favor.*"

Cegalla (*Dic. de dificuldades da língua portuguesa*) ⟶ **EM MÃO(S):**
"*As duas formas são corretas, mas no Brasil emprega-se geralmente em mãos:* **Entregar uma carta em mãos** *(ou* **em mão***).*"

EXPRESSÕES COM <u>MÃO</u> NO SINGULAR:

a) À mão – *(com a mão);*
b) Abrir mão de – *(desistir de);*
c) Aguentar a mão – *(aguentar as pontas);*
d) Com a mão do gato – *(de maneira oculta);*
e) De mão beijada, de mão lavada – *(gratuitamente);*
f) De mão cheia – *(competente, habilidoso);*
g) Feito por mão de mestre – *(muito bem elaborado);*
h) Lançar mão de – *(valer-se de);*
I) Mão na roda – *(ajuda oportuna);*
j) Meter a mão – *(cobrar preço excessivo);*

k) Meter a mão em cumbuca – *(deixar-se lograr)*;

l) Passar a mão pela cabeça – *(não punir com rigor)*;

m) Pôr a mão na consciência – *(refletir)*;

n) Ter a mão furada – *(ser esbanjador)*.

EXPRESSÕES COM <u>MÃO</u> NO PLURAL:

a) Com ambas as mãos – *(de bom grado)*;

b) Com as mãos vazias – *(sem nada, com as mãos abanando)*;

c) Dar as mãos – *(segurar a mão de outrem amigavelmente)*;

d) De mãos largas – *(generoso)*;

e) De mãos limpas – *(íntegro)*;

f) Em boas mãos – *(confiado a pessoa competente)*;

g) Lavar as mãos – *(não arcar com a responsabilidade)*;

h) Levar as mãos aos céus – *(agradecer a Deus)*;

i) Limpo de mãos – *(justo)*;

j) Mãos de anéis – *(mãos macias)*;

k) Nas mãos de – *(à mercê de)*.

EXPRESSÕES COM <u>MÃO</u> NO SINGULAR OU NO PLURAL:

a) Dar a(s) mão(s) à palmatória – *(reconhecer que cometeu erros)*;

b) Estar com a(s) mão(s) na massa – *(estar trabalhando)*;

c) Pôr a(s) mão(s) – *(juntar as mãos para rezar)*;

d) Fazer a(s) mão(s) – *(ter as unhas das mãos tratadas)*;

e) Pôr a(s) mão(s) no fogo por – *(depositar confiança em)*.

Em que pese (a).

Nos dias que correm, há que considerar duas construções: cada uma com o seu sentido próprio.

1. **Em que pese** refere-se a coisas. Trata-se de uma expressão variável, isto é, o verbo **pesar** (*ter peso, ter relevância*) deve concordar com o sujeito:

"*Em que pesem* as suas contradições, a melhor tese ainda é a dele." (Houaiss)

"*Em que pese* o esforço despendido, não completaram a tarefa a tempo." (Aulete)

"*Em que pesem* os últimos acontecimentos, a atual política será mantida." (Odilon Soares Leme, *Tirando dúvidas de português*.)

2. **Em que pese a** é locução prepositiva; como tal, é invariável. O verbo **pesar**, nessa expressão, tem o sentido de *incomodar, doer, magoar;* refere-se, naturalmente, a pessoas. O termo **isto** normalmente não aparece, mas fica subentendido:

Em que (**isto**) *pese aos* idosos, o governo não voltará atrás.

"O emprego de **o que** em orações interrogativas é corretíssimo, *em que pese a* certos gramaticões." (Aurélio)

"Não concordo com a tese do cientista, em que *pese à sua* grande autoridade." (Cegalla)

ATENÇÃO! – O que fica exposto é o que prevalece em nossos dias. No entanto, encontram-se exemplos, particularmente entre nossos clássicos, do emprego de **coisas** como objeto indireto:

"Parece que todos os cachorrinhos são iguais, *em que pese*[*] *à* vaidade ou à ternura cega dos donos." (Carlos Drummond de Andrade)

Embaixadora / embaixatriz.

Embaixadora é a mulher que exerce a função de representante diplomática. **Embaixatriz** é apenas um título: mulher de embaixador, independentemente de sua profissão.

---

[*] "O **e** de pese, a rigor, é fechado, conquanto seja comuníssimo ouvi-lo aberto." (Aurélio)

ATENÇÃO! – O mesmo não ocorre com **consulesa**, que (segundo o Dic. escolar da ABL) tanto pode ser mulher titular de um consulado como esposa de um cônsul.

Embaixo / debaixo / a baixo / abaixo.

Embaixo refere-se a *ponto* ou *plano inferior* (no espaço). Oposto de *em cima*: *Ele morava num sobrado; o bar ficava* **embaixo**.

Debaixo indica *ponto* ou *plano inferior* (posição vertical): *O revólver estava* **debaixo** *do travesseiro.*

A baixo se usa em oposição a *alto*: *Ela olhou o primo de alto* **a baixo**.

Abaixo tem o sentido de *lugar menos elevado, na parte inferior, em situação ou posição hierárquica inferior, reprovação*: *Os quadros não devem ficar* **abaixo** *das janelas. Na escala hierárquica, o capitão está* **abaixo** *do major.* **Abaixo** *a corrupção!*

Eminente / iminente.

Eminente é sinônimo de *ilustre, notável*: *Castro Alves foi um poeta* **eminente**.

Iminente é *aquilo que está prestes a acontecer*: *Chovia tanto que o deslizamento da encosta era* **iminente**.

Eis um exemplo bem ilustrativo:

"O *eminente* senador Nélson Carneiro alertou a população sobre o perigo *iminente* de quebra da normalidade democrática." (Arnaldo Niskier, *Questões práticas da língua portuguesa.*)

Empate / empatar.

Exemplificando o erro: A Holanda e a Argentina empataram **em** 0 a 0.

Com o verbo **empatar**, emprega-se a preposição **por** (ou **de**), mas nunca **em**: *A Ponte e o Guarani* **empataram por** *3 a 3 (ou de 3 a 3)*. Note que **empatado** aceita as mesmas preposições, mas **empate** só se usa com **de**: *O* **empate de** *3 a 3 foi uma surpresa agradável.*

Os adjuntos adverbiais de quantidade rejeitam a preposição **em**.

Empecilho / impecilho.

Há palavras de grafia comprometedora para muita gente, até para adultos mais ou menos escolarizados. **Empecilho** é uma delas; o termo vem de **empecer**, que significa *estorvar*. **Impecilho** não existe.

Encorporar / incorporar.

Incorporar tem o sentido de *unir em um só corpo ou um só todo ou organização; reunir.*

Encorporar, no entanto, não tem mais abrigo nos dicionários modernos; tornou-se termo ferrugento. Não obstante sua forma ultrapassada, o Volp a registra como variante de **incorporar**, mas só há registro dela em alguns dicionários mais antigos, aqueles ainda do tempo do Onça.

Enquanto que.

Exemplificando o erro: Os reservas treinavam com bola, en**quanto que** os titulares recebiam instruções táticas.

A exemplo de **como sendo**, essa construção vai de encontro ao bom senso: peca por excesso. Use apenas **enquanto,** em vez de **enquanto que**.

Quando a redundância dá à expressão mais vigor (ou clareza), como no caso a seguir, é aceitável: *Ela via tudo com os próprios olhos.* Caso contrário, devemos rejeitá-la. Veja outros absurdos em que os termos em negrito representam o exagero:

> O técnico vai manter o **mesmo** time para o primeiro jogo da decisão.
> O atacante perdeu o gol por **excesso de** preciosismo.
> Políticos e cartolas adoram inaugurar um estádio **novo**.
> Às vezes, **pequenos** detalhes decidem um grande campeonato.
> Diego vai permanecer **ainda** entre os reservas por alguns jogos.
> Todo atleta jovem gosta de fazer planos **para o futuro**.
> Recebeu cartão amarelo porque saiu **fora** de campo sem autorização.
> A vitória da Seleção Grega foi uma surpresa **inesperada.**

Ensino a distância / ensino à distância.

Neste caso, não há um consenso entre estudiosos e escritores de boa reputação. Há gramáticos que só aceitam **à distância** (com acento grave) se vier determinada: *um tiro certeiro à distância de dez metros.* Mas redigiriam: *um tiro a longa distância.*

Há outros, no entanto, que aceitam o acento grave em ambos os casos, por se tratar de adjunto adverbial de forma feminina.

☞ **Veja A DISTÂNCIA.**

Entra-e-sai / entra e sai.

Antes da reforma ortográfica, usava-se **entra-e-sai** para indicar *movimento contínuo de entrada e saída de pessoas.* Agora a forma correta é **entra e sai** (sem hífen).

Entre eles / entre si.

☞ **Veja BRIGAR ENTRE ELES.**

Entre um a dois / entre um e dois.

Usa-se **e**, e não **a** em frases como: *Ele gasta entre 9 e 10 mil* reais por mês. *A idade dos passageiros desaparecidos varia entre 13 e 18 anos.*

Quando se troca a preposição **entre** por **de**, usa-se **a**: *A idade dos passageiros varia de 13 a 18 anos. A venda de cerveja aumentará de 15% a 20% no período da Copa do Mundo.*

ATENÇÃO! – Em vez de *entre sete e oito horas*, devemos dizer *entre as sete horas e as oito horas* (sem acento grave). Com referência à duração de um acontecimento, entretanto, o correto é afirmar que *a apresentação levará de duas a três horas*.

Entregar a / em domicílio.

☞ Veja **A DOMICÍLIO**.

Espectador / expectador.

Espectador é aquele que assiste a um espetáculo ou vê qualquer acontecimento: *Fui o único espectador daquele lamentável acontecimento.*

Expectador (com **x**) é aquele que está na expectativa, que alimenta a esperança de conseguir alguma coisa: *Depois que ela se foi, sou um mero expectador.*

Esperto / experto.

Esperto denota *pessoa que percebe tudo; ativa. vigilante: Ninguém o passava para trás; era um sujeito esperto.*

Concernente à água, tem o sentido de *quente, morna: Adorou o banho; a água estava esperta.*

Experto designa *um indivíduo que adquiriu experiência em certa atividade, perito: Somente um **experto** poderia tirar nosso País da crise.*

Espiar / expiar.

Espiar é *observar secretamente.* **Expiar** é *remir, reparar* (crime ou falta) por meio de penitência ou pena.

Espremer / exprimir.

Espremer é *comprimir, apertar ou extrair o suco de.* No sentido figurado, quer dizer *oprimir:*

Exprimir é *manifestar(-se), expressar por palavras ou gestos.* Também se usa na acepção de *dar a entender, revelar:*

"*Espremem o povo, exigindo-lhe onerosos tributos.*" (Aulete)

"*Seu rosto exprimia profunda mágoa.*" (Francisco Fernandes)

Esquecer.

O verbo **esquecer** aceita diferentes construções. Vamos tratar aqui das três formas mais empregadas:

1. Alguém **se esquece de alguma** coisa: *O professor não **se esquece de** nenhum detalhe.*

2. Alguém **esquece alguma** coisa: *O professor **esqueceu um detalhe** importante.*

3. **Alguma coisa esquece a alguém:** *Um detalhe importante esqueceu ao professor.*

O mesmo raciocínio se aplica aos verbos **admirar, lembrar** e **recordar.**

ATENÇÃO! – O filme norte-americano *Home Alone* (sozinho em casa), dirigido por Chris Columbus em 1990, recebeu de um "gênio brasileiro" o seguinte título: *Esqueceram de mim,* em vez de **Esqueceram-se** *de mim.*

A situação se agravou quando um "célebre crítico" disse que a ausência do pronome **se** foi apenas um "esquecimento involuntário" – como se fosse possível alguém esquecer alguma coisa espontaneamente.

Em 1992 o erro foi sacramentado. Quando tudo parecia estar sereno, sem nuvens nem tempestades, eis que surge *Esqueceram de mim 2;* seguido, em 1997, por *Esqueceram de mim 3.*

É curioso verificar que depois do lançamento de *Esqueceram de mim 4,* em 2002, nem um crítico sequer atreveu-se a explicar o inexplicável. O erro estava realmente massificado.

Estada / estadia.

Prestam-se ambas as formas para designar *permanência.* **Estada** refere-se a pessoas ou animais. **Estadia** é o prazo concedido para a permanência de navios, ônibus, carros, bicicletas, etc. em determinados lugares: *Durante nossa* **estada** *em Miami, fizemos amizades inesquecíveis. Alguns estacionamentos de supermercados não cobram* **estadia.**

Esterno / externo / hesterno.

Esterno é o osso localizado na parte anterior do peito. **Externo** é o que está fora ou vem de fora. **Hesterno** refere-se a ontem, ao dia anterior:

> Havia um tumor benigno entre o *esterno* e o coração.
> O lado *externo* do estádio deixa muito a desejar.
> Os acontecimentos *hesternos* desagradáveis devem ser esquecidos.

Estupro / estrupo.

Os termos são semelhantes, mas não equivalentes. **Estupro** é o crime que consiste em obrigar alguém a manter relação sexual por meio de ameaça ou violência.

Estrupo é sinônimo de *rumor, tropel, ruído, grande barulho*. Usando de rigor, **estrupo** praticamente deixou de existir; transformou-se numa palavra ferrugenta, não consta mais nos dicionários modernos: está na UTI, respirando por aparelhos; só não foi sepultada porque encontrou abrigo no Volp impresso (5ª edição). Talvez esteja agonizando em alguns dicionários arcaicos por aí, aqueles do tempo dos Afonsinhos.

Eta-pô! / eita-pô!

Formas grosseiras muito usadas, no nordeste do Brasil, para indicar *espanto, surpresa* ou *incitação*. Hoje é possível ouvi-las até em outras regiões do País, embora sem apoio oficial na língua. **Eta** (ou **eita**) indica *espanto*; trata-se de palavra de uso popular, porém dicionarizada. É bem provável que essas expressões chulas tenham surgido do emprego indevido da interjeição vernácula (de caráter informal) **eta-pau** (ou **eita-pau**).

Excesso de preciosismo.

*Exemplificando o erro: O atacante perdeu o gol por **excesso de preciosismo**.*

Às vezes, muita gente perde o emprego por "excesso de inutilidade" também.

Segundo os melhores dicionários da atualidade, **preciosismo** se refere a uma ação realizada com delicadeza (ou sutileza) excessiva. Ora, se a ideia de *demasia, sobra, sobejo* já está contida na palavra em apreço, nada justifica a presença de **excesso** antes dela.

Expor ideias / fazer colocações.

*Exemplificando o erro: Gostaria de **fazer uma colocação**.*

Quanta tristeza nos causa uma frase dessas: exprime pobreza de estilo, demonstra falta de bom gosto e revela desconhecimento da linguagem formal.

É um modismo sensabor que parece ter vindo para ficar. O dicionário Aurélio (Século XXI) já registra o termo **colocação** como brasileirismo popular com o sentido de "apresentação, exposição (de fatos ou ideias)". A expressão **fazer colocação**, no entanto, não tem registro em nenhum dicionário moderno.

Para fugir do lugar-comum, em vez de *fazer uma colocação*, é preferível *expor uma ideia, um ponto de vista, fazer um comentário, um esclarecimento, uma observação, uma ressalva, emitir uma opinião, esclarecer uma dúvida*.

Colocação fica bem em casos nitidamente concretos: *a colocação de um vaso ao lado da porta, deixar o time na última colocação, colocação pronominal, colocação dos termos na oração, a colocação de um quadro, a colocação de um espelho.*

ATENÇÃO! – Quanto ao verbo **colocar**, lá uma vez perdida, já se observam alguns exemplos que merecem ser citados:

"Prefiro os que *colocam* bem as ideias aos que *colocam* bem os pronomes." (Silvio Romero)

"*Colocar* um problema, uma questão." (Aurélio)

"O líder *colocou* a proposta de negociação." (Dic. escolar da ABL)

F

Face a.

Nossa gente engraçou com esse francesismo de tal modo que não creio no seu repúdio definitivo. Evite-se o emprego dessa locução. Diga-se, em vez dela, **em face de:**

"O que o salvou, *em face do* perigo, foi sua habitual calma." (Aurélio)
"Em face da situação, mudou de ideia." (Caldas Aulete)
"Decidi comparecer *em face da* importância da questão." (Dic. Unesp)

Não é grande a estranheza de um leitor de jornal que, cioso da correção de seu idioma e acostumado com a leitura de bons autores, verifica a ignorância de um colunista:

"Face ao deprimente panorama geral de saúde no Brasil,..."

Se o esclarecido leitor tivesse analisado a nota com mais profundidade, certamente verificaria mais um passo errado do comentarista ao escrever **panorama geral**. PAN é palavra grega que corresponde ao nosso pronome neutro **tudo**. ORAMA (também de origem grega) significa *visão*. Daí, conclui-se que dizer **panorama geral** é cometer redundância. Veja como deve ficar a frase na linguagem escorreita: ***Em face do*** *deprimente panorama de saúde no Brasil,...*

Fácil de.

☞ Veja **DIFÍCIL DE.**

Falou e disse!

O verbo **falar** quase sempre exige preposição, ou seja, fala-se **de** alguém ou **de** alguma coisa, **sobre** alguém ou **sobre** alguma coisa, etc. Portanto, a expressão do verbete vai de encontro à índole de nosso idioma.

No caso em questão, admite-se (como gíria) a forma: **"Falou!"** (Com o sentido de *é isso aí!; está certo!*)

ATENÇÃO! – O verbo falar prescinde da preposição quando tem por objeto o nome de um idioma: *falar inglês, falar alemão, falar espanhol* – ou quando faz parte de alguma expressão já consagrada pelo uso, como: *falar verdade, falar grosso, falar demais, falar mais alto, falar trivialidades,* etc.

Falar ao telefone / falar no telefone.

A preposição **a** designa proximidade; **em**, entre outras coisas, indica dentro. Assim, diz-se com moderação: *falar ao telefone, falar ao microfone, estar ao volante, sentar-se à mesa, estar à janela.*

Falaz.

*Exemplificando o erro: Não respondeu a minha pergunta: Dunga realmente não é uma pessoa **falaz**.*

Engana-se aquele que pensa que as aparências não enganam. Talvez o mal-aventurado repórter tenha associado **falaz** com **falastrão**, e deu no que deu. **Falaz** é o mesmo que *enganador, fraudulento, ilusório*. Não é, pois, termo congruente com o fato. Ao que parece, a intenção do repórter era dizer **loquaz**, que é sinônimo de *falador, facundo, eloquente*. Não há outra explicação.

Falkland / Falklands.

Quando se usa o termo **ilhas,** diz-se *Ilhas Falkland*; quando se menciona apenas o segundo elemento, emprega-se *Falklands* (ou *as Falklands*), no plural.

Faltar.

*Exemplificando o erro: O alunos estavam tão nervosos que só **faltaram agredir** os professores.*

O verbo **faltar** não é impessoal em nenhuma hipótese. Sempre concorda com o sujeito, até mesmo na indicação de tempo: *faltam cinco dias, faltam recursos.*

Cabe lembrar que **faltar** nunca varia quando vem ligado a um infinitivo:

O alunos estavam tão nervosos que só *faltou agredirem* os professores.
Os políticos são gananciosos: só falta eles nos cobrarem o ar que respiramos.

Faltou pouco para.

Essa expressão equivale a *estar a ponto de*: **Faltou pouco para** *eu ser atingido*. Ou ainda: **Pouco faltou para** *eu ser atingido*.

ATENÇÃO! – Não faz sentido construir: **Faltei pouco para** *ser atingido,* como se ouve muito na linguagem informal.

Fás.

Termo de origem latina, que equivale *àquilo que é justo, que é legítimo.* Palavra usada na locução **por fás ou por nefas** (também se usa **ou por fás ou por nefas**); com o sentido de *com razão ou sem ela, justa ou injustamente, por bem ou por mal:*

"A onomástica nacional, não sei se por *fás ou por nefas*, não conheceu exclusivos entre os homens." (Aquilino Ribeiro)

ATENÇÃO! – É preciso cuidado para não confundir **fás** com a abreviação inglesa **FAS** *(free alonside ship)*, cuja tradução é "sem despesa até o embarque". Trata-se de uma construção jurídica usada na expressão *cláusula f.a.s.,* que estabelece o seguinte: O exportador arca com a despesa do frete até o local do embarque; a partir desse ponto, o valor do transporte e as despesas adicionais correm por conta do importador.

Obs.: Esse termo só pode ser utilizado em transporte hidroviário (marítimo, fluvial ou lacustre).

Favorecer.

*Exemplificando o erro: O árbitro **favoreceu ao** time da casa.*

Favorecer, nesse sentido, rejeita a preposição **a**: *O árbitro **favoreceu o** time da casa. A decisão do STJD **favoreceu o** Fluminense.*

Fax / tórax / xerox.

Quanto ao plural, o Volp considera as três palavras substantivos invariáveis. Com relação a **fax**, o referido vocabulário também aceita a forma **faxes**. O Houaiss registra os três termos como substantivos de dois números, mas aceita as formas **faxes** e **xeroxes**.

É interessante lembrar que Vinicius de Moraes fez uso da forma *tóraxes* em seu livro *Para uma menina com uma flor*, e mestre Cegalla, no Dicionário de dificuldades da língua portuguesa, deu respaldo ao ilustre poeta e compositor.

Os gramáticos são taxativos a esse respeito: "palavras terminadas em **x** são invariáveis". Não obstante, deve prevalecer o ponto de vista da ABL; afinal de contas, o Volp é soberano.

Fazer o de que mais gosta.

Exemplificando o erro: *Fred faz **o que** o torcedor mais gosta.*

É vezo quase que exclusivo da imprensa esportiva menosprezar a preposição **de** tão necessariamente exigida por alguns verbos como **gostar, precisar** e **necessitar**. Corrija-se para: *Fred faz o **de** que o torcedor mais gosta.* Ou: *Fred faz o que o torcedor mais gosta **de** ver. Eis o zagueiro **de** que o Grêmio tanto precisava.*

É erro grosseiro usar o **de** quando não é exigido pelo verbo: *Digo e repito **de** que serei o artilheiro do campeonato. O atacante santista afirmou à imprensa **de** que não deixará o clube este ano.*

ATENÇÃO! – Os verbos **dizer, repetir** e **afirmar** não aceitam a preposição **de**, porque são verbos transitivos diretos. Há, contudo, construções em que a preposição é facultativa (por ser mero componente expletivo): *A estimativa é (de) que 100 mil torcedores assistirão ao clássico. O receio dos torcedores é (de) que não existam ingressos para todos.*

Fazer que / fazer com que.

No sentido de *fingir, simular*, emprega-se **fazer que** (sem a preposição **com**): ***Fez que** não viu o marido.*

Na acepção de *obrigar, causar*, é indiferente o uso de **fazer que** ou **fazer com que**: *O fraco desempenho do prefeito **fez que** o povo votasse na oposição. O fraco desempenho do prefeito **fez com que** o povo votasse na oposição.* Eis mais três exemplos:

"Cavalo de pau é a freada brusca que *faz com que* um veículo gire sobre si mesmo num movimento de 180º." (Dic. escolar da ABL)

"... A certeza de que podia acender-lhes novamente os ódios *fazia com que* as opiniões de Pedro e de Paulo ficassem ..." (Machado de Assis, *Esaú e Jacó*.)

"Não queria, mas *fiz (com) que* terminasse o dever." (Aulete)

☞ Veja **CONSEGUIR COM QUE...**

Fazer-se de/ fazer que.

No sentido de *fingir, disfarçar*, ambas as formas são inatacáveis: **Fez-se de** inocente para não ser responsabilizado. **Fez-se de** bonzinho, mas não vale a despesa do batizado. **Fez que** dormia para não atender o telefone.

Feliz Ano-Novo / feliz ano novo.

Com referência à passagem do dia 31 de dezembro para o dia 1º de janeiro, e o dia primeiro de janeiro inclusive, deve-se grafar com hífen e, preferencialmente, com letra maiúscula (por se tratar de uma data comemorativa): *Feliz **Ano-Novo**!*

Se o termo designar o ano que entra em sua totalidade, a forma correta será sempre **ano novo** (sem hífen e com letra minúscula): *Espero que tenhas um feliz **ano novo**!*

Femoral / femural.

O nome do osso da coxa é **fêmur;** mas o adjetivo relacionado a ele é **femoral,** e não **femural**.

Fênix.

Ave fabulosa que, segundo a mitologia grega, vivia vários séculos e, ao ser queimada, renascia das próprias cinzas.

Embora a contragosto dos lexicógrafos e dos gramáticos, a ABL manteve, por muito tempo, apenas a pronúncia [*fêniks*] para o termo em questão. Hoje o Volp consigna também a pronúncia [*fênis*], tão a gosto dos defensores da boa prosódia.

Fervendo / fervente.

Ambas as formas servem para se referir a líquidos em ebulição: *água fervendo, água fervente; óleo fervendo, óleo fervente.*

Na acepção de *fervoroso, veemente, ardente*, só se usa o termo **fervente**: *discurso fervente, oração fervente, paixão fervente, desejo fervente.*

Ficamos fora de si.

Nestas expressões, o pronome oblíquo deve concordar com a pessoa a que se refere: *eu fico fora de mim, tu ficas fora de ti, ele fica fora de si, ficamos fora de nós, ficais fora de vós e eles ficam fora de si.*

A mesma regra aplica-se à expressão **dar o melhor de si**: *Eu darei o melhor de mim, podes crer.*

Ficar de pé / ficar em pé.

Ambas as formas encontram registro na língua culta:

"Valente está **de pé / em pé** no corredor." (Dic. Unesp)

Ficha Limpa / ficha-limpa / ficha limpa.

Ficha Limpa (com iniciais maiúsculas) refere-se ao nome da lei que impede o político condenado por órgãos colegiados de disputar cargos eletivos.

Os **fichas-limpas** são os candidatos aprovados pela referida lei, isto é, aqueles que não têm problemas de inelegibilidade. Quando equivale a um adjetivo, a referida expressão fica invariável:

> A lei da *Ficha Limpa* veio para moralizar a política.
> Os *fichas-limpas* merecem ser eleitos.
> Só voto em candidatos *ficha-limpa*.

ATENÇÃO! – Quando a palavra **ficha** significar *registro que contém as informações a respeito do comportamento de uma pessoa*, será sem hífen e, consequentemente, variável: *Nem um candidato sequer tinha a* **ficha limpa**. *Os candidatos foram barrados porque não tinham* **fichas limpas**.

Filé-mignon / filé mignon / filé-minhom.

Muita gente desinformada ainda escreve **filé mignon** (separadamente), como se fazia antes da última reforma ortográfica. Os dicionários atualizados, sem exceção (e o Volp inclusive), grafam **filé-mignon** (com hífen) para se referir à parte mais tenra da carne que fica na região lombar de uma rês. Fora isso, nem tente comer: pode ser carne de pescoço!

EM TEMPO: O que nos causa extraordinário dó é o fato de *"filé-minhom"* ter a cara do nosso idioma e não encontrar registro em nossa literatura; realmente, é de estranhar.

☞ **Veja CONTRAFILÉ.**

Fintar / driblar.

Ambas as formas são muito usadas no mundo futebolístico, mas não têm o mesmo significado. Na finta, prevalece a ginga de corpo do jogador; no drible, sobressai a habilidade do atleta com a bola nos pés.

Flagrante / fragrante.

Flagrante é o ato visto ou registrado no momento em que se pratica; **fragrante** é *perfumado, cheiroso, aromático:*

"As fotos revelavam os *flagrantes* mais significativos do evento."
(Dic. Unesp)

Isabela tinha os cabelos tão *fragrantes* quanto as flores do jasmineiro.

Flecha / frecha.

Ambas as formas existem com o mesmo significado; embora a segunda seja muito pouco usada:

"...Vinha-me então ferir o peito como uma *frecha* que se crava num tronco, e fica muito tempo vibrando!" (Eça de Queirós, *O mandarim*.)

Flor-de-lis / flor de lis.

Flor-de-lis grafa-se com hífen por ser uma espécie botânica. Pelo novo Acordo Ortográfico, emprega-se o hífen nos compostos que designam espécies botânicas (planta e fruto) e zoológicas, estejam ou não ligados por preposição ou qualquer outro elemento.

Flor de lis (sem hífen) é expressão usada em heráldica* para designar o desenho esquemático de um lírio (antigo emblema da realeza da França).

---

* O conjunto dos emblemas de um brasão; o mesmo que *brasonário*.

Fluido / fluído / fruído.

Fluido, como adjetivo, designa as substâncias líquidas ou gasosas; no sentido figurado, significa *leve, suave: A dançarina tinha movimentos **fluidos**.*

Fluído é particípio do verbo **fluir**, o mesmo que correr copiosamente: *Quando os bombeiros chegaram, a água já havia **fluído** completamente.*

Fruído, é particípio de **fruir**; tem o sentido de *desfrutar o prazer ou as vantagens de: Foi demitido por ter **fruído** as vantagens do cargo.*

Fogo-fátuo / fogo fátuo.

Fogo-fátuo (só existe com hífen) é a luminosidade que aparece à noite, geralmente proveniente de terrenos pantanosos ou de sepulturas, e que é atribuída à combustão de gases emanados da decomposição de matérias orgânicas. Plural: *fogos-fátuos*.

Foi comunicado.

*Exemplificando o erro: O árbitro já **foi comunicado** da irregularidade.*

Um fato pode ser comunicado a alguém, mas ninguém pode ser comunicado de um fato. Por isso é que não se deve dizer que *o árbitro já foi comunicado* da irregularidade*, mas sim *a irregularidade já foi comunicada ao árbitro*.

Quem não gosta de andar na contramão pode fazer uso dos verbos **avisar**, **informar** ou **cientificar**:

---

* "Na acepção acima, não se usa o verbo **comunicar** na forma passiva, com referência a pessoas, associações, empresas, etc., sendo, por isso, inaceitáveis construções do tipo: *Ele **foi comunicado** acerca de minha decisão*." (Domingos P. Cegalla, *Dicionário de dificuldades da língua portuguesa*.)

Os jogadores já foram *informados da decisão* do técnico.
A comissão técnica já foi *cientificada sobre as normas* da diretoria.
O árbitro já foi *avisado de que deve dar um minuto de silêncio*.

Fonfom / fom-fom.

O som que representa a buzina de carro agora é **fom-fom** ou **bi-bi**. Segundo a nova Reforma Ortográfica, os vocábulos onomatopaicos passam a ter hífen.

☞ Veja **O USO DO HÍFEN**, pág. 373.

Fora-da-lei / fora da lei.

Fora da lei é a pessoa que vive à margem da lei; *marginal, bandido*. Antes da nova reforma, a expressão era grafada com hífen; hoje o fora da lei ficou diferente: perdeu o medo das autoridades, perdeu o traço de união (-), perdeu tudo. Hoje o delinquente se sente mais livre e solto. No plural, a locução **fora da lei** é invariável.

☞ Veja **FLOR-DE-LIS**.

Força-tarefa.

Grupo de pessoal especializado, formado por diferentes unidades, sob comando único (mas com certa autonomia) para cumprir missão específica e temporária. Plural: *forças-tarefa* e *forças-tarefas*:

É preciso criar uma *força-tarefa* para combater a dengue.

"A instituição de uma *força-tarefa* é o caminho mais rápido para a apuração de um crime, sob vários pontos de vista." (Dic. Unesp)

Formidável.

Na linguagem cotidiana, corresponde a *muito bom, muito bonito, admirável, esplêndido*. Na linguagem culta, significa *descomunal, horrível, medonho*:

"Sei de uma criatura antiga e *formidável*,
Que a si mesma devora os membros e as entranhas
Com a sofreguidão da fome insaciável..."

(Machado de Assis, *Poesias completas*.)

"Vês! Ninguém assistiu ao f*ormidável*
Enterro de tua última quimera..."

(Augusto dos anjos, *Versos íntimos*.)

Fosforescente / fluorescente.

Fosforescente qualifica algo que possui luminosidade própria: *Os ponteiros de alguns relógios de pulso são **fosforescentes**. As crianças adoram brincar, à noite, com objetos **fosforescentes**.*

Fluorescente descreve uma substância que absorve energia da luz emanada por determinada fonte e emite radiação visível; porém, quando essa energia cessa, a luminosidade para instantaneamente: *As placas de trânsito, quando recebem a luz dos faróis, emitem luminescência por serem elas **fluorescentes**.*

ATENÇÃO! – Não devemos confundir uma substância fluorescente com a **lâmpada fluorescente**, aquela que consome pouca energia e emite menos calor que as lâmpadas convencionais.

Fraudulência / flatulência.

A primeira é o mesmo que *fraude*; a segunda, além *de falta de modéstia, vaidade,* refere-se ao *acúmulo de gases no estômago e no tubo digestivo; ventosidade.*

Frenesi / frenesim.

Ambas as formas estão corretas e têm o mesmo sentido: *estado de excitação extrema que põe uma pessoa fora de si:*

"Então o medo foi substituído por uma espécie de raiva e *frenesi* que se apoderou do aventureiro." (Dic. Unesp)

ATENÇÃO! – Os dicionários ainda registram **farnesim** e **farnesia**, mas o Vocabulário Oficial só dá abrigo a **frenesi** (considerada a forma culta pelos lexicógrafos) e **frenesim**.

Frente a.

Locução censurada pelos gramáticos e sem respaldo dos dicionários mais tradicionais do nosso idioma, em que pese a sua frequência nas colunas dos jornais e na literatura. Em vez dela, preferem que se use *diante de, ante, perante:*

O candidato do partido X apresentou-se bem *diante do* adversário no último debate na televisão.

Frente a frente / frente à frente.

Exemplificando o erro: o estuprador e a vítima ficaram **frente à frente**.

Entre palavras repetidas, o **a** é apenas preposição. Não se justifica, pois, o sinal indicativo de crase em construções como *cara a cara, frente a frente, gota a gota, face a face, uma a uma, boca a boca, ponta a ponta: Rivaldo perdeu um gol* **cara a cara**. (Veja o verbete **Crase**.)

ATENÇÃO! – Não devemos confundir a expressão *guerra à guerra* com *guerra a guerra*: a primeira é o mesmo que *declarar guerra* **contra** *a guerra;* a segunda equivale a *guerra* **após** *guerra*.

Frízer / freezer.

Alguns gramáticos consideram a grafia **frízer** melhor que **freezer** (para se referir ao eletrodoméstico que congela alimentos e fabrica gelo; *congelador*).

Não dá para entender porque os lexicógrafos rejeitam o aportuguesamento de **freezer,** já que *poster* foi transformado em **pôster,** *container* em **contêiner,** *zipper* em **zíper,** *folder* em **fôlder,** *pullover* em **pulôver,** *junior* em **júnior,** *senior* em **sênior.**

ATENÇÃO! – O plural de **contêiner, fôlder, zíper** e **pôster** é feito de acordo com a regra das palavras terminadas em **r**: *contêineres, fôlderes, pulôveres, zíperes* e *pôsteres*. Já os termos **júnior** e **sênior** fazem o plural com a deslocação do acento tônico: *juniores* e *seniores*.

O Volp só registra **pôster** na seção de palavras estrangeiras (sem o acento, é claro!). Dizem que será aportuguesado na sexta edição. E *freezer* vai continuar *freezer*! Até quando?

Fui eu que / fui eu quem.

Quando o sujeito é o pronome relativo **que**, a concordância é feita com a pessoa que antecede o pronome:

>Fui eu que *quebrei* o vaso.
>Foste tu que *quebraste* o vaso.
>Foram eles que *quebraram* o vaso.

Quando o sujeito é o pronome relativo **quem**, o verbo deve ficar na terceira pessoa do singular, concordando com o termo **quem**, e não com a pessoa que antecede o pronome:

Fui eu quem *quebrou* o vaso.
Foste tu quem *quebrou* o vaso.
Foram eles quem *quebrou* o vaso.

ATENÇÃO! – São, porém, frequentes as construções em que o verbo concorda com o antecedente do pronome relativo **quem**, principalmente entre os clássicos:

"És tu quem dás rumor à noite,
És tu quem dás frescor à mansa brisa..." (Gonçalves Dias)

Não obstante a observação de peso de Gonçalves Dias, em nossos dias é aconselhável seguir as duas primeiras regras.

Fulano, siclano, beltrano.

A forma correta é *fulano, sicrano* e *beltrano* (com inicial minúscula). **Siclano** é termo inexistente. Além de **sicrano** (*pessoa cujo nome não se sabe ou não se quer dizer*), existem os **ciclanos**, que, segundo os dicionários, "são os hidrocarbonetos que fazem parte da cadeia fechada, saturados e apresentam apenas ligações simples entre os átomos de carbono".

Funeral / féretro.

Exemplificando o erro: Personagens ilustres **compareceram ao féretro**.

Que sensaboria esse humor negro! Essa novidade de *comparecer ao féretro* é simplesmente formidável.

Ninguém comparece a um féretro (que significa caixão mortuário), mas sim a um funeral (que designa *cerimônia de sepultamento*). Pelo mesmo motivo, é condenada a frase: *O féretro foi muito concorrido* (a não ser que algumas pessoas também quisessem ficar no caixão, ao lado do defunto).

Furtar / roubar.

Furtar é pegar para si coisa alheia sem que a pessoa saiba: *Foi preso por **furtar** uma bicicleta.*

Roubar é apoderar-se de alguma coisa mediante ameaça ou violência: *Com uma faca, ameaçou a vítima e **roubou** todo o dinheiro do caixa.*

Futevôlei / futvôlei.

A variedade de vôlei de praia em que é vedado às equipes o uso das mãos é conhecida (e reconhecida oficialmente) como *futevôlei*, e não *futvôlei*.

Embora *futvôlei* ainda não exista, convém que fiquemos de sobreaviso. Depois que a ABL oficializou **futsal**, em vez de **futessal**, tudo é possível.

Ninguém é perfeito.

G

Gângster.

Integrante de um grupo de malfeitores que assaltam e matam, especialmente nas grandes cidades. O plural é *gângsteres*:

"A jovem queria libertar seu marido dos gângsteres." (Dic. Unesp)

Ganhar.

☞ **Veja PERDER PARA.**

Ganhar o lance *na* moral.

Moral possui dois gêneros: como substantivo feminino, significa *conjunto de preceitos de conduta considerada digna, honesta;* quando se refere a *estado de ânimo, coragem,* deve ser empregado sempre no masculino.

Garage / garagem.

Os dicionários – em sua grande maioria – registram ambas as formas tanto para se referir a lugares ou casas onde se guardam automóveis quanto para mencionar oficinas para conserto, ou estabelecimento onde se alugam carros à hora.

Oficialmente, no entanto, só existe **garagem,** uma vez que o Vocabulário Ortográfico não lista **garage**. O Dic. escolar da ABL é taxativo com relação ao caso em tela. No verbete **garagem**, ele nos orienta: "Evite-se a forma *garage*".

Felizes são os que observam as palavras que orientam.

Garçom / garção / garçon.

Garçon é palavra francesa. Para designar empregado que serve à mesa em restaurantes, usa-se **garçom**. **Garção** é termo pouco usado como variante de **garçom**; na linguagem culta significa *rapaz, moço, mancebo:*

> "Ao cabo, era um lindo *garção*, lindo e audaz, que entrava
> na vida de esporas, chicote na mão e sangue nas veias..."
>
> (Machado de Assis, *Memórias póstumas de Brás Cubas*.)

Garrett.

Observa-se, com certo desalento, que até hoje ainda reina alguma indecisão, entre nossa gente, quanto a pronúncia das palavras **Garrett, habitat, superavit** e **deficit**. A letra **t** destas palavras devem ser rigorosamente pronunciada: *garrétt, ábitat, superávit, déficit.*

Forçada, violenta e totalmente desportuguesa é a pronúncia *garré* que encontramos neste trecho do poema *Saudade,* de Bastos Tigres:

> "Gosto amargo de infelizes"
> Foi como a chamou Garrett;
> Coração, calado, dizes
> Num suspiro o que ela é.

O autor forçou a pronúncia *garré* para que a palavra pudesse rimar com o verbo **ser**. Chama-se a isto licença poética. Nós que não somos poetas, não temos o direito de fazer as coisas às avessas. Ou fazemos tudo direitinho ou passamos por pessoas insipientes.

Gases / gazes.

Gases é o plural de **gás** (*substância fluida que está presente em grande quantidade na natureza*); **gazes** é o plural de **gaze** (*tecido leve, geralmente de algodão, usado em curativos*):

> Fogo-fátuo é a combustão espontânea de gases emanados de pântanos e sepulturas, durante a noite.
>
> As manipulações devem ser feitas com pinças e *gazes* esterilizadas.

☞ **Veja FRAUDULÊNCIA.**

Gato-sapato / gato e sapato.

Gato e sapato é expressão popular que significa *tratar com desprezo; humilhar: Os filhos fazem dele* **gato e sapato**.

A forma com hífen é mais usada entre os grandes escritores:

> "... Lá na capital as mulheres enguiçam os homens, e fazem deles *gato-sapato*." (Camilo Castelo Branco, *A queda dum anjo*.)

Gênero dos substantivos.

Gênero é a categoria gramatical que classifica o sexo real ou fictício dos seres.

Além dos tradicionais substantivos masculinos e femininos, existem os *comuns de dois gêneros, sobrecomuns* e *epicenos*:

1. **Comum de dois gêneros** é o substantivo que apresenta uma só forma para o masculino e o feminino:

o artista ⟶ a artista		o intérprete ⟶ a intérprete	
o agente ⟶ a agente		o jornalista ⟶ a jornalista	
o camarada ⟶ a camarada		o pianista ⟶ a pianista	
o chefe ⟶ a chefe		o policial ⟶ a policial	
o cliente ⟶ a cliente		o regente ⟶ a regente	
o colega ⟶ a colega		o repórter ⟶ a repórter	

☞ **Veja USUCAPIÃO.**

2. **Sobrecomum** é o substantivo cujo gênero é empregado para ambos os sexos:

o anjo	o monstro	o indivíduo
o cônjuge	a criatura	o membro
o ídolo	o defunto	o neném
a testemunha	o carrasco	o gênio
a vítima	o algoz	o fantasma
a criança	o parente	a pessoa

3. **Epiceno** é o substantivo designativo de animal que apresenta um só gênero gramatical independentemente do sexo. Para designar o gênero desses animais, empregam-se as palavras **macho** e **fêmea**: *a cobra macho, a cobra fêmea; o jacaré macho, o jacaré fêmea*. Eis outros exemplos:

o abutre	o condor	a hiena
a aranha	a formiga	o beija-flor
a baleia	a pulga	o gavião
o besouro	o polvo	a anta
a borboleta	a onça	a capivara
o crocodilo	a mosca	a girafa

ATENÇÃO! – O Houaiss usa hífen nas expressões *gavião-macho, gavião-fêmea*. Tal forma não é preconizada por nenhum outro dicionário.

O Dic. escolar da ABL ilustra a definição de epiceno com os seguintes exemplos: *cobra macho, jacaré fêmea*.

O Aurélio, no entanto, aborda o assunto de forma diferente dos demais dicionários: "*Sendo necessário particularizar o sexo, recorre-se aos substantivos macho e fêmea, como, p. ex., o macho da cobra, a fêmea do quati, ou aos adjetivos macho e fêmeo (que se flexionam em conformidade com o gênero e com o número do substantivo a que se referem): quati macho, quati fêmeo, cobras machas, cobras fêmeas, etc.*".

Grã-Bretanha / Reino Unido.

Teoricamente são termos distintos. O **Reino Unido** é formado por quatro unidades políticas: **Inglaterra** *(England)*, **Escócia** *(Scotland)*, **País de Gales** *(Wales)* e **Irlanda do Norte** *(Ireland)*.

Na prática, contudo, a expressão **Grã-Bretanha** é usada, no Brasil, como sinônimo de **Reino Unido** por muita gente. **Grã-Bretanha** é apenas o nome da maior ilha da região onde Inglaterra, Escócia e País de Gales estão localizados. Como se vê, a Irlanda do Norte não faz parte da **Grã-Bretanha**. Essa unidade está localizada na Ilha da Irlanda, juntamente com a República da Irlanda (*Republic of Irland* ou *Irish Republic* ou, ainda, *Eire*).

Conclui-se, pelo exposto, que a Inglaterra, por exemplo, não é um país; consequentemente, não existe **cidadania inglesa.** Os ingleses, assim como os irlandeses, os escoceses e os galeses, são **cidadãos britânicos**. O que ninguém entende (e a FIFA nunca explicou) é por que as quatro unidades políticas participam dos campeonatos mundiais de futebol como se fossem países independentes, quando a ONU considera apenas o **Reino Unido.**

Gradação / graduação.

O primeiro termo indica mudança gradual; o segundo (entre outras coisas) refere-se à divisão em escala:

O Sol sumia-se no horizonte, deixando no céu uma gradação de cores incrível.

"No poente, as nuvens listravam o céu, numa suave gradação de cores." (Cegalla)

A graduação do termômetro estava incorreta.

"A graduação da geladeira estava excessiva." (Aulete)

Grama.

Quando for sinônimo de relva é substantivo feminino: *É preciso aparar **a grama** do jardim*. O substantivo **grama**, quando se refere à medida de peso (unidade de massa correspondente à milésima parte do quilograma), é substantivo masculino: *Comprei **duzentos gramas** de muçarela*.

ATENÇÃO! – O Dic. Caldas Aulete (eletrônico) diz que **grama**, quando se refere a peso, pode ser masculino ou feminino, e cita o seguinte exemplo: *"**duzentos/duzentas** gramas de presunto"*.

O Dic. Unesp nos passa uma informação meio confusa quando afirma que "o Volp registra **grama** como substantivo masculino e feminino".

É bom que o leitor saiba que nem todo canário é belga. Cuidado, portanto, para não embarcar nessas canoas: estão furadas.

O Volp realmente lista **grama** com dois gêneros (masculino e feminino), mas não para o mesmo significado. A assessoria da ABL esclarece a dúvida em poucas palavras: *"O grama é unidade de medida de massa; a grama é a relva"*.

Cauteloso, porém, é mestre Aurélio quando menciona que "é corrente o uso desse vocábulo no feminino". Essa constatação faz sentido, pois **corrente**, no caso em questão, é sinônimo de *vulgar, comum, usual*; e não de **correto**.

O Dicionário universal da língua portuguesa, o Houaiss, o Dic. escolar da ABL e o Grande dicionário universal da língua portuguesa só consideram **grama** substantivo feminino na designação comum a várias plantas gramíneas.

Grelha – (pronúncia).

Pequena grade de ferro (ou alumínio) onde se assam carne e outros alimentos. Pronuncia-se [*grélha*].

☞ **Veja RASTELO.**

Greve / locaute.

A paralisação coletiva dos trabalhadores de uma empresa, com a finalidade de reivindicar salários justos ou condições dignas de trabalho, chama-se **greve.**

Locaute consiste no fechamento temporário de uma fábrica ou estabelecimento, pela própria direção, constrangendo os empregados a uma baixa de salário, até que aceitem as propostas apresentadas. (A variante inglesa *lockout* é menos usada.)

Guarda-costas.

Exemplificando o erro: **Precisam-se** *de* **guardas costas.** *Tratar à rua* **XV** *de Novembro* **325.**

Esse anúncio dá bem uma ideia da ignorância gramatical de quem o redigiu: contém cinco impropriedades:

1 – Na primeira oração, o sujeito é indeterminado. O verbo deve permanecer no singular.

2 – A expressão **guardas costas** apresenta dois desacertos: tal substantivo liga-se por hífen; a forma do plural é idêntica à do singular, isto é, **guarda-costas**, e não **guardas-costas**.

3 – De tudo o que for preciso, trata-se *em* algum lugar, e não *a* algum lugar.

4 – Quem tem coragem de escrever *rua XV de Novembro*, deveria (por coerência) escrever rua *VII de Setembro, Rua XII de Outubro, Praça IX de julho*, etc.

5 – Entre o nome da rua e o número, a vírgula é indispensável.
Assim, em português teríamos:
Precisa-se de guarda-costas. Tratar na rua 15 de Novembro, 325.

Guerra a guerra / guerra à guerra.

Ambas as expressões são corretas, mas têm sentido diferente: a primeira significa *guerra após guerra;* a segunda, *guerra contra a guerra.*

☞ **Veja FRENTE A FRENTE.**

H

Há / a.

☞ Veja A / há

Há / atrás.

Exemplificando o erro: "Eu nasci **há** dez mil anos **atrás**". (Título de uma canção composta por Raul Seixas e Paulo Coelho.)

Os gramáticos mais zelosos condenam o uso de **há + atrás**; consideram essa sequência uma redundância. Preferem que se diga: *Eu nasci* **há** *dez mil anos.* Ou: *Eu nasci dez mil anos* **atrás.**

Há cerca de.

☞ Veja A CERCA DE.

Há de haver.

Expressão corretíssima; equivale a *há de existir: Sempre* **há de haver** *meios de solucionar problemas que, em princípio, parecem insuperáveis.*

Há / havia.

Exemplificando o erro: **Palmeiras** não era **bi-campeão há** muito tempo.

Três erros fáceis de evitar:

1 – Nomes de clubes não prescindem do artigo (a não ser numa manchete de jornal).

2 – O prefixo **bi**, assim como **tri, tetra, penta**, liga-se ao elemento seguinte sem hífen.

3 – Quando o verbo **haver** é usado com outro no tempo imperfeito (ou mais-que-perfeito), emprega-se **havia**, e não **há**: *O Palmeiras não era bicampeão* **havia** *muito tempo.*

Há mais tempo.

Tal expressão tanto se usa no presente quanto no passado: *Nosso time ainda pode empatar o jogo:* **há mais tempo** *do que eu esperava. O técnico devia ter feito a substituição* **há mais tempo**.

Há menos de.

☞ Veja A MENOS DE.

Há tempo / a tempo.

Na expressão **há tempo**, o **há** equivale a *faz*. Refere-se a uma ação no passado: *Comprei este carro* **há tempo**, *mas não consigo me livrar dele.*

Há tempo também se emprega no presente: *É preciso renovar a Seleção Brasileira enquanto* **há tempo**.

A tempo é sinônimo de *na hora; em tempo: A polícia chegou* **a tempo** *de evitar um tragédia.*

Habeas corpus.

Recurso judicial solicitado aos tribunais por quem sofreu ou se acha ameaçado de sofrer coação ou violência em sua liberdade de locomoção, por ilegalidade ou ato abusivo de autoridade.

A expressão em epígrafe não foi aportuguesada. Assim, como não faz parte do nosso léxico, deve ser mantida na forma original latina, ou seja, não se usa acento (nem hífen).

Haja / aja.

Não se deve confundir *haja* do verbo **haver** (que significa *existir*) com *aja* do verbo **agir**, cujo sentido é *atuar de certa maneira, ter determinada postura: É preciso que o candidato **aja** com prudência, a fim de que não **haja** desconfiança dos eleitores.*

Haja vista / haja visto.

Usando de rigor, podemos dizer que **haja visto** não existe. O que nossa língua tem é **haja vista**. Trata-se de uma locução invariável equivalente a *veja* (independentemente de as palavras que se lhe seguem estarem no singular ou não): *O governo quer conter a inflação a todo custo, **haja vista** as medidas que tomou.*

"O curso médio não prepara o aluno para o vestibular, *haja vista* a necessidade dos cursinhos". (Dic. Unesp)

Haver / a ver.

*Exemplificando o erro: Eu não tenho nada **haver** com essa história.*

Haver é sinônimo de *existir*; não tem nada a ver com o exemplo acima: *Vai **haver** muitas reclamações.*

A ver é uma expressão formada pela preposição **a** e o verbo **ver**, geralmente acompanhada pelo verbo **ter**: *Esse vestido não tem nada a ver com sua mãe.*

Hegemonia / higemonia.

Usa-se **hegemonia** para demonstrar superioridade ou predomínio incontestável; *supremacia*. **Higemonia** não existe.

Hemeroteca.

Seção das bibliotecas em que revistas e jornais são colecionados.

Hesitar / exitar / excitar.

Hesitar é *ficar indeciso a respeito do que se há de dizer ou fazer; vacilar: O jogador hesitou na hora de bater o pênalti.* **Exitar** (apesar de não ter abrigo em nenhum dicionário da atualidade) está registrado no Vocabulário Ortográfico da Língua Portuguesa com o sentido de *ter sucesso, ter bom êxito.* **Excitar** é *estimular: excitar a vaidade, a libido, o apetite, etc.*

Hexacampeão.

Diz-se de um atleta (ou clube) que foi seis vezes campeão. Pronuncia-se [*heksacampeão*] ou [*hezacampeão*].

Hieróglifo / hieroglifo.

Termos usados para descrever os caracteres pictográficos dos antigos egípcios que representavam ideias, palavras ou letras. Hoje o termo também é usado para se referir a uma caligrafia ilegível ou qualquer coisa difícil de explicar ou de entender.

☞ **Veja PROSÓDIA, pág. 357.**

Hindu / hindi / indiano.

Hindu é a pessoa que professa o hinduísmo (religião atual da maioria dos indianos). **Indiano** é o habitante ou natural da Índia.

Não devemos confundir **hindu** com **hindi**, que é, sem dúvida, a mais importante das línguas oficiais da Índia.

História / estória.

Estória é um termo em desuso. Só não passou desta para melhor porque ganhou sobrevida no Volp, que é muito generoso. Os dicionários modernos são menos benevolentes. O Aurélio, por exemplo, registra **estória** e (sem dar definições) remete o leitor ao verbete **história,** com a seguinte observação: *"Recomenda-se apenas a grafia história, tanto no sentido de ciência histórica, quanto no de narrativa de ficção, conto popular, e demais acepções".*

Eis alguns exemplos que evidenciam o caso:

DICIONÁRIOS CONSULTADOS: **1. Houaiss**; **2. Aulete**; **3. Unesp**; **4. Aurélio**; **5. Escolar da ABL.**

1. *"Não me venhas com histórias. / A história do filme é envolvente. / Deixe de histórias e resolva logo essa questão."* (Houaiss)

2. *"Histórias da carochinha. / Conta aí a história do português. / Que história é essa de chegar atrasado todo dia? / História em quadrinhos. / Deixe de história e aceite logo o emprego. / História para boi dormir. / História Universal. / História da medicina."* (Aulete)

3. *"É interessante conhecer a História do Brasil associada à História da América. / Na família, ficou famosa a história do desquite da tia Lila. / As novelas de televisão costumam entrelaçar várias histórias. / Ora, deixe de histórias, rapaz. / Histórias da carochinha."* (Unesp)

4. *"Estudante de História. / É romance ótimo, apesar de quase não ter histórias. / Saiu logo da festa, porque não queria saber de histórias. / História em quadrinhos. / História para boi dormir. / Cheio de histórias."* (Aurélio)

5. *"História do Brasil. / No filme, a história tem um final feliz."* (Dic. escolar da ABL)

Segundo os lexicógrafos, o termo **estória** foi proposto para designar narrativas de ficção, mas o que prevaleceu foi **história**. Assim a frase "As **estórias** da **História** do Brasil" passa a ser "As **histórias** da **História** do Brasil". E **estória**? Bem, acho que ela já entrou pra história.

Hodômetro / velocímetro.

O primeiro termo designa um instrumento usado para medir distâncias percorridas; o segundo, para calcular a velocidade.

Hóspede / hóspeda.

Hóspede é substantivo de dois gêneros utilizado para se referir a uma pessoa que se abriga por certo tempo em casa alheia, hospedaria ou hotel.

A forma **hóspeda**, embora usada por alguns clássicos, em tempos remotos, tornou-se arcaica. Use *hóspede* para ambos os sexos e sinta-se à vontade.

Hurra / urra.

Para expressar entusiasmo, usa-se **hurra** (com **h**): *Hurra! Até que enfim vencemos!*

Urra (sem **h**) é forma do verbo **urrar** *(rugir, bramir)*: *Às vezes, o leão* **urra** *de dor ou de raiva.*

I

Ibero / íbero.

Ibero refere-se à pessoa que vivia na Ibéria (antigo nome da Espanha). Trata-se de uma palavra paroxítona: *Indivíduo ibero-americano.* **Íbero** não existe.

Idiomatismo / idiotismo.

A construção gramatical própria de um único idioma é conhecida como **idiomatismo**: *O infinitivo pessoal (flexionado) é um **idiomatismo** da língua portuguesa.*

Embora **idiotismo** signifique *idiotice*, também é variante de **idiomatismo**. Aqui, a semelhança é mera coincidência.

Ídolo e jogador exemplar.

*Exemplificando o erro: Pelé se revelou ídolo e jogador **exemplares**.*

*Ídolo e jogador **exemplar**,* porquanto se trata de uma só pessoa. Compare: *Ele demonstrou categoria e modéstia **exemplares**.* No primeiro caso, os termos **ídolo** e **jogador** referem-se ao mesmo ser: daí, a permanência do adjetivo **exemplar** no singular. No segundo, o adjetivo vai para o plural porque não se refere ao jogador, e sim aos termos **categoria** e **modéstia**.

Quando o adjetivo vier anteposto a dois ou mais substantivos, concordará com o mais próximo: *Pelé demonstrou **exemplar** categoria e modéstia.*

ATENÇÃO! – Mesmo se vier após os substantivos, o adjetivo concordará obrigatoriamente com o último quando estiver bem claro que o adjetivo se refere exclusivamente a ele: *Vi, no restaurante, apenas um padre e uma mulher solteira.*

Ímã / imã / íman.

Qualquer substância com capacidade de atrair ferro ou aço chama-se **ímã** (com til e acento). No português europeu, usa-se **íman**.

Imã (sem acento), ou **imame,** é título de certos soberanos muçulmanos: *O **imã** Khomeini governou o Irã desde a deposição do xá Reza Pahlevi, em 1979, até sua morte em 1989.*

Imergir / emergir.

Imergir é sinônimo de *afundar(-se); mergulhar, submergir: O carro caiu no rio e **imergiu** rapidamente.* **Emergir** é o antônimo de *imergir: O submarino **emergiu** após 2 horas de treinamento.*

Imérito / emérito.

O primeiro termo equivale àquilo que não é merecido: *Foi uma homenagem **imérita**.*

O segundo descreve uma pessoa muito versada em alguma atividade profissional; *sábio, insigne: professor emérito, jurista emérito.* Entre outros significados, o termo é frequentemente usado para se referir a uma pessoa que tem as honras de um cargo sem o exercer: *Ele é o **presidente emérito** de nossa agremiação.*

Imigrante / emigrante.

Imigrante é uma pessoa que imigrou, isto é, que entrou em um determinado país; **emigrante** é um indivíduo que deixou seu país.

Iminente / eminente.

☞ **Veja EMINENTE.**

Imoral / amoral.

☞ **Veja AMORAL.**

Impeachment.

Ato pelo qual se destitui, mediante deliberação do Poder Executivo, o presidente, governador ou prefeito que pratica crime de responsabilidade; *destituição, impugnação, cassação*.

A forma genuinamente portuguesa **impedimento** é pouco usada nessa acepção. Pronuncia-se [*impítchment*]: *O impeachment do presidente Collor ocorreu em 1992; o da Dilma, em 2016.*

Impecilho / empecilho

☞ **Veja EMPECILHO.**

Ímpio / impio.

Ímpio (com acento) é aquele que não tem fé; *incrédulo, herege, antirreligioso*. **Impio** (sem acento) quer dizer *sem piedade, cruel, bárbaro, desumano*:

> "Os *ímpios* queriam fazer-se de crentes." (Dic. Unesp)
> Desprovidos de sentimentos, os cangaceiros tornaram-se pessoas *impias*.

Implantar / implementar.

Implantar significa *estabelecer-se, fixar-se, introduzir*. **Implementar** é *pôr em prática um plano ou projeto*:

"A Secretaria de Educação *implantou* novas diretrizes pedagógicas."
(Dic. escolar da ABL)

"O ministro *implementou* uma política de contenção de gastos."
(Dic. Aulete)

Implicar.

Na acepção de *acarretar, trazer como consequência*, este verbo é transitivo direto: *O despreparo da Seleção Brasileira* **implicou** *a derrota vexaminosa para a Alemanha.*

No sentido de *comprometer, envolver (alguém)*, **implicar** constrói-se com objeto direto de pessoa e objeto indireto de coisa: *O doleiro* **implicou** *o ministro no crime. O traficante implicou o policial no episódio.*

Importar.

Exemplificando o erro: Não me **importo** *que ela seja mãe solteira.*

A construção para ser correta deverá ser: *Não me* **importa** *que ela seja mãe solteira.* O sujeito de **importar**, nesse caso, é a oração *que ela seja mãe solteira*, e não o pronome **eu** (que não aparece, mas está subentendido).

Imprensa marrom.

A construção é usada para referir-se a jornais ou revistas que se valem do sensacionalismo para atrair leitores. A expressão vem do inglês *yellow press*, que literalmente significa imprensa amarela.

Como nossos jornalistas gostam de carregar nas tintas, optaram pela tradução **imprensa marrom**, porque acham o amarelo uma cor muito suave para caracterizar esse tipo de trabalho. Do jeito que as coisas andam, logo teremos a **imprensa negra**. Quem viver verá.

Impresso / imprimido.

Verbos com duplo particípio – também conhecidos como verbos abundantes – *(imprimido / impresso; aceitado / aceito; matado / morto; prendido / preso)* obedecem a uma regra fácil de memorizar. Com os auxiliares **ter** e **haver,** usa-se a forma regular; com **ser** e **estar**, a forma irregular: *tinha (havia) imprimido, foi (estava) impresso / tinha (havia) aceitado, foi (estava) aceito / tinha (havia) matado, foi (estava) morto, tinha (havia) prendido / foi (estava) preso.*

Hoje já se admite o uso de **ganho**, **gasto** e **pago** tanto com **ter** e **haver** quanto com **ser** e **estar**.

☞ **Veja PEGADO.**

ATENÇÃO! – "Esta regra, porém, não é de rigor sobretudo quando se emprega **imprimir** em sentido figurado: *O orador tinha **impresso** no seu discurso um tom patético. Para fugir à perseguição, **foi imprimida** alta velocidade ao veículo.*"

(Cegalla, *Dic. de dificuldades da língua portuguesa.*)

Ímprobo / improbo.

Quem é **ímprobo** não tem probidade; é *desonesto: Sempre foi considerado um prefeito incapaz e **ímprobo**.*

Improbo (sem acento) é forma da primeira pessoa do presente do indicativo do verbo **improbar** *(censurar, desaprovar)*. Pronuncia-se [*impróbo*]. Grafia menos usada do que a variante **improvar**.

Impudico.

O termo revela ou sugere falta de pudor; é, pois, sinônimo de *desavergonhado, devasso, imoral, obsceno, libidinoso:*

> "Os beiços entreabertos e vermelhos tinham uma intimidade feminina, quase *impudica*." (José R. Miguéis, *Gente da terceira classe*.)

Imundice / imundícia / imundície.

As três palavras têm o mesmo significado: *falta de asseio, sujeira, lixo, impureza.* As duas primeiras formas são menos usadas:

> Quanta *imundície* não deve haver nas entranhas de uma democracia hipócrita!

☞ **Veja PALAVRAS COM MAIS DE UMA GRAFIA, pág. 355.**

Inapto / inepto.

Os dois termos têm o sentido de *incapaz*, mas não na mesma acepção. **Inapto** significa *incapaz* por falta de habilidade; **inepto**, por falta de inteligência.

Incendioso / insidioso.

*Exemplificando o erro: Luxemburgo tenta barrar o **incendioso** ataque do Cruzeiro.*

Não, caro leitor, isso nunca! Nenhum ataque é incendioso – nem mesmo o do Botafogo. Não há dúvida de que o nobre colunista pretendia dizer **insidioso**, que significa *traiçoeiro, enganador*: *Luxemburgo tenta barrar o **insidioso** ataque do Cruzeiro.*

No sentido figurado, refere-se a uma enfermidade (que a princípio parece simples, mas pode ser ou tornar-se grave):

"A febre tifoide é uma doença *insidiosa*." (Houaiss)

"Esse corpo sem luz como uma alma com frio
Me chama e, por entre a água enganosa do rio,
Se insinua a *insidiosa* ideia do suicídio."
(Dante Milano, *O rio*.)

Incerto / inserto.

Incerto é sinônimo de *indeciso, duvidoso, hipotético: Todos estavam incertos de sua reeleição.*

Inserto tem o sentido de *introduzido, incluído: A taxa de embarque já estava inserta no preço da passagem.*

ATENÇÃO! – A gramática normativa condena o uso de **inserido** no lugar de **inserto** quando este funciona como adjetivo. Segundo a regra, apenas os particípios irregulares é que se tomam por adjetivo, e não os regulares.

☞ Veja **INSERIDO**.

Incipiente / insipiente.

Incipiente é o mesmo que *inexperiente, principiante, iniciante: enfermeira incipiente, professor incipiente, jornalista incipiente.*
Insipiente é uma pessoa não sapiente; *ignorante, sem juízo*:

O mundo precisa conhecer a história de nossa *incipiente* democracia.
Namora uma moça tímida, boba, *insipiente*.

Inclue / inclui.

Os verbos terminados em **air** e **uir** (como **cair, trair, sair, contrair, extrair, possuir, contribuir, concluir, substituir, usufruir**, etc.)

grafam-se com **i** (e não com **e**) na terceira pessoa do singular do presente do indicativo: *sai, cai, trai, contrai, possui, contribui, substitui, usufrui, conclui.*

ATENÇÃO! – Há exceções:

a) Verbos como **conseguir, perseguir, seguir, prosseguir** (em que o **u** não é pronunciado) devem ser grafados com **e** (e não com **i**) na terceira pessoa do singular do presente do indicativo: *consegue, persegue, segue, prossegue.*

b) Os verbos **construir** e **destruir** apresentam a terminação irregular **ói**: *Deus constrói e o diabo destrói.*

Incluído / incluso.

A forma **incluído** é usada como particípio; **incluso** usa-se como adjetivo: *O técnico havia incluído três goleiros. Os goleiros inclusos devem treinar separadamente.*

☞ **Veja ANEXO.**

Incontinente / incontinênti / incontinenti.

Os dicionários Aurélio e Aulete distinguem os dois termos e não registram **incontinenti** (sem acento). Segundo os referidos dicionários, **incontinente** é "pessoa imoderada em sensualidade"; **incontinênti** quer dizer "sem demora; sem intervalo; sem interrupção; sem detença; imediatamente".

O Houaiss não consigna nenhuma das formas terminas em **i**. Usa apenas **incontinente** para todos os sentidos, acima mencionados, inclusive para "quem sofre de *incontinência* (especialmente da bexiga ou dos intestinos".

ATENÇÃO! – O Volp não cita **incontinênti** (com acento); apenas **incontinente**. A forma latina (sem acento, é claro!) encontra-se presente apenas na seção de palavras estrangeiras.

Alguns gramáticos, entretanto, recomendam, por coerência, acentuar *incontinênti*, uma vez que os latinismos **álibi, mapa-múndi, cútis**, etc. já foram aportuguesados.

Indefeso / indefesso.

Indefeso (ou *indefenso*) é o mesmo que *sem proteção, sem defesa, não defendido*. Refere-se também a uma pessoa que não tem condições de se defender: *criança indefesa, mulher indefesa*. Pronuncia-se [*indefêzo*].

Indefesso é *incansável, que não para, não cansado; infatigável*: Pronuncia-se [*indefésso*]:

"Trabalhar sim, meu pobre Lucindo; trabalhar sempre e infatigavelmente, *indefesso* trabalhador." (R. Correia, *Poesia completa e prosa*.)

"A tropa atacou um vilarejo *indefeso*." (Aulete)

Independente / independentemente.

Embora seja muito comum, não é correto o uso de **independente** (adjetivo equivalente a *livre*), em vez de **independentemente** (advérbio equivalente a *sem levar em conta*), em construções como: *Ele resolveu viajar com a família, **independente** dos problemas financeiros por que passa*. Se trocarmos o adjetivo pelo advérbio, a frase ficará perfeita. Mais exemplos:

"*Independentemente* do momento difícil, procurou se comportar de maneira profissional." (Dic. Unesp)

"Desde cedo, tornou-se *independente* dos pais." (Dic. escolar da ABL)

Inexaurível / inexorável.

O primeiro termo é sinônimo de *inesgotável*; o segundo, de *implacável, inabalável, inflexível (que não cede a súplicas)*.

Apesar de terem significados distintos, essas palavras têm algo em comum: em ambos os casos, a letra x tem som de z.

Infarte / infarto / enfarte / enfarto.

Todas as quatro formas são lícitas, em que pese a preferência dos médicos pelo termo **infarto**.

☞ Veja PALAVRAS COM MAIS DE UMA GRAFIA, pág. 355.

Infinitivo (uso).

*Exemplificando o erro: O Brasil perdeu por detalhes que não **valem** a pena lamentar.*

Enganam-se aqueles que imaginam ser **detalhes** o sujeito do verbo **valer**. Afinal de contas, o que é que não vale a pena?

Lamentar, é claro!

Sempre que o sujeito for um infinitivo, o verbo deverá permanecer na 3ª pessoa do singular:

> São dois os jogos que ainda falta a Seleção Brasileira vencer para conquistar a tão sonhada medalha olímpica.
> Estas são providências que compete à Federação Paulista tomar.

ATENÇÃO! – Não aparecendo o infinitivo, a conjugação se faz normalmente: *São dois os jogos que faltam ao Brasil para conquistar a tão sonhada medalha olímpica.*

Exemplificando outro erro: *O Blackburn e o Manchester estão prestes a **decidirem** o Campeonato Inglês.*

Quando o infinitivo vier precedido por preposição (e for complemento de um adjetivo ou substantivo) deverá ser usado, de preferência, na forma impessoal: *O Blackburn e o Manchester estão **prestes a decidir** o Campeonato Inglês:*

Os times do interior estão *dispostos a lutar* pelo título.

A Bandeirantes e o SBT estão *autorizados a transmitir...*

"Os mexicanos estavam *decididos a dar* uma lição aos homens de Young." (Henry Thomas, *Maravilhas do conhecimento humano*.)

As duas equipes estão *prestes a entrar* em campo.

"Estamos *prontos a revelar* essa origem ao governo." (R. Barbosa, *Queda do império*)

Inflação / infração.

Inflação é o aumento desenfreado dos preços, causando grande desvalorização do dinheiro e, consequentemente, uma acentuada queda no poder aquisitivo da população.

Infração é *a violação de uma lei, ordem ou tratado.*

Infligir / infringir.

Infligir é *impor (pena ou derrota) a alguém; causar: A longa estiagem **infligiu** grandes prejuízos aos agricultores. A justiça **infligiu** duras penas aos corruptos.*

Infringir equivale a *descumprir ou violar (lei, norma, regra, etc.); desrespeitar, transgredir: O presidente **infringiu** o estatuto do clube.*

Iniciar(-se).

Exemplificando o erro: O Campeonato Carioca inicia amanhã.

Convenhamos, será um péssimo começo. Os verbos **iniciar**, **derreter**, **inaugurar**, **levantar** e **matar** têm estrutura semelhante. *Alguém inicia alguma coisa, mas alguma coisa se inicia. Algo derrete o gelo, mas o gelo se derrete. Uma pessoa inaugura alguma coisa, mais alguma coisa se inaugura. Podemos levantar alguém, mas alguém se levanta. É possível matar alguém, mas alguém se mata.* Assim, em linguagem esmerada, dizemos que *o Campeonato Carioca **inicia-se** amanhã.* E ponto-final.

Inquerir / inquirir.

Apesar da semelhança, estes verbos têm sentidos bem distintos: **inquerir** é *apertar com corda (= inquerideira) a carga conduzida por um animal*; **inquirir** é sinônimo de *perguntar, indagar, questionar, investigar, procurar, perscrutar*:

"Era necessário *inquirir*, correr, esquadrinhar, para tirar a limpo a minha inocência." (Rui Barbosa, *A imprensa e o dever da verdade*.)

Inserido / inserto.

☞ Veja **INCERTO / INSERTO**.

Instância / estância.

Instância é *caráter do que está prestes a acontecer; iminência, urgência: O advogado pediu com **instância** a liberação dos documentos.*

A locução **a instâncias de** equivale a *por insistência de: Antes de ir à escola, comeu alguma coisa **a instâncias da** mãe.*

Estância é *uma grande propriedade rural ou local onde se permanece por algum tempo, especialmente em tratamento de saúde: Era desejo do prefeito transformar a cidade numa **estância** de águas quentes.*

Além do exposto, **estância** (ou **estança**) também significa *estrofe: Os Lusíadas (de Camões) têm 1.102 **estâncias***. Eis um belo exemplo de um poema de quatro estâncias:

Minha Terra
Luiz Peixoto

Minha terra
tem uma índia morena
toda enfeitada de penas,
que anda caçando ao luar.

Minha terra
tem também uma palmeira,
parece a rede maneira,
ao vento se balançar.

Minha terra,
que tem do céu a beleza,
que tem do mar a tristeza,
tem outra coisa também:

Minha terra,
na sua simplicidade,
tem a palavra saudade,
que as outras terras não têm.

Insultante / insultuoso.

*Exemplificando o erro: Os dribles de Neymar são **insultantes***.

As pessoas é que podem ser *insultantes*; os atos por ela praticados são *insultuosos*.

Integrado / reintegrado.

Os termos acima, assim como os verbos **integrar** e **reintegrar**, constroem-se, indiferentemente, com a preposição *a* (ou *em*):

"Com a catequese, índios e negros *integraram-se à* (ou *na*) civilização cristã." (Cegalla)

"Indivíduo *integrado à* sociedade." (Houaiss)

"É necessário *integrar* o trabalhador *ao* regime de carteira assinada." (Dic. escolar da ABL)

"O pastor *reintegra no* rebanho as ovelhas transviadas." (Aurélio)

Intemerato / intimorato.

O primeiro termo significa *íntegro, puro, incorrupto: Político* **intemerato** *é uma espécie em extinção.* O segundo, *destemido, corajoso: um soldado* **intimorato**.

Intempestivamente.

Exemplificando o erro: O técnico saiu tempestivamente do vestiário sem dar entrevista.

É muito comum, até mesmo em publicações responsáveis, o emprego errôneo de **tempestivo** no lugar de **intempestivo**. Incerteza que se agrava pelo fato de **tempestuoso** significar *violento, muito agitado, revolto*.

Na oração em apreço, o termo em destaque está empregado com o sentido oposto. A palavra adequada ao caso seria **intempestivamente**, que significa de *modo inconveniente*.

Intenção / intensão.

São palavras com sentidos diferentes. A primeira designa *vontade determinada;* a segunda, *intensidade, força.*

Ínterim / interim.

Em nosso idioma, a sílaba tônica das palavras terminadas em **im** é, quase sempre, a última: *gergelim, pudim, alecrim, confim, cupim, amendoim, arlequim, xaxim, Serafim,* etc.

Ínterim, no entanto, constitui exceção. Trata-se de uma palavra proparoxítona (que normalmente aparece na expressão **nesse ínterim**) com o significado de *entrementes, enquanto isso, nesse comenos, nesse instante.*

A bem da verdade, o termo *interim* (sem acento) não existe, a não ser quando um mineiro iletrado tenta dizer que comeu um queijo *inteirinho*.

Intervimos / interviemos.

Trata-se de formas do verbo **intervir** que não podem ser confundidas:

a) **Intervimos** é tempo presente: *Nós intervimos em questões escolares de nossos alunos quase que diariamente.*

b) **Interviemos** é tempo passado: *Na semana passada, interviemos em várias questões relacionadas a problemas de alunos.*

Interviu / entreviu / interveio.

Usando de rigor, podemos afirmar que as três formas estão corretas, pois todas elas têm registro na língua culta. Os dois primeiros termos podem ser usados um pelo outro, uma vez que **interver** é variante de **entrever**. Tais verbos estão registrados e conjugados no Aurélio e no Houaiss, com o sentido de *ver com dificuldade, de forma confusa ou de maneira imperfeita; pressentir, prever, avistar, divisar*, etc. Ambos têm abrigo no Volp: *Pela fresta da porta, ele entreviu / interviu o ladrão.*

É considerado erro lastimável o emprego de **interviu** no lugar de **interveio** (que é forma do verbo **intervir**, correspondendo a *impor seu poder ou sua autoridade, expressar opinião; opinar*):

Assim que começou o quebra-quebra, a polícia interveio. Eis alguns exemplos que impõem respeito:

"... *Intervejo*-a; branquejou-me o rosto, donde saíra tanta melodia e tanta alma ..." (Antônio F. de Castilho, *Amor e melancolia*.)

"*Entreviu*, do outro lado do rio, índios que se ocultavam entre as árvores." (Aurélio)

"Amaro *entreviu* num relance, ao pé da chaminé, um berço coberto com um saiote escarlate." (Eça de Queirós, *O crime do padre Amaro*.)

"O governo *interveio* no mercado financeiro." (Aulete)

ATENÇÃO! – Não custa nada lembrar que os verbos derivados devem seguir a conjugação dos verbos primitivos. Assim temos:

Eu vejo – (intervejo, entrevejo, prevejo, antevejo, revejo)

Ele veio – (interveio, sobreveio, proveio, conveio)

Se ela puser – (compuser, repuser, dispuser, expuser, propuser, pressupuser)

Ele teve – (entreteve, conteve, deteve, manteve, reteve, obteve, susteve)

Ela viu – (interviu, entreviu, anteviu, previu, reviu)

Intervivos / inter-vivos / inter vivos

Inter vivos é expressão latina com o sentido de *realizado entre pessoas vivas*. Usa-se, na linguagem jurídica, como locução adjetiva invariável: doação **inter vivos**, transplante **inter vivos**.

Grafa-se sem hífen e em itálico. As duas primeiras formas são inexistentes.

Intuito / intuíto.

A pronúncia correta é [*in.túi.to*]. Não se deve separar o **i** do **u** ao pronunciar-se tal palavra.

O mesmo critério aplica-se aos termos *fortuito*, *gratuito* e *circuito*.

☞ Veja **PALAVRAS COM MAIS DE UMA GRAFIA**, pág. 355.

Invendável / imprestável.

*Exemplificando o erro: Sócrates é **invendável** e **imprestável**.*

Essa barbárie é atribuída a um ex-presidente de um grande clube paulista, que se tornou figura folclórica no cenário esportivo nacional por criar expressões desastradas – idênticas à que aparece na frase em questão.

Em vez de **invendável** (= *que não se vende com facilidade, que não tem boa aceitação no mercado*), deve empregar-se **invendível** (= *que não se pode vender; que não é suscetível de ser vendido, que não está à venda*). Quanto a **imprestável**, que significa *inútil*, deve ser substituído por **incessível** (derivado de **ceder**), já que na língua portuguesa não há nenhum adjetivo (derivado de **emprestar**) para o caso vertente. Outro recurso seria construir: *O jogador não será vendido nem emprestado.*

A bem da verdade, jogadores não se vendem nem se emprestam: seus direitos econômicos é que são negociáveis.

Investir.

*Exemplificando o erro: Edmundo foi expulso porque **investiu** no assistente.*

A expressão **investir no assistente**, à luz de alguma reflexão, é hilariante; faz rir até o torcedor que está aborrecido, vendo seu time perder de goleada.

Investir em é *aplicar ou empregar capitais em negócios*. No sentido de atacar com impetuosidade, usa-se com **sobre** ou **contra**: *Edmundo foi expulso porque investiu **contra** o assistente.* Compare:

"O cachorro investiu contra a multidão." (Eduardo Martins, *Manual de redação e estilo do Estadão.*)

"*Investiu* (seu capital) em ações da Bolsa de Valores." (Houaiss)

As microempresas estão *investindo em* tecnologia para expandir seus negócios.

Invólucro / envólucro.

O vocábulo **envólucro** é uma variante popular de **invólucro**, termo consagrado e registrado por todos os dicionários de língua portuguesa, com o sentido de *embalagem*, ao passo que **envólucro** (uma evolução sonora da palavra latina *involucrum*) só encontra abrigo no Volp, mas – convenhamos – é o suficiente para comprovar sua cidadania: *A pequenez do **invólucro** do presente deixava a criança melancólica.*

Ir a / ir para.

Ir a indica retorno breve: *ir à missa, à praia, ao supermercado, à escola, ao restaurante.*

Ir para pressupõe um deslocamento duradouro: *Ela deixou o marido e **foi para** a casa dos pais. Ele se aposentou, vendeu a casa e foi para o litoral.*

Ir ao encontro de / ir de encontro a.

☞ Veja AO ENCONTRO DE.

Ítem / item.

Não são raras as vezes em que encontramos o termo **item** grafado com acento. Segundo as normas de acentuação em vigor, as palavras paroxítonas terminadas em **n** continuam acentuadas: *éden, glúten, hímen, pólen, hífen, abdômen.*

Mas as paroxítonas terminadas em **m** (ou **ns**) não levam acento: *nuvem / nuvens, ordem / ordens, homem / homens, item / itens, pajem / pajens, margem / margens, selvagem / selvagens.*

ATENÇÃO! – Convém observar que as paroxítonas terminadas em <u>n</u> perdem o acento no plural: *glutens, himens, polens, hifens, abdomens.*

☞ **Veja ACENTUAÇÃO GRÁFICA, pág. 377.**

J

Já.

*Exemplificando o erro: Polícia **já** descobre cativeiro de empresário.*

É nitidamente supérfluo o emprego de **já**, no exemplo acima. Mestre Eduardo Martins elucida o caso:

> "Evite o emprego de **já**, especialmente nos títulos, como recurso para aumentar o tamanho da linha. Veja que em todos os exemplos a seguir o **já** não só está mal colocado como é perfeitamente dispensável: *Vitória **já** preocupa o São Paulo. Villeneuve **já** inicia testes para o GP dos EUA. Polícia **já** identifica os agressores do deputado.*
>
> Quando indica mudança de situação, porém, o **já** cabe perfeitamente na frase: *Avião particular **já** não é privilégio de executivos.* (Era e deixou de ser)."
>
> (Manual de redação e estilo de O Estado de S. Paulo.)

Já... mais.

☞ Veja MAIS.

Jaboti / jabuti.

Espécie de tartaruga terrestre com carapaça alta, patas tubulares e dedos curtos. Vive nas matas e alimenta-se de frutas. Ambas as formas têm apoio dos dicionários Houaiss e Aurélio. A forma feminina é *jabota*, que não deve ser confundida com *jabutia*, que é uma variedade de *ipê*.

EM TEMPO: Oficialmente, só existe a forma **jabuti**.

Jamegão / chamegão.

Na linguagem popular, **jamegão** é sinônimo de *assinatura, firma, rubrica: Leia o documento atentamente; em seguida, aponha seu jamegão no contrato.*

Chamegão praticamente não existe, a não ser como forma aumentativa de **chamego**.

Janta / jantar.

Janta é termo popular. Na língua-padrão, usa-se **jantar**: *O jantar está servido. Após o jantar haverá confraternização:*

"Lino não compareceu ao jantar em homenagem ao prefeito." (Dic. Unesp)

ATENÇÃO! – Como verbo – no linguajar futebolístico –, **jantar** significa *superar o adversário com extrema facilidade: No treino de ontem, o time de juniores jantou os titulares.*

Joanete.

Deformação (espécie de caroço) que cresce na articulação do primeiro dedo do pé. Pronuncia-se [*joanête*].

João-de-barro / joão-de-barros.

Trata-se de aves semelhantes. Equivoca-se quem acha que a segunda forma é o plural da primeira, já que o plural de **joão-de--barro** é **joões-de-barro**.

Ambas constroem ninhos de barro em forma de forno. A primeira tem plumagem cor de canela; a segunda, cujo plural é **joões-de-barros**, é de cor amarelada com uma risca esbranquiçada por cima dos olhos.

Joelho (de joelhos).

Há palavras e expressões que só se usam no plural: *De joelhos, a mãe suplicava ao filho que abandonasse as drogas.*

☞ Veja DE CÓCORAS.

Jogar a vera / jogar à vera.

Escreve-se corretamente **jogar à vera** (sempre com o acento grave, indicando crase). A expressão tem o sentido de *a valer, para valer, a sério.* Quando se joga de graça (sem apostas a dinheiro), diz-se **jogar a leite de pato:**

"Já batemos bola bastante, agora vamos *jogar à vera*, valendo pontos."
(Dic. Aulete)

"Mas voltando ao que interessa, nos jogos de clubes, a maior parte dos aficionados prefere os carteados, indo desde o jogo *a leite de pato*, em alguns casos, aos de alto preço." (Luiz Odilon Pereira, *Esbarrada final*.)

Jogar de / jogar como.

Tanto é correto construir *jogar de atacante* quanto *jogar como atacante*.

Anda em erro quem critica a construção *jogar de zagueiro*, qualificando-a de italianismo.

"É lícito construir este verbo com as preposições **de** ou **como**, em frases do tipo: *Ele joga de (ou como) goleiro.*"
(Domingos P. Cegalla)

Jogo-da-velha / jogo da velha.

Antes da nova ortografia, a expressão, em tela, grafava-se com hífen. Vale a pena lembrar que palavras ligadas por preposição só mantêm o hífen se pertencerem ao reino animal ou vegetal: *coco-da-baía, joão-de-barro, erva-de-cheiro, bem-te-vi.*

ATENÇÃO! – É sempre bom recordar as exceções: *pé-de-meia, água-de-colônia, arco-da-velha, cor-de-rosa,* assim como as palavras ligadas por **d'**, como *caixa-d'água, pingo-d'água,* etc.

☞ Veja DICAS SOBRE O USO DO HÍFEN, pág. 373.

Jogo de dama (ou damas?).

Damas, quando se refere a jogo, usa-se sempre no plural: *Seu Ernesto passava horas e horas **jogando damas** com o neto.*

☞ Veja DE CÓCORAS.

Jogo ruim de se ver.

Há jogos ruins de ver; há comentaristas difíceis de aturar. Não custa repetir que após expressões como **ruim de, bom de, difícil de, fácil de, agradável de**, o pronome **se** não deve ser usado; não tem nenhuma função sintática na frase. Pessoas sóbrias dizem: *jogo ruim de ver, gol fácil de fazer, jogo difícil de apitar, jogo agradável de transmitir, comentarista duro de aguentar.*

Outras construções em que o "se" está sobrando:

1. Há dirigentes que gostam de **se** aparecer.
2. Até hoje nenhum jogador conseguiu ombrear-**se** com Pelé.
3. Robinho **se** sobressaiu a todos os jogadores.
4. O goleiro implicou-**se** com os gandulas.

5. Garrincha **se** avulta entre os atacantes de todos os tempos.
6. Após a vitória, os jogadores santistas confraternizaram-**se**.
7. Ao ser substituído, o jogador desabafou-**se** com o técnico.

☞ Veja DIFÍCIL DE ACEITAR.

Judeu / judaísmo / israelense / israelita.

Judeu é o seguidor da religião judaica. O conjunto de fatores que determinam a identidade judaica (religião, tradições e cultura) denomina-se **judaísmo. Israelense** é natural ou habitante do Estado de Israel, criado em 1948. **Israelita** é o termo usado para se referir ao antigo povo de Israel. Segundo a Bíblia Sagrada, Jacó (que era hebreu) teve o nome mudado para Israel, por ordem do Senhor. Assim, os 12 filhos de Jacó, e todos os que vieram depois deles, passaram a ser conhecidos como israelitas.

Júniors / juniores.

☞ Veja FRÍZER.

Junk food / junk-food.

Alimento preferido pelas crianças e adolescentes, mas sem os nutrientes tão necessários à saúde.

Junk food, assim como **fast food**, usa-se sem hífen sempre que for substantivo: *Minhas filhas adoram* **junk food**. *Eu evito* **fast food** *sempre que posso*.

☞ Veja FAST FOOD.

Juntamente com.

Exemplificando o erro: O técnico chegou à concentração **juntamente com** *os jogadores.*

Eis mais uma redundância a ser evitada. E para tal, basta eliminar o termo **juntamente**: *O técnico chegou à concentração **com** os jogadores.*

Junto a.

*Exemplificando o erro: O Barcelona contratou o atacante **junto ao** Santos Futebol Clube.*

Esse deslize é tão comum, nos noticiários esportivos, que dá a impressão de ser privativo da imprensa futebolística. Nenhum clube está autorizado a contratar um jogador *junto a* outro clube, nem mesmo os espanhóis podem fazê-lo. Diga-se com acerto: *O Barcelona contratou o atacante do Santos.*

Evitemos também os seguintes despropósitos: *fazer entendimentos junto a, encaminhar pedidos junto a, pedir providências junto a, entrar com recursos junto a.*

Junto a emprega-se corretamente para expressar significado físico: *O vestiário do árbitro fica **junto ao** vestiário do time visitante. Construiu uma mansão **junto à** praia.*

ATENÇÃO! – Também é correto o uso de **junto a** com o sentido de **adido a:** *O novo embaixador do Brasil junto às Nações Unidas apresentou, sexta-feira passada, suas credenciais ao secretário-geral da ONU.*

Veja a definição de adido (extraída do Dicionário Aurélio): *"Pessoa não pertencente aos quadros diplomáticos designada para servir **junto a** uma embaixada como representante de interesses específicos".* (Grifo do autor.)

Justiçado.

*Exemplificando o erro: Adriano foi **justiçado** e reintegrado ao plantel.*

Está bastante disseminado, nos meios esportivos, o uso de **justiçar** com o significado de *fazer justiça, reparar uma injustiça.* Os bons escritores, contudo, só empregam esse verbo na acepção de *punir com morte ou com suplício.* Emendando o erro, temos: *Adriano foi **reabilitado** e reintegrado ao plantel:*

> "*Justiçar* um homem porque matou outro é cobrir uma chaga com outra maior." (Vieira)

K

Kafkiano.

Relativo a ou próprio de Franz Kafka (1883-1924). Escritor tcheco de língua alemã. Sua obra retrata as ansiedades e a alienação do homem do século XX. Além do realismo, seu estilo é marcado pela crueldade e pelo detalhamento com que descreve situações incomuns. A forma *kafkaniano* é incorreta.

Kaiser.

Termo usado, a partir do século XIX, para designar o imperador da Alemanha. Prefira-se a forma **cáiser**, a não ser quando a palavra se refere a uma marca de cerveja. (A propaganda é por conta da casa.)

Kamikaze / kamikase / camicase.

Termo que se refere ao avião cheio de explosivos, utilizado pelos japoneses, na Segunda Guerra Mundial, contra alvos inimigos. O mesmo termo descreve o piloto suicida dessa aeronave. Embora as duas primeiras formas ainda sejam encontradiças nos dicionários atualizados, o Volp só registra *camicase*, que é o modelo legitimamente português.

Kantiano / kantista / kantismo.

Kantiano (ou **kantista**) é a pessoa que segue os princípios filosóficos do alemão Immanuel Kant (1724-1804). **Kantismo** é a doutrina criticista do referido filósofo.

Karaokê / caraoquê.

Casa noturna onde a qualquer cliente é facultado cantar ao microfone, acompanhado por músicos da casa ou por fundos instrumentais, geralmente lendo a letra das canções num monitor.

ATENÇÃO! – Alguns dicionários modernos consignam *karaokê;* outros, *caraoquê*. O Aurélio (5ª ed.) lista **karaoke,** e depois fecha o verbete com a seguinte observação: "Geralmente grafado **karaokê**". O Volp (5ª edição), no entanto, não registra nenhuma das formas mencionadas. Vamos torcer para que a 6ª edição repare a falha lastimável.

EM TEMPO: Palavra de origem japonesa. **KARA** *"vazio"* e **OKE** forma reduzida de **OKESUTORA** *"orquestra"*. (Fonte: Houaiss)

Karatê / caratê.

Luta marcial (de origem oriental) em que se usam apenas as mãos e os pés. O praticante desta arte é denominado *carateca*.

ATENÇÃO! – Literalmente, **caratê** significa *mãos vazias*. Os dicionários mais influentes de nosso idioma só registram a grafia **caratê**. Não se deve confundir com **caraté**, que é uma dermatose infecciosa crônica.

Kardecista.

Diz-se de alguém que segue a doutrina de Allan Kardec (1804-1869). Kardec notabilizou-se como o codificador do espiritismo (termo cunhado por ele), também conhecido como doutrina espírita. Os kardecistas acreditam piamente na reencarnação.

Kart / cart / carte.

São formas correntes em nossa língua para descrever *pequeno automóvel (usado em competições) sem carroceria, sem caixas de mudanças nem suspensão.*

Cart, que é a forma mais usada, é a sigla inglesa de *Championship Auto Racing Teams*. A grafia vernácula, contudo, é **carte**.

Ketchup / Catsup.

Termos ainda não aportuguesados. Referem-se a um condimento americano. O primeiro pronuncia-se [**kétchap**]; o segundo, [**kétsâp**].

☞ Veja **ANGLICISMOS**, pág. 358.

Kg.

Símbolo de *quilograma*. Não aceita plural, nem espaço, nem ponto, nem maiúscula: *Comprei **5kg** de carne maturada.*

Kibutz.

Fazenda de trabalho coletivo em Israel. Termo ainda não aportuguesado. Pronuncia-se [**kibúts**]. Plural: *kibutzim*.

Kilobit.

Unidade de medida de informação equivalente a 1.024 bits. Símbolo: *kb*. Pronuncia-se [**kilobít**]. (Usado em informática.)

Kilobyte.

Unidade de medida de informação equivalente a 1.024 bytes Símbolo: *KB*. Pronuncia-se [*kilobait*]. (Usado em informática.)

Kilt.

Saiote pregueado e trespassado, de lã xadrez, que faz parte do traje típico masculino escocês. Pronuncia-se [*kilt*].

Kit.

Termo inglês usado para designar um conjunto de itens ou equipamentos, destinados a um fim específico.

☞ **Veja ANGLICISMOS, pág. 358.**

Kitchenette.

Termo muito usado, no setor imobiliário, para se referir a uma divisão de um apartamento que reúne no mesmo espaço cozinha e sala, separadas por um balcão. Ainda que menos frequente, em português usa-se *quitinete*.

Kiwi.

Fruto oriundo da Ásia, de polpa verde e casca marrom e ligeiramente pilosa. Possui um sabor levemente azedo de teor cítrico, rico em vitamina **c**.

Embora o termo oficial seja **quiuí**, não é raro encontrar a forma **kiwi** em quitandas, supermercados e até em alguns dicionários brasileiros.

☞ **Veja QUIVI.**

Km.

Símbolo de *quilômetro*. Não aceita plural, nem espaço, nem ponto, nem maiúscula: *Caminho **5km** todas as manhãs*.

Knockdown.

Termo inglês empregado na luta de boxe, quando um dos lutadores cai mas consegue se levantar em menos de dez segundos. Pronuncia-se [*nókdaun*].

Knockout.

Na luta de boxe, significa a permanência de um lutador em estado de inconsciência durante, no mínimo, dez segundos. Pronuncia-se [*nókaut*]. Usa-se também a abreviação **KO**: pronuncia-se [*kêi ôu*]. A forma genuinamente portuguesa é *nocaute*.

Know-how.

Alguns dicionários brasileiros (só os brasileiros, é claro!) listam o substantivo, em tela, sem hífen. Não se deixe lograr.

Know-how (com hífen) é uma expressão inglesa que designa *um conjunto de conhecimentos técnicos para um determinado fim; tecnologia avançada*. Pronuncia-se [***nourráu***].

Ku Klux Klan. (Sem hífen.)

Organização secreta, racista e terrorista fundada por protestantes brancos, no estado do Tennessee, em 1865, nos Estados Unidos, após o fim da escravidão, tentando impedir a integração dos negros (na sociedade) como pessoas livres e com direitos adquiridos e garantidos por lei.

Para impedir o reconhecimento de seus membros em crimes por eles cometidos, especialmente contra negros, judeus e católicos, usavam capuzes e longos mantos brancos. Pronuncia-se [*ku klâks klan*].

ATENÇÃO! – Uma observação histórica, acerca da origem dessa expressão, nos leva a acreditar que a pronúncia dela teria surgido do som do movimento de um rifle ao ser preparado para atirar, ou seja: *ku klâks klan.*

Kuwaitiano.

Natural ou habitante do Kuwait (ou Kuweit), país da península Arábica. Pronuncia-se [*kuêit*] em ambos os casos.

KW.

Símbolo de quilowatt*.

---

* **Quilowatt** é a unidade de potência elétrica equivalente a 1000 watts, cujo símbolo é *KW*. Um watt é a potência transportada por uma corrente de um ampere fluindo sob uma tensão elétrica de um volt.

EM TEMPO: Ampere também grafa-se com acento grave (ampère), em homenagem a *André-Marie Ampère* – um físico, filósofo, cientista e matemático francês que contribuiu enormemente para o estudo do eletromagnetismo.

L

Labareda / lavareda.

Ambas a formas são legítimas e significam *grande chama; língua de fogo.*

ATENÇÃO! – Dizer *labareda de fogo* é dizer algo além do necessário.

Laço / lasso.

Laço é *nó que se desata sem esforço: Nem sequer sabe dar um laço na gravata e já pensa em se casar.*

Laço também se refere a uma corda (de couro trançado com um nó corredio numa das extremidades) usada para laçar cavalos e bois.

Além de *cansado, fatigado,* **lasso** tem o sentido de *bambo, frouxo: Ficou lasso na rede a manhã inteira. Depois da prorrogação, os jogadores estavam com as pernas lassas.*

Lacônico / prolixo.

Lacônico é o mesmo que *breve, conciso, sucinto: discurso lacônico, explicação lacônica, cumprimento lacônico.* Conta a história que tudo começou na Grécia antiga, mais precisamente em *Lacônia,* cidade de costumes rígidos; fato este que levava seus habitantes a falarem apenas o necessário.

Prolixo é exatamente o oposto de lacônico. Em vez de dizer *conversa mole* (ou *conversa fiada)*, há quem prefira isto: ***conversa vazia e fútil sem nenhum resultado imediato nem objetivo prático.*** Haja tempo e paciência para ouvir tudo isso!

Eis dois exemplos clássicos de prolixidade que poucos ousariam criticar:

> "A razão no homem é como a luz do pirilampo: intermitente, pequena e irregular." (Marquês de Maricá)

> "A vida humana é uma intriga perene, e os homens são recíproca e simultaneamente intrigados e intrigantes." (Idem)

Lactante / lactente.

Lactante é quem amamenta; **lactente** é aquele que é amamentado.

ATENÇÃO! – Não devemos confundir **lactente** com **latente** (*oculto, não aparente*).

Lambuja / lambujem / lambugem.

Lambuja, ou **lambujem**, (acompanhada da preposição **de**) é aquilo que se recebe além do combinado: *de quebra, de inhapa: Comprou um terno e levou uma gravata **de lambuja**.*

Os termos também se aplicam a *lucro* ou *vantagem* em jogo: *Apostei no Botafogo e dei dois gols **de lambuja**.*

ATENÇÃO! – A palavra **lambugem** só encontra abrigo no Houaiss. Não obstante, é de grande interesse linguístico transcrever aqui a observação registrada no referido léxico, de prestígio internacional:

> "O uso e a tradição lexicográfica registram variação entre as grafias *lambugem* e *lambujem*, com tendência predominante da forma j, apesar da motivação morfológica da grafia g."

Lampeão / lampião.

Lampião tanto se refere a um utensílio de iluminação quanto à alcunha do famoso cangaceiro* que viveu no nordeste do Brasil no início do século XX. **Lampeão** não existe.

Laranjada / alaranjada.

Laranjada tem 3 significados: *a) bebida feita com o suco de laranja; b) porção de laranjas; c) arremesso de laranjas.*

Alaranjada é o feminino de *alaranjado:* refere-se à *cor de laranja.*

> **ATENÇÃO!** – **Laranja**, quando designa cor, é o mesmo que *alaranjado*. A única diferença é que quando uma fruta indica cor, é invariável: *Comprei dois casacos alaranjados. (= Comprei dois casacos laranja).*

Larápio.

Segundo o depoimento de alguns pesquisadores, o termo **larápio** (*ladrão*) teve sua origem no nome de Lucius Antonius Rufus Appius, desembargador romano que proferia sentenças favorá-

---

* Uma das versões a respeito de seu apelido é que ele teria feito uma adaptação num fuzil, possibilitando-o a atirar mais rápido. Os tiros saíam numa velocidade tão incrível que o cano da arma ficava vermelho tal qual um lampião aceso.

veis mediante compensação financeira. O referido magistrado assinava-se L. A. R. Appius.

Laser / lazer / lêiser.

É preciso discernir estes termos: O primeiro é a sigla de *light amplification by stimulated emission of radiation* (= amplificação da luz pela emissão estimulada de radiação). Trata-se de um dispositivo que emite radiação monocromática (com um só comprimento de onda) intensa, concentrada e altamente controlável, com larga aplicação na indústria, na engenharia e na medicina. Pronuncia-se [*lêizer*]. O segundo é *tempo livre, atividade praticada nesse período; entretenimento*.

ATENÇÃO! – Por se tratar de uma palavra de emprego generalizado e de fácil adaptação à língua portuguesa, o Volp, em sua 5ª edição, fez por bem registrar a grafia *lêiser*.

Pelo visto, os dicionaristas ainda não perceberam a inovação.

Látex / latex.

Látex é a substância líquida, coagulável (extraída da seringueira), usada na fabricação da borracha. Pronuncia-se [*láteks*].

Latex (sem acento) é palavra inglesa equivalente ao termo *látex*. Pronuncia-se [*lêiteks*].

Lava Jato / Lava-Jato.

Exemplificando o erro: "**Lava Jato** *expõe casos de corrupção na Petrobras.*"

Se as investigações realmente tiveram início num posto de gasolina, como informa a imprensa, era de esperar que o nome da operação fosse **Lava a Jato**, isso sem levar em conta que *lava jato* (ou *lava-jato*) é expressão inexistente em nossa língua.

O dicionário Aulete define **lava a jato** como "*instalação dotada de equipamentos e dispositivos automáticos próprios para lavar carros; LAVA-RÁPIDO*". Quem tem ouvidos (para ouvir) ouça.

Ledo engano.

A expressão significa *doce ilusão, ilusão produzida por boa-fé; ingenuidade:*

> "Mudei logo de canal, na esperança de que o outro não estivesse passando a mesma chorumela. *Ledo engano*, todas as cadeias mostravam o mesmo fuzuê." (Dic. Unesp)

Legiferar / legisferar.

Legiferar é *elaborar leis; legislar.* Por influência de termos como *legislar, legislativo, legislador, legislatura, legislação,* etc. é que muita gente erra quando fala ou escreve **legisferar**.

Lei de talião.

Pena antiga pela qual se vingava a injúria ou delito, infligindo ao criminoso o mesmo mal ou dano que ele praticara.

Por não se tratar de nome próprio, **talião** escreve-se com minúscula. Também se diz **pena de talião.**

Lésbia / lésbica / lésbico.

Lésbia (ou **lésbica**) é a mulher que tem preferência sexual por outra mulher. O homossexualismo feminino é conhecido como *lesbianismo* ou *safismo.*

Lésbico é o adjetivo que descreve o amor que uma mulher sente por outra, ou qualquer movimento relativo ao lesbianismo: *amor lésbico, sentimento lésbico, comportamento lésbico.*

ATENÇÃO! – A palavra lésbica é oriunda de **Lesbos**, capital de uma ilha da Grécia (hoje Mitilene), onde nasceu e viveu a mais famosa poetisa grega chamada Safo, há mais de 2600 anos.

Segundo a lenda, os versos que Safo escrevia falavam do amor entre mulheres e da paixão por suas amigas mais próximas.

Lêvedo / levedo.

Apesar de os dicionários dizerem que a primeira palavra é um substantivo, e que a segunda é variante da primeira, o Volp, curiosamente, nos direciona para outro caminho.

Segundo o mandarim do nosso idioma, **levedo** é "substantivo masculino com o sentido de *fermento*" (agente de fermentação empregado na preparação de pães e de bebidas alcoólicas não destiladas); *levedura*.

Lêvedo – continua o vocabulário oficial – "é adjetivo e significa *fermentado*" (em que se produziu fermentação); *levedado*.

ATENÇÃO! – **Levedo** (forma do verbo **levedar** = *tornar-se lêvedo ou fermentado; fermentar*) tem a pronúncia fechada, igual à pronúncia do substantivo: *eu levêdo, tu levêdas...*

Leva e traz / leva-e-traz.

Com a instituição da nova reforma ortográfica, a expressão acima perdeu o hífen, mas o sentido continua o mesmo: *Pessoa intrigante, fofoqueira, arengueira, enredeira, mexeriqueira:*

"Os *leva e traz* logo começaram a falar da viúva." (Dic. Aulete)

☞ **Veja DICAS SOBRE O USO DO HÍFEN, pág. 373.**

Limpado / limpo.

O verbo **limpar** tem duas formas no particípio: *limpado* e *limpo*.

Com os verbos **ter** e **haver**, emprega-se *limpado*: *Quando eu cheguei, ela já* **tinha** *(ou* **havia***) limpado o apartamento.*

Limpo usa-se com *ser* e *estar*: *Quando eu cheguei, o apartamento já* **estava limpo***; ele* **foi limpo** *pela empregada.*

Lírio do campo / lírio-do-campo.

Estamos diante de uma questão meio indigesta. Aqui, explicar não é difícil, duro é o leitor digerir a explicação.

As palavras compostas (ligadas por preposição) que designam espécie botânica como *lírio-de-petrópolis, lírio-das-areias, lírio-lírio-do-vale, lírio-do-brejo, lírio-do-mato* e *erva-do-campo* grafam-se com hífen. Ocorre que **lírio do campo,** por estranho que pareça, não é um termo composto que dá nome a uma planta. **Do campo** é uma locução adjetiva com a função de especificar o substantivo **lírio**.

Consultar bons livros é ótimo; descobrem-se coisas insuspeitas. Veja este exemplo divino:

"Olhai para os *lírios do campo,* como eles crescem... Pois, se Deus assim veste a *erva-do-campo,* que hoje existe, e amanhã é lançada no forno, não vos vestirá muito mais a vós, homens de pouca fé?" (Bíblia Sagrada)

Lista / listra.

Sem o <u>r</u> a palavra tem o sentido de *relação de pessoas ou objetos; listagem: lista de candidatos aprovados, lista de jogadores convocados, lista de ingredientes para o churrasco.*

Com o **r** é risca *(traço de cor diferente da do fundo de um tecido, madeira, papel, etc.)*

ATENÇÃO! – Como adjetivo, é indiferente o uso de **listado** ou **listrado:** *As roupas listadas (ou listradas) deixam as pessoas aparentemente mais magras.*

Longe / longes.

Como advérbio, naturalmente, é invariável: *Meus irmãos moram longe.* Como adjetivo, deve variar para concordar com o substantivo a que se refere:

> "Andei *longes terras,* / Lidei cruas guerras, / Vaguei pelas serras / Dos vis Aimorés;..." (Gonçalves Dias)

Louva-a-deus.

Trata-se de um inseto de aparência muito peculiar. Normalmente mantém as patas dianteiras juntas e levantadas para o céu, lembrando uma pessoa louvando a Deus. Invariável no plural: *os louva-a-deus.*

ATENÇÃO! – Também são invariáveis: *os faz de conta, os leva e traz, os maria vai com as outras, os vai-volta, os desmancha-prazeres, os diz que diz, os vai não vai, os pisa-mansinho, os perde-ganha, os fora da lei, os fora de série, os sem-terra, os chove não molha, os sobe e desce, os topa-tudo, os tomara que caia, os cola-tudo.*

Lua / Terra / Sol.

Lua (satélite), **Sol** (astro) e **Terra** (planeta), em rigor, devem ser grafados com inicial maiúscula. Fora isso, os termos passam a ser substantivos comuns. Os exemplos a seguir são autoexplicativos:

Da Terra, é possível ver a luminosidade da Lua decorrente da reflexão da luz do Sol.

"Feliz quem não exige da vida mais do que ela espontaneamente lhe dá, guiando-se pelo instinto dos gatos, que buscam o *sol* quando há *sol.*"

(Fernando Pessoa)

Cuidado ao grafar LUA, SOL e TERRA nestas expressões:

1. bronzear-se ao **sol** – *(bronzear-se naturalmente)*
2. de **sol** a **sol** – *(do amanhecer ao anoitecer)*
3. estar de **lua** – *(estar de mau humor)*
4. expor-se ao **sol** – *(ficar ao sol sem proteção)*
5. fazer **sol** – *(fazer dia claro)*
6. partir o **sol** – *(posicionar os lutadores de modo que o sol não os ofusque)*
7. pôr do **sol** – *(o mesmo que sol poente)*
8. quer chova, quer faça **sol** – *(em qualquer hipótese)*
9. **sol** da meia-noite – *(ocorre nas regiões árticas ou antárticas onde não há noite durante o verão, devido à inclinação do eixo da Terra)*
10. **sol** nascente – *(momento do dia em que o Sol surge no horizonte)*
11. **sol** poente – *(momento do dia em que o Sol se esconde no horizonte)*
12. tapar o **sol** com a peneira – *(tentar esconder ou ignorar o que é evidente)*
13. **terra** natal – *(local onde ocorreu o nascimento)*
14. ver o **sol** nascer quadrado – *(estar na cadeia como prisioneiro)*

M

Má / mau / mal.

Má é o feminino de *mau*: *Ela é uma menina **má**.* **Mau** se opõe a *bom*: *Ele é um menino **mau**.* **Mal** é o antônimo de *bem*: *Minha irmã cozinha muito **mal**.*

☞ Veja BEM.

Macérrimo / magérrimo.

São formas do superlativo absoluto sintético de *magro*. Os escritores de boa pena preferem **macérrimo** a **magérrimo**. Sigamos, pois, essa trilha.

Maciíssimo / friíssimo / seriíssimo.

Escrevem-se com **i** dobrado os superlativos originados de adjetivos com **io** na terminação (precedida de consoante): *macio – maciíssimo, frio – friíssimo, sério – seriíssimo*.

ATENÇÃO! – Quando o adjetivo termina em *eio*, não se dobra o **i**: *cheio – cheíssimo*.

Feio é exceção à regra. **Feíssimo** é a forma preferida dos grandes escritores, e tem o apoio do Vocabulário Oficial.

☞ Veja SERIÍSSIMO.

Má-criação / malcriação.

Ambas as formas são oficialmente autênticas para descrever *atitude ou dito grosseiro de pessoa malcriada; indelicadeza:*

"Antes de punir seu filho por fazer uma *malcriação*, faça um exame de consciência." (Dic. Unesp)

"A mãe achava graça nas *má-criações* do menino." (Idem)

ATENÇÃO! – A forma **más-criações**, embora também correta, é pouco usada, talvez pelo fato de ser menos eufônica.

Macro / micro.

Como elementos de composição, esses termos são empregados para especificar a dimensão daquilo que se pretende expressar:

Macrocéfalo – *Aquele que tem a cabeça, ou parte dela, excessivamente volumosa.*

Microrregião – *Subdivisão de uma região geográfica natural.*

ATENÇÃO! – Os termos acima mencionados são utilizados também como substantivos quando se referem a computadores:

Vendem-se **macros** importados da China.
Nossa organização só trabalha com **micros** de última geração.

Vale lembrar que **micro**, quando assume papel de adjetivo, é invariável: *As **micro** e as pequenas empresas terão ajuda do BNDES.*

Mãe coruja / mãe-coruja.

Diz-se da mãe que tem a tendência de demonstrar explicitamente as qualidades do(s) filho(s). Também: *pai coruja, avô coruja, avó coruja, tio coruja, tia coruja.* SEM HÍFEN!

A expressão tem sua origem na fábula *The Eagle and the Owl* (A águia e a coruja), criada pelo grego Aesop, na qual a águia promete poupar os filhotes da coruja, mas acaba comendo-os, por engano, pois a mãe descrevera os filhos como os mais lindos e encantadores da floresta; quando, na realidade, a águia havia devorado as criaturas mais horrorosas que já tinha visto em toda sua vida. Exagero dá nisso.

Maestria / mestria.

Maestria não vem de *maestro*, como muitos pensam, mas de *maestre* = *mestre* – do português arcaico – (encontradiço em textos do século XII). No sentido de *perícia, habilidade, jeito,* pode-se usar um termo pelo outro sem medo de ofuscar o brilho de nosso idioma: *Ademir da Guia, o Divino, jogava com incomparável* **maestria / mestria.**

Má-formação / malformação.

Trata-se de formas abonadas para descrever qualquer formação imperfeita ou anomalia, geralmente congênita.

Alguns conservantistas birrentos não aceitam **malformação.** Se o Volp legitima os termos, se o Houaiss diz que não há diferença entre ambos, quem poderá condenar tal palavra? Dizem os ranzinzas que **mal,** por ser advérbio, não pode se unir ao termo **formação,** que é substantivo.

A tradição da língua, entretanto, nos ensina que um idioma não é uma ciência exata; está, pois, sujeito a exceções e às modificações que o tempo impõe. Afinal de contas, nossa língua é uma língua viva, e mal sabem eles que a palavra é oriunda do verbo **malformar** + **ção**. (O verbo está no Volp: é só conferir.)

Aqueles que não aceitam **malformação** são os mesmos que rejeitam **malcriação**. E veja, caro leitor, o que registra, sobre o assunto, o Dicionário escolar da língua portuguesa, editado pela ABL, impresso pela Companhia Editora Nacional em 2012.

"Esta forma [**malcriação**] resulta de *malcriado* e deve concorrer legitimamente com *má-criação*."

☞ **Veja MÁ-CRIAÇÃO.**

ATENÇÃO! – Além de **má-formação** e **malformação**, podemos fazer uso também de *má formação* (sem hífen), com sentido diferente, é claro!: *A **má formação** dos jogadores, nas categorias de base, sempre traz aos atletas sérios problemas de comportamento na vida profissional.*

EM TEMPO: A propósito, esta modesta obra não tem o intuito de entrar no campo da etimologia; em outras palavras, não aborda a origem dos vocábulos, nem a evolução histórica deles com profundidade. O que se pretende, aqui, é resolver questões vernáculas – de maneira prática e objetiva –, utilizando-se de palavras registradas em dicionários idôneos e com o respaldo do Volp, que é a quinta-essência do nosso idioma.

Mais de / perto de.

*Exemplificando o erro: Havia **perto de mais de** quarenta mil torcedores.*

Tarefa ingrata é tentar descobrir o sentido dessa frase. Afinal de contas, quantos torcedores havia: mais ou menos de quarenta mil? **Perto** significa *quase*; **mais** exprime *excesso*. Só um cego não vê que os dois termos estão brigando.

Veja outros exemplos em que a redação ruim torna a comunicação meio confusa:

1. Os clubes estão preocupados porque *os torcedores estão diminuindo*.
Corrija-se para: ...**o número de torcedores está diminuindo**.

2. Antes de reiniciar a partida, o árbitro *quer que os torcedores evacuem*.
Corrija-se para: ...**quer que os torcedores se retirem**.

3. Os torcedores estão revoltados por que *os ingressos aumentaram demais*.
Corrija-se para: ...**o preço dos ingressos aumentou demais**.

Mais / já.

As orações temporais rejeitam o uso simultâneo de **já** e **mais:** *O técnico já não acreditava na recuperação do time*. Ou: *O técnico não acreditava mais na recuperação do time*. Mas nunca: *já não acreditava **mais***.

Mais bem / melhor.

Melhor é a forma sintética (uma só palavra) usada como comparativo de superioridade do advérbio **bem** e do adjetivo **bom**: *Ela fala **bem**, mas ele fala **melhor**. Ele é um sujeito **bom**, mas seu irmão é **melhor**.*

Mais bem é a forma superlativa analítica (mais de uma palavra) de **bem,** usada nos seguintes casos:

1) Quando se comparam dois atributos de uma mesma pessoa: *Hoje estou **mais bem** do que mal.*

2) Antes de particípio: *Henrique é o aluno **mais bem** preparado da escola.*

> **ATENÇÃO!** – Não se deve tachar de errado o uso de **melhor**, no segundo exemplo, já que alguns gramáticos de certo merecimento afirmam que "antes de particípio, tanto é correto usar **mais bem** quanto **melhor**". Isso, sem mencionar que escritores clássicos de nossa literatura (como Rui Barbosa, Machado de Assis, José de Alencar e outros) fizeram uso dessa estrutura.
>
> No entanto, a elegância, a suavidade na pronúncia e o bom senso pedem que se use **mais bem** antes de verbo no particípio.
>
> ☞ Quanto a *bom senso* (sem hífen), consulte o verbete BOM SENSO.

Mais bom / mais mal / mais grande.

Estas formas só se usam quando se comparam duas qualidades do mesmo ser: *Minha casa é **mais grande** do que confortável. Este livro é **mais bom** do que ruim.*

Não obstante, a forma **mais pequeno** pode ser usada até mesmo quando a comparação envolve dois seres. Veja a observação que faz mestre Aurélio:

> "O comparativo **mais pequeno**, além de corretíssimo, é, decerto, mais usado em Portugal, na linguagem escrita e mais ainda, talvez, na falada, do que **menor**."

ATENÇÃO! – Ainda que escritores clássicos (como Camões, Machado de Assis, Alexandre Herculano e Manuel Bandeira) tenham empregado a referida expressão, no português brasileiro atual recomenda-se o uso da forma sintética **menor**.

Mais de um / menos de dois.

*Exemplificando o erro: Mais de um torcedor já **invadiram** o campo.*

Do ponto de vista lógico, a expressão *mais de um torcedor* representa dois ou mais torcedores. Por capricho, entretanto, o verbo despreza a lógica e permanece no singular para concordar com o numeral **um**. E a expressão *menos de dois*, que teoricamente expressa unidade, exige o verbo no plural: *Mais de um torcedor já **invadiu** o campo. Menos de dois torcedores **agrediram** o árbitro.*

ATENÇÃO! – É de rigor o plural quando o verbo exprime reciprocidade: *Mais de um jogador cumprimentaram-se.* Quando a expressão vem repetida, o verbo também vai para o plural: *Mais de um palmeirense, mais de um são-paulino foram presos.* Eis dois exemplos abalizados:

"Mais de um atleta *agrediram-se*." (J. de Nicola e Ernani Terra, *1001 dúvidas de português.*)

"Mais de um grevista e mais de um policial saíram feridos do incidente." (Odilon S. Lemes, *Tirando dúvidas de português.*)

Mais grandioso.

Engana-se aquele que condena a expressão **mais grandioso**:

Será que existe espetáculo mais grandioso que o pôr do sol?

Mais inferior / mais superior.

*Exemplificando o erro: Nosso produto é **mais superior do que** o dele.*

Superior, assim como **inferior**, não aceita **mais** nem **do que**. **Superior,** por si só, significa algo ou alguém que ultrapassa outros em posição ou qualidade. Corrigindo o exemplo, acima, teremos: *Nosso produto é **superior ao** dele.* Ou: *O produto dele é **inferior ao** nosso.*

Mais informações / maiores informações.

A primeira está correta. Dizer **maiores informações** é cometer erro crasso: *Para **mais informações,** leia a bula. Para **mais informações,** entre em contato com a fábrica.*

Mal / mau.

*Exemplificando o erro: O técnico estava **mau humorado**.*

É comum a confusão que muitos estabelecem no emprego de **mau** e **mal**. **Mau**, por ser adjetivo, só pode modificar substantivo: *mau humor, mau-caráter, mau resultado, maus caminhos, má índole, maus costumes*.

Mal, por ser advérbio, é que modifica adjetivo: *mal-humorado, mal-assombrado, mal-empregado, mal-agradecido mal-limpo*. (Usa-se sempre com hífen antes de vogal, **h** e **l**.)

ATENÇÃO! – Quando surgirem dúvidas quanto ao emprego de **mau** e **mal**, faça uso dos antônimos dessas palavras (**bom** e **bem** respectivamente): *O técnico estava **bem-humorado** / O técnico estava **mal-humorado**. O árbitro estava de **bom humor** / O árbitro estava de **mau humor**.*

Quando **mal** é substantivo, fazendo parte de nomes compostos (geralmente expressando nome de doença) – não havendo elemento de ligação – emprega-se o hífen, ainda que a palavra seguinte não comece por vogal: *mal-turco, mal-triste, mal-francês, mal-gálico, mal-caduco.*

Se houver elementos de ligação, o hífen não será usado: *mal da praia, mal de Hansen, mal de Parkinson, mal de Alzheimer.*

> **EM TEMPO:** Denominações como estas têm o último elemento grafado com inicial maiúscula quando se refere ao nome do cientista que descobriu a causa da doença: *mal de Alzheimer, mal de Parkinson.* Quando o nome se refere a uma personagem que contraiu a doença (ou ao local onde ela surgiu), usa-se inicial minúscula: *mal de lázaro, mal da praia, mal de luanda.*

Mal mal / mal-e-mal / mal-mal / mal e mal.

Com o advento da reforma ortográfica, as duas primeiras formas foram substituídas pelas duas últimas. O mesmo ocorreu com **assim, assim**, que hoje se escreve **assim-assim**.

Todas as três formas são advérbios, e têm o sentido de *nem bem nem mal, mais ou menos, de maneira medíocre ou sofrível:*

"O som da música era tão alto que *mal e mal* se podia conversar."
(Dic. Unesp)

Ela está indo *mal-mal* na escola.

"Saiu do hospital, mas está *assim-assim*." (Houaiss)

Mal educado / mal-educado.

Mal educado (sem hífen) usa-se na voz passiva: *Aquele menino foi **mal educado** pelos avós.* O termo (com hífen) é adjetivo com o sentido de *indelicado, grosseiro, descortês: Aquele menino é mal-educado.* O mesmo ocorre com **mal criado** e **malcriado** (sem hífen).

☞ Veja BEM EDUCADO.

Mal-humorado / mau humorado.

☞ Veja MAL.

Mala sem alça.

Antes da reforma ortográfica, essa expressão era hifenizada; hoje, grafa-se como está no verbete. Trata-se de expressão jocosa para se referir a uma *pessoa extremamente desagradável, maçante, chata.* Também se diz apenas *mala.*

Mal entendido / mal-entendido.

Mal entendido (sem hífen) usa-se na voz passiva: *O discurso do candidato foi **mal entendido** (= mal interpretado) pelos eleitores.* O termo (com hífen), no caso em questão, é substantivo com o sentido de *desentendimento, equívoco: Houve um **mal-entendido** entre o patrão e o empregado.*

Malferido / paz podre.

Esses termos têm algo em comum. Há palavras, assim como pessoas, que na aparência não representam o que realmente são. **Malferido**, por exemplo, é o mesmo que *ferido com gravidade,* e **paz podre** tem o sentido de *sossego profundo.* Eis mais uma prova do velho adágio: *Quem vê cara não vê coração.*

☞ Veja TUDO-NADA.

Malgrado / mau grado.

Exemplificando o erro: **Maugrado** *o tempo chuvoso, os torcedores compareceram.*

Não é incomum a confusão dos termos **malgrado** e **mau grado**.

Malgrado presta-se a duas funções: como substantivo, significa *desagrado, desprazer: Tudo ocorreu ao nosso malgrado*. Como preposição, é sinônimo de *apesar de, não obstante*: **Malgrado** *o tempo chuvoso, os torcedores compareceram.*

Emprega-se **mau grado** (separadamente e com <u>u</u>) quando seu sentido for de *má vontade*. Neste caso, vem sempre precedido da preposição **de**: *Os torcedores compareceram ao jogo de mau grado.*

ATENÇÃO! – **Grado** (que significa *vontade*) é comum em frases como: **Mau grado meu** *(= contra a minha vontade), viajou sozinha.* Érico Veríssimo escreveu: *"Mau grado seu, o padre sentia que as pulsações de seu coração se aceleravam".*

Maligno / malino.

Em tempos remotos não havia muita diferença entre estes dois termos; hoje, é preciso distingui-los: **Maligno** é *aquele que é tendencioso para o mal; maléfico*. Em medicina, designa uma alteração celular que tem tendência a agravar-se. **Malino** é menino *travesso, inquieto; criança traquinas:*

> "Era um menino gorducho e *malino*." (Grande dicionário unificado da língua portuguesa – Difusão Cultural do Livro.)

Malmequer / bem-me-quer.

Ambas as formas têm o mesmo significado: *nomes de várias plantas ornamentais de flores amarelas e brancas; ervas da família das compostas.* **(Observe o uso e o não uso do hífen.)**

Mandado / mandato.

Mandado é prescrição provinda de autoridade superior (judicial ou administrativa), pela qual deve ser cumprida a ordem que se ali estabelece. **Mandato** é delegação de poderes que os eleitores outorgam aos políticos para que os representem em cargos públicos:

> "O comerciante rasgou o mandado apresentado pelo oficial de justiça." (Dic. Unesp)

> No Brasil, o mandato de presidente tem a duração de quatro anos.

Manicuro.

Aquele que cuida das mãos e das unhas das mãos de outrem. A forma feminina é **manicura**. O termo **manicure,** já incorporado ao nosso idioma, é mais amplo: além de abranger os dois gêneros (*manicuro* e *manicura*), refere-se à pessoa especializada no tratamento e embelezamento das unhas das mãos e dos pés.

☞ **Veja PEDICURO.**

Manjadoura / manjedoura.

Em nosso idioma, é lícito fazer uso de qualquer uma dessas formas para se referir a uma *espécie de tabuleiro em que comem os animais nas estribarias.* Modernamente, a forma preferida é **manjedoura**. Ainda existem as variantes **manjadoira** e **manjedoira**.

Manter a direita / conservar a direita.

As placas expostas à beira de nossas rodovias costumam pedir aos motoristas que "mantenham a direita", ou ainda pior: "conservem a direita". O bom senso, no entanto, pede que os motoristas *mantenham-se à direita* ou *conservem-se à direita*. Prezado leitor, preste ouvido: as coisas nem sempre são o que parecem.

Manter o mesmo time.

O que se lê no verbete é tolice semelhante a "repetir o *mesmo time*". Dizer **manter o *mesmo* time** é tão necessário quanto aguar plantas em dia chuvoso. Diga apenas *manter o time.* É suficiente.

Mapa-múndi.

Mapa que representa a superfície da Terra em sua totalidade. **Mapa-múndi** é forma que já foi aportuguesada; portanto, grafa-se com hífen e com acento. Plural: *mapas-múndi.*

Eis outros termos de origem latina que já foram aportuguesados:

> **CÚTIS:** A pele, especialmente a do rosto; tez.
> **ÁLIBI:** Justificativa aceitável.
> **FÓRUM:** Local para debates; foro.
> **HARMÔNIUM:** Pequeno órgão, comumente usado em igreja; harmônio.
> **RÁDIUM:** Elemento radioativo; rádio.

ATENÇÃO! – O termo **incontinente** (também de origem latina) tem respaldo de dicionários de boa reputação, como o Houaiss, o Aurélio, o Caldas Aulete e o Volp, inclusive.

EM TEMPO: O termo **hábitat** (acentuado) é encontrado nos dicionários mencionados, com o sentido de *lugar ou meio habitado por uma espécie animal ou vegetal*. O Vocabulário Oficial, no entanto, só registra o termo na seção de palavras estrangeiras (sem acento, naturalmente).

Marcha a ré / marcha à ré.

Nesse caso, é preferível usar a expressão sem o acento grave. A assessoria da ABL também recomenda a grafia **marcha a ré**.

"...A segunda marcha, a terceira marcha, etc., e a *marcha a ré.*" (Aurélio)

"A marcha que faz o veículo recuar; *marcha a ré.*" (Idem)

"Engatar a *marcha a ré.*" (Aulete)

"*Marcha a ré.*" (Houaiss)

"*Marcha a ré.*" (Dic. escolar da ABL)

"*Marcha a ré:* marcha para trás." (Grande dic. unificado da língua portuguesa)

EM TEMPO: "Ambas as grafias são consideradas corretas. No grande manual de ortografia Globo, p. 179, de Celso Luft, lemos *marcha à ré.*" (Domingos P. Cegalla)

PREFIRA SEM O ACENTO.

Marrons-claros / marrom-claros.

No plural dos adjetivos compostos, só o último elemento varia: *recém-nascidos, verde-escuros, anglo-americanos*. Constitui exceção a esta regra o adjetivo **surdo-mudo**, cujo plural é **surdos-mudos**.

Ambos os termos ficam invariáveis quando o segundo elemento é substantivo: *camisas amarelo-limão, blusas verde-abacate, calças verde-mar.*

ATENÇÃO! – Talvez, por associar **ultravioleta** com **infravermelho**, há quem diga **raios ultravioletas**. A diferença está entre **vermelho** ser adjetivo e **violeta** ser nome de uma flor. Os nomes de pedras, flores e frutas, quando empregados para designar cores, permanecem invariáveis.

Mascote.

Oficialmente é substantivo feminino. Designa *pessoa, animal ou coisa a que se atribui o dom de proporcionar boa sorte, de trazer felicidade; amuleto, talismã.* Em 2014, a imprensa esportiva difundiu o erro: *"Fuleco,* **o mascote** *da Copa do Mundo da Fifa, foi inspirado no tatu-bola".* ... E deu no que deu.

ATENÇÃO! – Já está muito disseminado o uso de **mascote** como substantivo masculino. Até lexicógrafos de boa índole, como Antônio Geraldo da Cunha e Caldas Aulete, consideram-no substantivo de dois gêneros: *o mascote, a mascote.* É nessas horas que o bom senso dever prevalecer. Nesses casos temos de seguir o Vocabulário Oficial, que é a maior autoridade no assunto. Ele dá *mascote* como substantivo feminino. E o Houaiss, seu fidelíssimo sectário, registra: *"Uma cadelinha era* **a mascote** *do regimento".*

MASP / Masp.

Masp é a sigla de *Museu de Artes de São Paulo,* ou ainda: *Metodologia de Análise de Solução de Problemas.* Siglas pronunciáveis (com mais de três letras) grafam-se apenas com a primeira letra maiúscula.

Máxime.

É advérbio com o sentido de *principalmente, especialmente, mormente, sobretudo*. Pronuncia-se [*máksime*]:

> "Os mordomos são circunspectos, *máxime* os ingleses." (Aulete)

> "A tecnologia está presente em todas as áreas, *máxime* na informática." (Dic. escolar da ABL)

> "Acelera-se a industrialização, *máxime* no sul do Brasil." (Aurélio)

MBA.

É sigla inglesa de *Master in Business Administration* (mestre em administração de empresas). No Brasil, o MBA está longe de ser um mestrado; é um curso de especialização, *lato sensu,* para aprimorar o conhecimento dos profissionais que já estão no mercado.

☞ Veja ANGLICISMOS, pág. 358.

Medrar.

*Exemplificando o erro: O Once Caldas foi goleado pelo Corinthians: os colombianos **medraram** na arena do Timão.*

A moçada do esporte – que adora "criar maravilhas" – já canonizou **medrar** com o sentido *de ter medo, tremer*, quando na realidade significa *crescer, melhorar, desenvolver-se, progredir, prosperar, florescer*. Corrija-se para: *O Once Caldas foi goleado pelo Corinthians: os colombianos **tremeram** na arena do Timão*. Veja estes exemplos, escritos por pessoas do bem:

"Uma palavra ouvida aí em certa hora desfaz muitas vezes um erro que levou dez anos a *medrar* e a engrossar no nosso entendimento." (Ramalho Ortigão, *apud* Aurélio.)

"Nos dias seguintes, *medrou* a esperança da menina." (José de Alencar, *apud* Michaelis.)

"Certas plantas só medram cercadas de muitos cuidados." (Aulete)

ATENÇÃO! – Convém lembrar que **medrar** aparece nos dicionários, com o sentido de *sentir medo,* apenas como gíria.

Domingos P. Cegalla, em seu admirável *Dicionário de dificuldades da língua portuguesa*, é categórico: *"***Medrar*** não deve ser usado no sentido de ter medo, tremer, como fazem pessoas incultas, pois não tem a mínima relação com* **medo***".* ... E é preciso dizer mais alguma coisa?

Meia / meio.

*Exemplificando o erro: A assistente estava **meia** nervosa.*

... E o brioso repórter que criou essa "raridade" devia estar meio delirante. O vocábulo **meio** só varia quando se refere a um substantivo: *meia-lua, meias-direitas, meia-porção, meia-dose, meia-entrada*. Quando **meio** modifica um adjetivo (com o sentido de *mais ou menos, um pouco*), é invariável, ou seja, permanece sempre no masculino singular: *meio nervosa, meio nervosas, meio nervosos*. Idêntico raciocínio se aplica a **muito**, quando usado como advérbio de intensidade: *Ambas as irmãs eram **muito** bonitas.*

ATENÇÃO! – Nunca será demais lembrar que grandes clássicos da nossa língua (como Camões, Alencar, Camilo, Machado de Assis e Eça de Queirós) fizeram uso do advérbio **meio** flexionado em alguns lances históricos. Na linguagem contemporânea, porém, esse modelo de concordância (concordância por atração) é censurado severamente por todos os bons gramáticos brasileiros e portugueses.

Meio de campo / meio-de-campo.

A região intermediária do campo de futebol, assim como o jogador que atua quase que exclusivamente nesse setor, é denominada de *meio de campo* (sem hífen). Com hífen, não existe mais.

O atleta que joga nesse setor do campo também é chamado de *meio-campo* ou *meio-campista*.

Meio-dia / meio dia.

São formas existentes, mas não expressam a mesma ideia. Almoçar ao *meio-dia* é o mesmo que almoçar *às 12h*. Estudar *meio dia* é igual a *passar a metade do dia estudando*.

Melhor / melhores.

*Exemplificando o erro: O Cruzeiro e o São Paulo foram os times que se saíram **melhores** no primeiro turno.*

Melhor só varia quando for comparativo de **bom**, que é adjetivo: *Os jogos de hoje foram **melhores** que os de ontem*.

Na oração em pauta, **melhor** não pode variar porque é comparativo de **bem**, que é advérbio. Compare: *o Cruzeiro e o São Paulo têm* **bons** *jogadores; por isso é que se saíram* **bem** *no primeiro turno*.

*Os times que têm **bons** jogadores se saem **melhor** mesmo.* Veja os demais exemplos:

MELHOR COMO ADVÉRBIO (INVARIÁVEL)	MELHOR COMO ADJETIVO (VARIÁVEL)
Eles chutam *melhor* que nós.	Os outros jogadores eram *melhores*.
Quais os times que jogam *melhor*?	Nossos estádios são bem *melhores*.
Aqui, eles vivem *melhor*.	Os *melhores* goleiros estão aqui.
Eles jogam *melhor* que os titulares.	Eles são *melhores* que os titulares.
Elas falam *melhor* que eles.	Assisti aos *melhores* jogos.

Menos de um / menos de dois.

☞ Veja MAIS DE UM.

Mertiolate / mertiolato.

Grafias genuinamente vernáculas para se referir a um nome comercial de um composto mercurial orgânico, usado em medicina como antisséptico.

Mesmo / mesma.

*Exemplificando o erro: Ela **mesmo** vai cobrar a falta.*

A impropriedade dessa construção é de doer. Sendo **mesmo** demonstrativo de identidade, concorda com o termo a que se refere: *Ela **mesma** vai cobrar a falta. Eles **mesmos** criticaram a arbitragem.*

Quando **mesmo** significa *até* – aparece antes do substantivo ou pronome pessoal –, fica invariável: ***Mesmo** ela perderia aquele gol. **Mesmo** os dirigentes criticariam a arbitragem.* Não varia, ainda, quando equivale a *de fato* ou *realmente*: *Ela defendeu **mesmo** o pênalti. Elas conquistaram **mesmo** a medalha de prata.*

ATENÇÃO! – É censurável o uso de **o mesmo, a mesma, os mesmos, as mesmas** como substituto de um pronome. São condenadas, portanto, frases como a que se segue: *O técnico foi contratado ontem e o mesmo fará sua estreia amanhã.* Nesse caso, o pronome **ele** (que nem precisaria ser usado) pode perfeitamente substituir **o mesmo**.

Metade de.

Exemplificando o uso: *Metade do dinheiro é minha.*

Enganam-se aqueles que veem erro de concordância nessa oração. É norma da língua portuguesa que o predicativo concorde com o sujeito: *metade do ouro é minha. Parte do livro está perdida.*

Vejamos como mestre Napoleão Mendes de Almeida elucida o caso: "Não vemos silepse em **metade do terreno é meu** senão simples lapso de concordância. Isso de ouvir no campo **metade é meu** não é de admirar, pois nossos caipiras dizem, também com naturalidade, **mué meu**". Prossegue Napoleão: "Não é **metá del terreno è mia** que usualmente se diz em italiano, e **metad del terreno ès mia** que indiscutivelmente se diz em espanhol? Não nos venha alguém acobertar a aberração da construção errada portuguesa com o manto da silepse ou com a máscara da linguística".

Milhar / milhão.

*Exemplificando o erro: O jogador fazia gestos obscenos **às milhares** de pessoas que assistiam **o** espetáculo.*

Atletas que fazem gestos obscenos não são muito diferentes de certos jornalistas que não têm a menor consideração pela língua em que se exprimem: ambos ferem a ética e os bons costumes.

Milhar, assim como **milhão**, é substantivo masculino: *O jogador* *fazia gestos obscenos **aos milhares** de pessoas que assistiam ao espetáculo. **Vários milhares** de crianças estavam presentes.*

Não aparecendo determinantes (artigos, adjetivos ou pronomes), constrói-se: **Milhares** *de casas foram* **destruídas**.

Segundo Eduardo Martins, responsável pelo Manual de redação e estilo do Estado de São Paulo, "a concordância verbal de **milhão** pode ser com o número, no singular, ou com a coisa expressa, no plural (com preferência pela segunda forma): *Um milhão de crianças* **estavam presentes**".

Se o verbo anteceder **um milhão,** é preferível deixá-lo no singular: **Plantou-se** *um milhão de árvores.*

ATENÇÃO! – Na acepção de *dar assistência,* **assistir** é transitivo direto: *Deus assiste* **os** *pobres e* **os** *ricos.* No sentido de *estar presente, comparecer,* constrói-se com a preposição *a*: *Milhares de pessoas assistiram* **ao** *espetáculo.*

Mim / eu.

Mim é complemento, e vem depois de uma preposição ou de uma locução prepositiva; ao passo que **eu** é usado como sujeito antes de um verbo no infinitivo, já que **mim** não pode fazer essa função: *Comprei livros* **para mim** *e para meus amigos. Entre* **mim** *e ela sempre houve um amor antigo.* Assim, antes de verbo no infinitivo, use **eu**, e não **mim**: *Comprei livros para* **eu** *ler.*

ATENÇÃO! – Às vezes, por estar fora de ordem, o infinitivo, que não devia ser empregado após o pronome **mim**, acaba por ocupar essa posição (sem que o pronome exerça a função de sujeito):

Para mim, morrer ou viver não fazia diferença naquele momento. (= Naquele momento, morrer ou viver não fazia diferença para mim.) Para mim, trabalhar é um prazer. (= Trabalhar é um prazer para mim.)

☞ **Veja SEM EU.**

Mínimos detalhes.

Mínimo é o superlativo absoluto sintético de **pequeno**. É redundância dizer *mínimos detalhes* ou *pequenos detalhes*, uma vez que todo detalhe é pequeno.

Mississípi / Mississippi.

Em português grafa-se **Mississípi** (com acento); em inglês, **Mississippi** (sem acento e com dois **ps**).

Misto-quente / mixto-quente.

Misto-quente é sanduíche feito de pão com presunto e queijo, aquecido na chapa. **Mixto-quente** não existe. (Nem **mixto-frio**.)

Monopólio exclusivo.

Se **monopólio** significa *posse, domínio ou controle restrito de algo (especialmente do que se vende),* qualquer pessoa com dois dedinhos de leitura descontraída chega à conclusão de que o adjetivo **exclusivo** está fazendo hora extra na expressão do verbete.

☞ **Veja CANJA DE GALINHA.**

Monstro.

A palavra **monstro** é um substantivo sobrecomum masculino, isto é, apresenta um só gênero para indicar o masculino e o feminino: *Aquele **homem** é um **monstro**. Aquela **mulher** é um **monstro**.*

Como adjetivo *(muito grande, fora do comum, gigantesco)* é invariável em gênero e número: *passeata-**monstro**, jogos-**monstro**, liquidação-**monstro**, comemoração-**monstro**.* SEMPRE COM HÍFEN.

Moqueca / muqueca.

Apesar de a pronúncia corrente ser [*mukeca*], a grafia correta é **moqueca** e não **muqueca** para descrever um *guisado de peixe ou mariscos, temperado com coco, azeite de dendê e pimenta.*

ATENÇÃO! – Veja outras palavras que se escrevem com **o**, mas que não raramente são grafadas com **u** por pessoas menos preparadas: *engolir, goela, mágoa, moela, mochila, nódoa, tossir* e *zoar*.

Agora atente para estas palavras, que se grafam com **u**, mas que frequentemente são escritas com **o** por jornalistas desatentos: *bueiro, camundongo, cutia, jabuticaba, tábua* e *urtiga*.

Moral.

*Exemplificando o erro: O zagueiro ganhou o lance **na moral**.*

Moral possui dois gêneros: como substantivo feminino significa *conjunto de preceitos de conduta considerada digna, honesta;* quando se refere a estado de ânimo, coragem, deve ser empregado sempre no masculino: *O zagueiro ganhou o lance **no moral****. Compare:

> Depois de ser substituído, o goleiro ficou com *o moral* baixo.
> A cena atentava contra *a moral* e os bons costumes.

Moral (como substantivo feminino) é, também, a conclusão que se tira de uma obra ou de um fato: *Nem a professora nem os alunos sabiam qual era **a moral** da história.*

Morar.

*Exemplificando o erro: Moro **à** rua do Ouvidor.*

Note, leitor, que ninguém diz **moro a São Paulo**, ou **moro ao Rio**. Seria um dos maiores solecismos se alguém assim o dissesse. O verbo **morar**, assim como os termos **residente, sito** e **situado**, rege a preposição **em**, e não **a**:

> "Eu morava *na* rua do Bispo, numa casa de azulejo de quatro andares."
> (Camilo)

> "Morava *na* rua Santana." (Garrett)

Mordi minha língua!

Bem feito! Língua que só diz bobagens merece essas coisas.

Não se emprega o possessivo quando se trata de parte do corpo, qualidade do espírito ou peça do vestuário. Neste caso, usa-se apenas o artigo:

> Mordi *a* língua! (E nunca: Mordi *minha* língua!)
> Ele perdeu *o* juízo. (E nunca: Ele perdeu *seu* juízo.)

---

* "Nas disputas esportivas sempre se trata, portanto, de **o moral** como sinônimo de *coragem, força, brio, vergonha, estado de ânimo.*" (Josué Machado, *Língua sem vergonha*.)

Rasguei *a* camisa! (E nunca: Rasguei *minha* camisa!)

Quebrei *o* pé! (E nunca: Quebrei *meu* pé.)

ATENÇÃO! – Quando o possessivo aparece no rosto da oração, ele é indispensável: ***Meu*** *pé está sangrando.* ***Seu*** *rosto está inchado.* ***Suas*** *mãos estavam trêmulas.*

Mostrengo / monstrengo*.

Há quem condene – não sei com que autoridade – a grafia **monstrengo**. Ambas as formas prestam-se para definir *algo disforme, coisa sem proporção; trambolho:*

> "Um projeto postiço, um *monstrengo*, uma espécie de Frankenstein canhestramente montado às pressas, não poderia deixar de gerar escândalos." (Dic. Unesp)

Mozarela / muçarela / muzarela.

☞ **Veja PALAVRAS COM MAIS DE UMA GRAFIA, Pág. 355.**

MTV.

A pronúncia deve ser [***êm ti vî***], e não [***eme tê vê***], uma vez que se trata de uma forma reduzida de uma expressão inglesa: *music television.*

Muito.

☞ **Veja MEIA.**

---

* Ambos os termos também são empregados para designar um indivíduo desajeitado; pessoa disforme, malproporcionada e/ou muito feia.

Muito dó.

E não: *muita dó*. **Dó** é substantivo masculino: *Sinto* ***extraordinário dó*** *por essa gente sofrida e maltratada pela seca que assola o sertão nordestino.*

Músico / música.

Alguns pseudomestres insistem em dizer que o feminino de **músico** é *música*. É preciso muito cuidado com essa gente que se propõe a ensinar, mas não sabe da missa a metade.

Oficialmente, não nos parece lógica tal afirmação, mesmo porque os dicionários não dão **música** como feminino de **músico**. Para eles, **música** é *a combinação de sons (vocais ou instrumentais) ordenados harmoniosamente.*

Segundo os dicionaristas, pessoas que compõem ou interpretam música, independentemente do sexo, são *instrumentistas* ou *musicistas*.

ATENÇÃO! – Não devemos confundir **musicista** com **musicóloga**, que é especialista em música (aquela que estuda, discorre ou escreve sobre a arte musical).

N

Na época que.

Na linguagem descontraída, é comum omitir a preposição **em**, antes do pronome **que**: *Na época (em) que éramos adolescentes. Na ocasião (em) que estudávamos juntos. No período (em) que trabalhávamos na mesma empresa.* Na comunicação formal, no entanto, não é recomendável abrir mão da preposição, em expressões temporais deste tipo: *No momento **em** que íamos sair do restaurante, começou a chover.*

☞ Veja A PRIMEIRA VEZ EM QUE.

Na moral.

Quando se consegue alguma coisa *na tranquilidade, na facilidade, na moleza*, diz-se **na moral**; quando se consegue algo *na disposição de espírito e de ânimo*, diz-se **no moral**.

☞ Veja MORAL.

Nada a ver.

A expressão em tela não passa de um chavão (frase muito batida pelo uso). Em vez de **nada a ver**, é preferível empregar *nenhuma relação com*. Compare: *O conteúdo do livro não tem **nada a ver** com o título / O conteúdo do livro não tem nenhuma relação com o título.*

Convenhamos, nem é preciso ter ouvido de tuberculoso para considerar a segunda construção mais elegante.

Nada / tudo / nenhum / ninguém.

Quando o sujeito composto vier acompanhado por um desses pronomes indefinidos, o verbo deve ficar no singular: *A mãe, o pai, os irmãos, **ninguém** o **impediu** de deixar a casa.*

☞ Veja CONCORDÂNCIA VERBAL.

Namorar com.

Quem **namora com** alguém, a chance de ter um final feliz é quase zero. Ainda que um ou outro autor abone essa regência, prefira sempre, prezado leitor, **namorar alguém**: é muito mais seguro, e a possibilidade de ser bem-sucedido é muito maior.

Não brinca! / não brinque!

A expressão que indica *espanto, admiração* é: **não brinque!**

Não há quem faz nada igual.

A expressão **não há quem** sempre exige o verbo da oração subordinada no subjuntivo: *Não há quem **faça** nada igual. Não há quem **consiga** produzir espetáculo mais grandioso.*

☞ Veja É PENA QUE.

Não pagamento / não-pagamento.

*Exemplificando o erro: O **não-pagamento** deste boleto, até a data do vencimento, implicará multa diária.*

Antes da reforma ortográfica, **não + um substantivo** exigia hífen; hoje, esta construção perdeu o hífen: *O **não pagamento** deste boleto, até a data do vencimento, implicará multa diária.*

Não quero lhe falar.

*Exemplificando o erro: "**Não quero lhe falar**, meu grande amor, das coisas que aprendi nos discos..."*

Eis um trecho de uma das mais lindas canções populares de todos os tempos. Não obstante a beleza da música e da extraordinária mensagem que ela nos transmite, essa passagem peca por um erro de colocação pronominal sem, no entanto, tirar o brilho da composição.

Lembram-me as palavras sábias de um grande mestre: "Colocação pronominal é uma questão de acomodamento fônico: soou bem, siga em frente".

A função deste modesto trabalho, porém, é tentar esclarecer as dúvidas, obedecendo à linguagem culta. E seguindo essa trilha, temos de observar o seguinte:

> Numa locução verbal (com verbo principal no infinitivo ou gerúndio) antecedida por partícula atrativa, coloca-se o pronome antes do verbo auxiliar, ou após o verbo principal, mas nunca entre eles. Assim, exemplificando o uso correto temos: *Não **lhe** quero falar,* ou: *Não quero falar-**lhe**.*

Nariz de cera.

Em jornalismo, texto pouco objetivo e geralmente impresso em corpo reduzido, e que antecede um artigo, uma reportagem. Atualmente é chamado de *lide*. **Nariz de cera** NÃO TEM HÍFEN.

Necropsia / necrópsia.

Ambos os termos são legítimos para se referir a exames médicos dos órgãos de um cadáver. Também é correto o emprego de **autópsia** (ou **autopsia**) para o mesmo fim.

☞ Veja PROSÓDIA, pág. 357.

Nem... nem (concordância).

Sujeito composto ligado por **nem... nem** leva o verbo para o plural: *Nem o árbitro nem o auxiliar **viram** irregularidade no lance.* Quando houver ideia de exclusão, o verbo permanecerá no singular: *Nem João nem Antônio **casará** com Isabela.*

Nem um nem outro.

Aqui não há unanimidade com relação à concordância. Alguns gramáticos mantêm o verbo no singular, sobretudo quando não aparece substantivo depois de **outro**: *Nem um nem outro **teve** a coragem de dizer a verdade.* Quando o substantivo se faz presente, a grande maioria prefere o plural: *Nem um nem outro **avião decolaram** esta manhã.*

> **ATENÇÃO!** – Havendo exclusão, o singular é de rigor:
> Nem um nem outro (candidato) será o presidente.

Nenhum / nem um.

Nenhum (pronome indefinido) é o oposto de **algum**. *Nenhum clube carioca se classificou para as finais.* **Nem um** (numeral) é mais enfático. Equivale a **nem um sequer**: *Não restou **nem um** centavo em minha conta.*

☞ Veja QUALQUER.

Nenhum (concordância).

Com esse pronome indefinido, o verbo fica sempre no singular: **Nenhum** dos homens ali detidos **confirmou** o crime. **Nenhum** deles **será** convidado. Ainda que os núcleos do sujeito composto venham precedidos pelo pronome nenhum(a), o verbo permanecerá (de preferência) no singular:

> "Na vastidão do rio, *nenhuma* canoa, *nenhum* sinal de vida aparecia."
> (Inglês de Sousa, *O missionário, apud* Aurélio.)

☞ Veja QUALQUER / NENHUM.

Nenhures / algures / alhures.

Embora estes advérbios de lugar já estejam no rol das palavras "da melhor idade", são formas genuínas e, por isso mesmo, merecem nossas considerações: **nenhures** *(= em nenhum lugar)*, **algures** *(= em algum lugar)* e **alhures** *(= em outro lugar)*:

> Não encontrei meu dicionário *nenhures*.
> Já vi aquele rosto *algures*.
> Já tinha ouvido esta canção *alhures*.

ATENÇÃO! – Termos ferrugentos – como esses advérbios, que já estão no "corredor da morte" – precisam ser evitados, especialmente na linguagem falada; na escrita, todavia, ganham sobrevida porque ainda têm lá seus encantos, sobretudo na poesia.

Neologismo.

Neologismo é um fenômeno linguístico que permite o desenvolvimento de um novo termo ou expressão, para se referir a novos objetos ou expressar novos conceitos ligados às diversas áreas, como tecnologia, esportes, etc. Eis alguns neologismos em voga:

Blogue (página na Internet regularmente atualizada, que contém textos organizados de forma cronológica, com conteúdos diversos, geralmente relacionados com uma determinada área de interesse.)

Camelódromo (Recinto onde se concentram diversos vendedores de mercadorias importadas e, geralmente, de má qualidade.)

Carreata (Desfile de carros, para fins de campanha ou manifestação política.)

Deletar (Apagar alguma informação do computador.)

Escanear (Digitalizar um documento, página impressa, etc. com a ajuda de um escâner.)

Lava jata (ou **lava-jato**) (Operação que investiga um grande esquema de lavagem e desvio de dinheiro envolvendo a Petrobras, grandes empreiteiras do País e políticos.)

Mensalão (Escândalo de corrupção política mediante compra de votos de parlamentares no Congresso Nacional do Brasil que ocorreu entre 2005 e 2006.)

Mouse (Um pequeno dispositivo que se usa sobre uma superfície especial, a fim de mover o cursor na tela do computador.)

Periguete (Mulher que se veste como prostituta.)

Petrolão (Esquema usado para desviar dinheiro da Petrobras, através de contratos superfaturados e dinheiro sujo para benefício de políticos.)

Presidenciável (Aquele que está apto para ser eleito presidente.)

Printar (Imprimir algo por meio de uma impressora.)

Suingue (Troca de parceiros entre casais.)

Vegano (Aquele que faz uso da dieta vegetariana restrita, ou seja, exclui da sua alimentação quaisquer alimentos de origem animal.)

Nesse (neste) comenos.

Expressão equivalente a *nesse (neste) ínterim, nessa (nesta) oportunidade, nessa (nesta) época, nessa (nesta) ocasião*. **Comenos** só se usa no plural:

"... *Neste comenos*, uma menina de onze para doze anos saiu pela porta da cozinha..." (UFMG, *A periquita*.)

☞ Veja DE CÓCORAS.

Nesse / neste.

Exemplificando o erro: **Nesse** campeonato, ainda **vão haver** muitas surpresas.

Aqui já temos duas – e surpresas pouco agradáveis. A primeira impropriedade já adquiriu cidadania na nossa língua. Poucas pessoas empregam os demonstrativos com perfeição. O erro é tão comum que nem machuca mais.

Se o orador se refere ao campeonato que está em andamento, a forma correta deve ser **neste**. **Nesse** se usa com referência a tempo passado ou futuro.

O verbo **haver**, no sentido de existir, não se usa no plural. Quando um verbo auxiliar aparece antes dele, deve também permanecer no singular. Aqui o verbo **haver** é impessoal; a impessoalidade, como afirmam alguns gramáticos, "é uma doença contagiosa". Corrija-se para: **Neste** campeonato ainda **vai haver** muitas surpresas.

Eis mais dois exemplos:

"*Neste* mundo não existe nenhuma tarefa impossível, se existe persistência." (Provérbio chinês)

Na década de sessenta eu era criança; *nessa* época, eu era feliz sem saber que a felicidade existia.

No avesso.

*Exemplificando o erro: Nem o assistente nem o árbitro perceberam que a camisa do goleiro estava **no** avesso.*

Roupas podem estar **do** avesso ou **pelo** avesso, tanto faz, mas nunca **no** avesso (porque assim o desmazelo ficaria muito evidente): *Segundo a crença popular, o hábito de guardar roupas **pelo** avesso causa atraso de vida.* (Acredite quem quiser.)

No dia em que.

☞ Veja A PRIMEIRA VEZ EM QUE.

No mais absoluto sigilo.

Construção popularmente consagrada, mas que carece de uma observação.

A expressão *no mais absoluto silêncio* é condenada pelos gramáticos por ser redundante, uma vez que em **absoluto** já existe a ideia de *maior, o mais*. Se é assim, então por que dizer *no mais absoluto sigilo* se é possível (e correto) dizer *em sigilo absoluto*?

Há um provérbio chinês muito didático; nunca é demais repeti-lo: "*O Sábio aprende com os erros dos outros; os tolos aprendem com seus próprios erros... e os idiotas nunca aprendem!*" Por que será?

No mais das vezes / o mais das vezes.

São locuções adverbias (variantes) com o sentido de *quase sempre, geralmente, na maioria das vezes:*

"Sua poesia, *o mais das vezes* centrada no momentoso tema do namoro, foi lida principalmente pelas moças casadoiras da boa sociedade carioca e modulada ao piano." (Paulo Franchetti – referindo-se aos poemas de Casimiro de Abreu.)

No norte / ao norte.

Exemplificando o erro: O Cruzeiro joga, hoje à noite, **ao Norte** *do* **país***, pela Copa do Brasil.*

Isso é impossível. A nenhum clube brasileiro é permitido disputar uma competição nacional em outro país.

Em indica *local*; **a**, *direção*: *Manaus fica* **no norte** *do País. A Venezuela se localiza* **ao norte** *do Brasil.* Observe o uso da inicial minúscula para se referir à palavra **norte**. Segundo o novo acordo ortográfico, os pontos cardeais (quando não são empregados de modo absoluto: *NORTE* por *norte do Brasil,* ou nas abreviaturas: *S.O.* ou SW por *sudoeste*) empregam-se sempre com minúscula.

Nosso País / nosso país.

Antes da reforma ortográfica, Eduardo Martins, em seu incomparável *Manual de redação e estilo* do jornal O Estado de São Paulo nos ensinava: "Inicial maiúscula quando designar o Brasil e não houver determinativo: *O **País** manda tropa para a África.* Em minúsculas: *nosso país, este país* ou *neste país* (mesmo que se refira ao Brasil)".

Agora, segundo a nova reforma, quando a palavra se referir a um determinado país, será escrita com letra maiúscula, mesmo que haja determinativo: *A democracia, em **nosso País**, ainda é incipiente.* Se **país** for usado genericamente, será escrito com minúscula: *Qualquer **país** está sujeito a crises econômicas.* Essa é a síntese.

Mas como a vida sempre nos reserva algumas surpresas, veja o que encontramos, no verbete **país,** do Dicionário escolar da ABL (nova ortografia): ***"Nosso país** precisa manter sua identidade cultural".*

Mas em discordância com o dicionário da ABL, repare como redigiu mestre Aurélio no verbete **massificar**:

"É importante massificar a boa literatura em nosso *País*."

Como se vê, trata-se de uma regra flexível; não há outra explicação.

No peito / ao peito.

Para expressar contiguidade, é preferível usar **a** a usar **em**, principalmente em expressões constituídas por palavras que indicam partes do corpo: *Ele trazia um crucifixo ao peito,* e não *no peito,* que – usando de rigor – significa dentro do peito: *Patuá é algo de afeição formado por dois pequenos quadrados de pano bento, com orações escritas ou coisa de estimação, que os veneradores trazem **ao pescoço**.*

No sol.

Fica-se *ao sol*; ficar *no sol* é humanamente impossível:

> "Fechou então os olhos e sonhou com searas ondulando *ao sol* ao sabor do vento..." (Aida Nuno, *Ciclo da fome*.)
>
> "Aves cantando, *ao sol*, no mesmo ninho..." (Florbela Espanca)

Nobel.

Prêmio instituído em homenagem ao cientista sueco Alfred Bernhard Nobel, concedido a pessoas que fazem contribuições relevantes para a humanidade nas seguintes áreas: Física, Química, Fisiologia ou Medicina, Literatura, Paz e Ciências Econômicas.

A palavra **Nobel** grafa-se sem acento. Pronuncia-se [*Nobél*]; rima com *papel, Noel, Torre Eiffel, Manuel, Gabriel, cartel, menestrel, novel*. Não existe a pronúncia [*Nóbel*].

Nocivo.

Exemplificando o erro: Consumidor, este produto é nocivo a saúde se usado inadequadamente.

Nocivo significa *prejudicial, danoso, pernicioso, maléfico*; emprega-se com a preposição **a**: *produto nocivo* **à** *saúde*.

Nós mesmos / nós próprios.

O uso dessas expressões se justifica por questão de acomodamento fônico. Não há dúvida nenhuma de que é muito mais agradável ouvir a forma *com nós mesmos*, do que *conosco mesmos*. A mesma orientação se aplica a *nós próprios*:

> "Um livro sempre nasce de um longo encontro *com nós mesmos*."
> (Letícia Wierzchowski)

Nova Iorque / Nova York / New York.

Em português, escreve-se **Nova Iorque.** Quem quiser escrever à inglesa que o faça: é só grafar **New York**. O que não se deve fazer é misturar alhos com bugalhos, ou seja, fazer uso da grafia mista **Nova York,** como se vê amiúde em nossa imprensa.

Nove-horas.

Expressão que aparece na locução **cheio de nove-horas** para designar pessoas que se mostram excessivamente preocupadas com coisas pequenas ou situação de pouca importância, enfim, pessoas cheias de frescuras e de censuras.

A locução surgiu no século XIX, quando as pessoas, pressionadas pelas autoridades do Rio de Janeiro, eram obrigadas a se recolher às 9 horas.

Criaram-se, nesse período, uns versinhos ingênuos, mas que representavam com muita clareza a seriedade do costume da época. Os versos tinham por objetivo pedir, de forma pouco delicada, que as visitas se retirassem: *"Nove horas! Nove horas! Quem é de dentro, dentro! Quem é de fora, fora!"*

Num de seus melhores dias.

Exemplificando o erro: O goleiro não estava ***nos seus melhores dias.***

Quando uma pessoa não está desempenhando bem suas funções num determinado dia, diz-se que ela não está *num de seus melhores dias,* e não *nos seus melhores dias.*

Num e noutro.

A expressão **num e noutro**, assim como **um e outro**, constrói-se com o substantivo no singular e o adjetivo (se existir) no plural:

> *Num e noutro lugar modestos* havia coisas gostosas para comer e beber.

> *Um e outro livro bons* foram publicados no ano passado.

Nunca jamais.

Trata-se de uma negativa enfática aceitável, e encontradiça até em escritores clássicos:

> "Gostava muito das nossas antigas dobras* de ouro, e eu levava-lhe quantas podia obter; Marcela juntava-as dentro de uma caixinha de ferro, cuja chave *ninguém nunca jamais* soube onde ficava; escondia-a por medo dos escravos." (Machado de Assis)

> "*Ninguém nunca jamais* reconheceu..." (Rui Barbosa)

> "...*Nunca jamais* foi *nem sequer* aberto." (Castilho)

---

* Antiga moeda portuguesa.

O

Ó / oh.

Ó é interjeição vocativa. Emprega-se antes de um substantivo para *chamar, invocar, interpelar*: **Ó** *meu filho, não faça uma coisa dessas!*
Oh é interjeição exclamativa e expressa *espanto, surpresa, alegria, tristeza, admiração:* **Oh!** *até quando haverá políticos corruptos!*:

"Deus! ó Deus! onde estás que não respondes?" (Castro Alves, Vozes D'África.)

"*Oh!* que saudades que tenho / Da aurora da minha vida,

Da minha infância querida / Que os anos não trazem mais!..." (Casimiro de Abreu, *Meus oito anos.*)

O bom filho.

Exemplificando o erro: O bom filho **à** *casa torna.*

No jogo contra o Sport, que marcou a inauguração do Estádio Allianz Parque, o Palmeiras ia fazer uso de uma camisa especial. Nela, foi colocada em dourado, em volta do distintivo, a frase acima que elucida o erro.

Ocorre que antes da palavra **casa** (quando significa residência própria de quem fala) não se usa artigo; consequentemente, o fenômeno da crase não ocorre: *Fui a casa, peguei um casaco e voltei.*

ATENÇÃO! – O erro, no entanto, foi corrigido antes da partida. Mas os 35.939 torcedores que assistiram ao espetáculo viram o Palmeiras perder para o Sport por 2 a 0.

Se levarmos em conta o deslize linguístico, a derrota do Palmeiras foi um resultado perfeitamente compreensível. Até os torcedores mais fanáticos assimilaram o golpe com naturalidade.

☞ **Veja CRASE.**

O caixa / a caixa.

☞ **Veja CAIXA.**

Obedecer.

Obedecer e **desobedecer** usam-se com a preposição **a**: *Bons alunos sempre **obedecem aos** professores. Bons filhos nunca **desobedecem aos** pais.* Eis um exemplo divino e maravilhoso:

"Ao submeter-se ao batismo de João, Jesus está encarnando o desejo daqueles que anseiam por uma libertação radical do pecado e do mal e de um relacionamento sincero com Deus. Assume publicamente o desejo de *obedecer ao* Pai, que O enviou, até a cruz." (Reflexão Bíblica)

Obeso.

Pessoa excessivamente gorda. Pronuncia-se [*obêzo*] ou [*obézo*]: a primeira é a forma mais usual.

Obrigado.

Como fórmula de agradecimento, concorda em gênero e número com quem agradece, isto é, masculino singular ou feminino singular, masculino plural ou feminino plural: *obrigado pelo atendimento, obrigada* pela recepção, obrigad**os** pela gentileza, obrigad**as** pela cortesia.

Se o termo for substantivado, usar-se-á apenas o masculino singular: *o meu muito obrigado, o nosso muito abrigado*.

Obsoleto.

O termo é sinônimo de *arcaico, antigo, antiquado, fora de moda, que caiu em desuso*. Tanto pode ser pronunciado [**obsoléto**] quanto [**obsolêto**].

Obstáculo / desafio.

☞ **Veja VENCER OBSTÁCULOS.**

Octacampeão / octocampeão.

Apesar de a variante **octacampeão** encontrar-se listada no Caldas Aulete e no Dicionário Unesp, prefere-se o consensual **octocampeão**.

Octogésimo.

É assim que se escreve, e não *octagésimo*.

Óculo / óculos.

☞ **Veja DE CÓCORAS.**

Office boy.

Rapaz encarregado de tarefas simples num escritório ou na rua; *contínuo*. Quando se trata de menina, usa-se *office girl*. SEM HÍFEN EM AMBOS OS CASOS.

☞ **Veja ANGLICISMOS, pág. 358.**

Oitava de final.

No futebol, etapa de um torneio em que dezesseis times realizam oito jogos, buscando a classificação para as quartas de final.

As locuções **(oitava de final** e **quarta de final)** perderam o hífen com a implantação da reforma ortográfica.

Olheira / olheiras.

Ambos os modelos encontram registro na língua culta, embora a forma no plural seja mais comum. **Olheiras** (ou **olheira**) são *manchas escuras ou azuladas, que aparecem nas pálpebras inferiores, em consequência de doença ou cansaço.*

O Vocabulário Ortográfico da Língua Portuguesa consigna os termos no singular e no plural, e o Houaiss – seu fidelíssimo escudeiro –, no verbete **olheira**, dá a seguinte definição: *"Círculo escuro ao redor ou debaixo dos olhos (us. mais freq. no pl.)"*:

"Era essa pinta amarela sobre o fundo denegrido da *olheira*..."
(Júlia Lopes de Almeida, *A caolha*.)

"Andava tão estressada que nem a maquiagem era capaz de encobrir--lhe as *olheiras*." (Dic. Unesp)

Olimpíada / olimpíadas.

Alguns dicionários definem **olimpíada** e se limitam a informar que o termo pluralizado é mais usual. Estabelecem esse conceito como se não houvesse diferença, no caso em questão, entre o singular e o plural.

Os dicionários de credibilidade, contudo, fazem distinção entre uma e outra forma:

1. **Olimpíada** refere-se aos jogos olímpicos, que se realizavam na cidade de Olímpia, na Grécia antiga.

2. **Olimpíadas** são as competições esportivas internacionais, que se realizam, de quatro em quatro anos, no país escolhido pelo Comitê Olímpico Internacional.

Ombrear.

Exemplificando o erro: Nenhum jogador **ombreou-se a** *Pelé.*

O verbo ombrear não é pronominal. Emprega-se com a preposição **com**, e não com **a**. Portanto, a verdade seja dita: *Nenhum jogador* **ombreou com** *Pelé.*

Omeleta / omelete.

Ambas as formas existem e são substantivos femininos. A primeira é mais usada em Portugal; pronuncia-se [**omelêta**].

☞ **Veja APENDICITE.**

Onde / aonde / donde.

☞ **Veja AONDE.**

Onde a coruja dorme.

Exemplificando o erro: A bola entrou **onde a coruja dorme**. ... Será que entrou mesmo?

Coruja que é coruja – qualquer uma das 200 espécies existentes em todo o mundo – quando se encontra em estádios de futebol, costuma repousar *sobre* (e não *sob*) o travessão (barra horizontal que liga as traves do gol).

Assim, dizer que *a bola entrou onde a coruja dorme* é, no mínimo, confundir ave de rapina noturna com mamífero voador.

Seria mais ajuizado dizer que *a bola entrou no ângulo superior* ou *na forquilha*, como costumam narrar os locutores sóbrios.

Ortografia correta.

*Exemplificando o erro: Pouca gente sabe a **ortografia correta** de alguns anglicismos.*

Ortografia *é o conjunto das normas que estabelecem a grafia correta das palavras.* Logo, dizer ortografia correta é cometer redundância. **Orto** significa *correto, direito, normal, justo.* Corrija-se para: *Pouca gente sabe a **grafia correta** de alguns anglicismos.*

Os Estados Unidos.

Substantivos próprios, precedidos por artigo (no plural), requerem o verbo no plural: *Os Estados Unidos **tornaram-se** uma superpotência. As Filipinas **são** o sétimo país mais populoso da Ásia. Os Andes se **estendem** desde a Venezuela até a Patagônia.*

ATENÇÃO! – Não havendo artigo no plural, o verbo fica no singular: *Campinas possui um dos maiores aeroportos do País. Se fosse independente, o Amazonas seria o décimo oitavo país do mundo em extensão territorial.*

Em se tratando de obras literárias, podemos usar o verbo no plural (concordância gramatical), ou no singular (concordância ideológica – referindo-se à palavra **obra**): *Os lusíadas **são / é** um poema épico.*

Ouros.

*Exemplificando o erro: O **valete de ouro** desse baralho está rasgado.*

Naipe é o termo que se usa para classificar cada um dos quatro símbolos com que se distinguem os quatro grupos das cartas do baralho. São eles: *ouros, copas, espadas* e *paus* (sempre no plural). Corrigindo o exemplo, temos: *O* **valete de ouros** *desse baralho está rasgado*.

☞ Veja DE CÓCORAS.

Outra alternativa.

Os gramáticos mais diligentes veem redundância nessa expressão. Dizem que a ideia de *outra* já está contida no elemento inicial *alter,* que em latim significa *outro*. Sugerem que usemos *alternativa* (apenas) ou *outra opção, outra escolha, outro recurso*.

ATENÇÃO! – Seguindo esse modelo de linguagem, convém evitar a expressão **única alternativa**, que deve ser substituída por *única saída, única opção, única escolha, único recurso,* etc.

Ovo estrelado.

Essa é a maneira correta para se referir ao ovo frito sem ser mexido, e não *ovo estralado* ou *estalado*.

P

Pagar na mesma moeda.

*Exemplificando o erro: O torcedor, que agredira o árbitro, foi agredido pelo auxiliar: pagou **com** a mesma moeda.*

Esse erro foi visto numa manchete de jornal, e na notícia se via repetido; não era, pois, cochilo do revisor: era a ignorância sacramentada, não há dúvida.

Quando se pretende retribuir a alguém uma ação, do mesmo modo, usa-se a expressão *pagar **na** mesma moeda*, e não *pagar **com** a mesma moeda*.

Senhor cronista, consulte um dicionário de regência verbal e veja a quantas anda seu conhecimento a respeito do assunto.

País (maiúscula ou minúscula?)

☞ Veja NOSSO PAÍS.

Paisinho / Paizinho.

O primeiro termo é o diminutivo de **país**: *Tuvalu, ou Ilhas de Tuvalu, é um **paisinho** de 11 mil habitantes, localizado na Polinésia;* o segundo é o diminutivo de **pai** (maneira carinhosa pela qual uma criança se dirige ao pai, especialmente quando quer ganhar algum mimo): ***Paizinho**, posso usar seu computador?*

A distinção destas palavras não está apenas na grafia. Existe diferença também na pronúncia. Em **paizinho** há um ditongo (encontro de duas vogais na mesma sílaba): [*pai-zi-nho*]; em **paisinho**, há um hiato (sequência de duas vogais em sílabas diferentes): [*pa--i-si-nho*].

ATENÇÃO! – Na formação dos diminutivos, a terminação **inho** aparece depois da letra **s**, que deve fazer parte da palavra primitiva: *casa, casinha; mesa, mesinha; país, paisinho.*

Nos demais casos, a terminação **inho** será introduzida pela letra **z**: *coração, coraçãozinho; mãe, mãezinha; pai, paizinho; boné, bonezinho.*

EM TEMPO: Esta regra só vale para a terminação **inho** precedida do som de **z**, como em *asinha* e *anelzinho*. Não havendo esse som, emprega-se **inho** em vários outros casos: *cachorrinho, gatinho, ratinho, ferrinho, galinho, mineirinho, baianinho, dinheirinho, carrinho, menininho,* etc.

Panorama geral.

*Exemplificando o erro: No intervalo, teremos um **panorama geral** deste primeiro tempo.*

Quantas não foram as vezes em que ouvimos essa superabundância no rádio e na televisão!

Pan é palavra grega que corresponde ao nosso pronome neutro **tudo**. **Orama** (também de origem grega) significa *vista, aquilo que se vê, espetáculo*. Se **panorama** é sinônimo de *visão total*, qual é a função do termo **geral** na frase criticada? Nenhuma: é erva daninha, não há dúvida.

Papai Noel / papai-noel.

Papai Noel (com iniciais maiúsculas e sem hífen) é a personagem lendária, representada por um velho gordinho de barbas brancas e roupas vermelhas que, na noite de Natal, distribui presentes: *A criança pendurou uma meia, atrás da porta, na esperança de que Papai Noel lhe trouxesse algum presente.*

Porém, quando se trata de uma pessoa fantasiada de Papai Noel, grafa-se **papai-noel** (com inicial minúscula e com hífen): *Na loja, havia um papai-noel abraçando as crianças. No clube, havia dois papais-noéis.*

ATENÇÃO! – É bom lembrar que **papai-noel,** além do exposto, é sinônimo de *presente de natal:*

"Não sei o que vou escolher de **papai-noel**". (Houaiss)

Para / a.

☞ Veja IR A.

Para-choque / pára-choque.

Antes da nova reforma, grafava-se ***pára-choque;*** hoje, **para** (forma do verbo parar) não leva mais o acento. Outras palavras que perderam o acento são: *para-raios, para-brisa, para-lama, para-balas, para-sol, para-muro, para-chuva,* etc.

ATENÇÃO! – Em que pesem as palavras, acima mencionadas, terem perdido apenas o acento agudo, segundo a nova reforma, o termo ***pára-quedas*** sofreu mudança mais drástica: perdeu o acento e o hífen, e transformou-se em *paraquedas*, assim como, *paraquedista* e *paraquedismo*.

Para frente / para atrás.

*Exemplificando o erro: Time que quer vencer joga **para frente**, e não **para atrás**.*

Repórter que quer ter sucesso na profissão diz e escreve **para a frente**; caso contrário, vai acabar ficando **para trás**.

A expressão **para a frente** não abre mão do artigo **a**; quando houver preposição, a forma a ser usada é **trás**, e não **atrás**:

> Kaká joga melhor quando vem *de trás*.
> Da intermediária *para a frente*, o time está perfeito.
> Da intermediária *para trás*, o time deixa muito a desejar.

ATENÇÃO! – O termo **pra** (sempre sem acento*) é usado para reproduzir frases populares, tanto para designar *para* como *para a*:

> "Toca *pra* frente, berrou o cabo." (G. Ramos, *Vidas secas*.)
> "Vou-me embora *pra* Pasárgada / Lá sou amigo do rei..."
> (Manuel Bandeira.)

Parasita / parasito.

É preciso muita cautela para estabelecer alguma diferença (se é que existe) entre esses dois termos.

Alguns gramáticos mais afoitos afirmam que **"parasita** é denominação exclusiva de certas plantas; para pessoas e animais, usa-se **parasito"**. Ledo engano.

Confesso que não sei com que autoridade certas pessoas doutrinam sobre questões vernáculas.

---

* "A rigor, constituindo, como constitui, um monossílabo tônico terminado em **a**, devia ser acentuado." (Aurélio)

Quando dúvidas nos assaltam com relação ao gênero de algumas palavras, temos de recorrer a fontes fidedignas, que são os bons dicionários de que a língua dispõe.

Eis alguns registros de nossos melhores léxicos da atualidade:

1. Depois de definir bem o que é um **parasito**, o dicionário Aurélio – Século XXI, fecha o verbete com a seguinte frase (em itálico): *"A forma de maior uso é **parasita**"*.

2. O Dicionário escolar da ABL diz que *"parasito é pessoa que vive na ociosidade à custa de outrem ou da sociedade"*. Ao final do verbete, após as duas barras verticais, ||, que significam *variante*, aparece o termo *parasita*.

3. No verbete **parasita**, o Novíssimo Aulete define o termo como *"indivíduo que vive à custa de outrem"*. Depois, conclui: *"Também (menos usado) **parasito**"*.

4. No Grande dicionário unificado da língua portuguesa, não há definição no verbete **parasito**; há apenas o seguinte registro: *"adj. e s.m"*. Contudo, ele remete o leitor ao termo **parasita**, onde se lê: *"Indivíduo que não trabalha, que vive à custa alheia"*.

Além dos léxicos, temos de ler, e ler coisas boas, pois observando os grandes escritores é que se aprendem os segredos da boa linguagem. Aduzo, aqui, dois exemplos clássicos:

"E eu, tantas vezes reles, tantas vezes porco, tantas vezes vil / Eu tantas vezes irresponsivelmente *parasita* / Indesculpavelmente sujo..." (Fernando Pessoa, *Poema em linha reta*.)

"Ora, que os '*parasitas* sociais' são 'pobre gente', não devemos negar. Talvez esta seja a pior espécie de 'pobreza', que de longe não se compara à 'pobreza' caracterizada pela falta de recursos financeiros."

"Os '*parasitas* sociais' são indivíduos que, apesar de viverem regaladamente, somente agravam as diferenças socioeconômicas acentuando a percepção da miserabilidade dos que vivem à margem da sociedade."
(Machado de Assis)

CONCLUSÃO: Diante do exposto, deduz-se que ambas as formas podem ser empregadas, indiferentemente, (tanto para se referir a plantas quanto a pessoas), em que pese a caturrice de alguns gramatiqueiros.

Pé de laranjeira.

A forma correta é **pé de laranja** ou **laranjeira**.

Usa-se **pé de** + *o nome da fruta*, e não *o nome da árvore*:

pé de laranja ou laranjeira
pé de jaca ou jaqueira
pé de goiaba ou goiabeira

pé de mamão ou mamoeiro
pé de maçã ou macieira
pé de banana ou bananeira

Pé-de-meia / pé de meia.

A forma correta é a primeira. **(Veja a observação abaixo.)**

Por via de regra, emprega-se o hífen nos compostos que designam espécies botânicas (planta e fruto) e zoológicas, estejam ou não ligados por preposição ou qualquer outro elemento:

bem-te-vi
bem-te-vi-araponga
bem-te-vi-cabeça-de-estaca
bem-te-vi-de-cabeça-rajada
bênção-de-deus

erva-de-rato-de-são-paulo
ervilha-de-cheiro
fava-de-santo-inácio
lírio-da-serra
pimenta-do-reino

ATENÇÃO! – Não se emprega o hífen nas locuções, sejam elas substantivas *(calcanhar de aquiles)*, adjetivas *(lírio do campo)*, pronominais *(quem quer que seja)*, adverbiais *(à toa)*, prepositivas *(a fim de)*, ou conjuncionais *(ao passo que)*, salvo algumas exceções já consagradas pelo uso, como: à queima-roupa, água-de-colônia *(mas* **água de cheiro**, sem hífen*)*, ao deus-dará, arco-da-velha, cor-de-rosa, mais-que-perfeito, **pé-de-meia**.

☞ Veja USO DO HÍFEN, pág. 373.

Pegado / pego.

São formas participiais do verbo **pegar**. A primeira se usa com **ter** e **haver**; a segunda, com **ser** e **estar**: *Quando a polícia chegou, os moradores da vizinhança já* **tinham pegado** *o bandido. O malandro* **foi pego** *com a boca na botija.*

Em autores clássicos, vez por outra, depara-se-nos a desobediência gramatical:

"... Escravo que fugia assim, onde quer que andasse, mostrava um reincidente, e com pouco era pegado." (Machado de Assis)

☞ Veja IMPRESSO.

Pensar em.

Exemplificando o erro: O Corinthians **pensa em** *contratar Ronaldo.*

Usa-se **pensar em** para se referir a uma pessoa (ou coisa) que está no pensamento: *O Corinthians* **pensa em** *Ronaldo*. Quando o objeto de pensar (= pretender) for um infinitivo, não haverá preposição: *O Corinthians* **pensa contratar** *Ronaldo*:

"Mediu-o pela estatura dos criminosos vulgares, e pensou matá-lo." (Camilo)

"Esqueci pai, irmão e sangue para *pensar em ti*." (Rebelo da Silva)

ATENÇÃO! – Não custa nada lembrar que **pensar** também significa *tratar, aplicar curativo a*:

Dona Júlia costumava *pensar* as feridas dos netos.

"As grandes mãos da sombra evangélicas *pensam* as feridas que a vida abriu em cada peito." (Manuel Bandeira, Crepúsculo de outono.)

Pequenez / pequinês.

Ambas estão corretas, mas não são equivalentes. Emprega-se a terminação **ez** quando a palavra é derivada de adjetivo:

pálido – palidez
malvado – malvadez
embriagado – embriaguez
estúpido – estupidez

A palavra termina em **es** quando é derivada de substantivo:

montanha – montanhês
corte – cortês
Portugal – português
campo – camponês

Portanto, pequenez escreve-se com **z** porque é oriundo de pequeno. Logo, significa *qualidade do que é pequeno*: A **pequenez** do presente deixava a criança abatida e melancólica.

Pequinês grafa-se com **s** porque é proveniente de Pequim, capital da china: *A bicicleta é o meio de transporte mais usado pelos* **pequineses**.

ATENÇÃO! – O termo **pequinês** refere-se também a uma raça de cãezinhos felpudos; **pequenez**, além do que já foi mencionado, tem o sentido de baixeza, mesquinhez:

"Nunca o julguei capaz de tamanha *pequenez*." (Francisco Fernandes, Dicionário de sinônimos e antônimos.)

Pequenos detalhes.

Essa redundância salta aos olhos: não existem *grandes detalhes*.

☞ Veja CANJA DE GALINHA.

Pequi / piqui.

Os termos são equivalentes: referem-se ao fruto oleaginoso e de polpa alaranjada do *pequizeiro* (ou *piquizeiro*). Símbolo da cultura e da culinária dos estados de Goiás e Minas Gerais. O **pequi** (ou **piqui**) é encontrado no serrado de vários estados brasileiros, e é utilizado na fabricação de licor e como condimento. Diz-se também *pequim*.

Lembram-me, neste instante, as palavras sensatas do grande paladino padre José F. Stringari:

"*Como é rica nossa língua! E quanta coisa nela não há que de nós anda de todo em todo desconhecida!*"

Perca / perda.

Perca é forma do subjuntivo do verbo *perder*: A mãe espera que a filha não **perca** a chance de ingressar na universidade. **Perda** é substantivo equivalente a *prejuízo, dano*: A **perda** do título deixou a torcida enfurecida.

Usar **perca,** no último exemplo, é cometer erro grosseiro.

ATENÇÃO! – O uso de **perca** no lugar de **perda** já não é privilégio de gente ignorante. Nossos dicionários modernos fazem coro com as pessoas iletradas e registram **perca** como sinônimo de **perda** na linguagem informal. E não são dicionários desprezíveis, não; muito pelo contrário, são léxicos de extrema qualidade do nosso vernáculo. Não sabemos, porém, se se trata de uma tendência ou se é apenas uma constatação.

Por ora, no caso em apreço, *perca* é verbo e *perda* é substantivo: o que passa disto é de procedência obscura.

Vale lembrar que **perca** só é substantivo quando se refere uma espécie de peixe de água doce.

Perder para.

*Exemplificando o erro: O São Paulo perdeu **do** Corinthians.*

Aqui, o único absurdo está por conta da preposição. O verbo **perder** exige a preposição **para**, e não **de**. O verbo **ganhar** é que pede a preposição **de**: *O São Paulo perdeu **para** o Corinthians. O Corinthians ganhou **do** São Paulo.*

☞ Veja EMPATAR.

Petro-Sal / Petrossal.

Não há dúvida de que a grafia da estatal é Petro-Sal. Daí dizer que se trata de uma formação perfeita são outros quinhentos. Os nomes de empresas, assim como as siglas, são flutuantes e a ABL não legisla sobre eles, mas recomenda que sigam as regras ortográficas estabelecidas para os nomes comuns. Ora, se a língua tem **petrossílice** (*rocha proveniente da massa vulcânica*) e

petrossilicoso *(que diz respeito a petrossílice)*, por que não grafar **Petrossal** em vez de **Petro-Sal**?

☞ **Veja COMGAS.**

Piloto / pilota.

Piloto é substantivo sobrecomum, ou seja, apresenta um só gênero gramatical para designar pessoas de ambos os sexos:

"Essa atriz já foi *piloto* de corridas." (Dic. Unesp)

Pilota não existe como feminino de **piloto**, mas sim como substantivo autônomo, com o significado de *estafa* (exaustão provocada por extensa caminhada). Ainda significa *derrota, revés, perda, prejuízo*, etc.:

"Levou uma *pilota* no jogo de cartas." (Dic. Houaiss)

Pique / pico.

*Exemplificando o erro: No horário de **pique**, é insuportável dirigir em São Paulo.*

Nas grandes cidades, a maior afluência de veículos ocorre em horários de entrada e saída do trabalho. Esse período é conhecido como *horário de 'rush'*, ou *horário de pico*, mas nunca *horário de pique*.

Plural dos adjetivos compostos.

Quando o composto terminar em adjetivo, só o último adjetivo recebe <u>s</u>:

menino *mal-educado*	⟶	meninos *mal-educados*
vestido *azul-claro*	⟶	vestidos *azul-claros*
menina *moreno-clara*	⟶	meninas *moreno-claras*
camisa *verde-escura*	⟶	camisas *verde-escuras*

Excepcionalmente, *surdo-mudo* faz o plural *surdos-mudos*.

ATENÇÃO! – Ambos os termos ficam invariáveis quando o segundo elemento é substantivo:

> camisas *amarelo-limão*
> blusas *verde-abacate*
> calças *verde-mar*

Sempre que a cor for representada por nome de fruta, animal, flor, pedra, etc. (mesmo não sendo adjetivo composto) nunca será flexionada:

> duas blusas *pavão*
> três meias *limão*
> alguns sapatos *gelo*

Azul-marinho, azul-celeste, furta-cor, cor-de-rosa e **ultravioleta** são adjetivos invariáveis.

Polue / polui.

*Exemplificando o erro: Este produto não **polue** o **meio-ambiente**.*

O tal produto pode não poluir o meio ambiente, mas a língua já ficou emporcalhada.

Os verbos terminados em **uir** (**possuir, usufruir, instruir**) e **air** (**sair, cair**) escrevem-se com **i** na segunda e terceira pessoas do indicativo: *ele polui, você usufrui, tu cais, ele sai,* etc.

Outra mácula: **meio ambiente** não se grafa com hífen (nem agora, nem na velha ortografia). ... E se Machado de Assis estivesse vivo, com certeza diria (sem exagero): *"Nunca, jamais, em tempo algum!"*

ATENÇÃO! – Os verbos terminados em <u>uir</u> em que a letra **u** não é pronunciada, como em **seguir, conseguir, perseguir**, escrevem-se com **e** em vez de **i**: *ele segue, você consegue, tu persegues.*

☞ **Veja INCLUE.**

Ponte elevadiça / ponte levadiça.

O correto é *ponte levadiça*. (Ou se diz apenas *levadiça*.)

O que passa disto é de proveniência vulgar.

Ponto e vírgula / ponto-e-vírgula.

Antes da reforma ortográfica, havia *ponto-final, ponto-de-exclamação, ponto-e-vírgula, ponto-de-interrogação, dois-pontos.* Com a chegada da reforma, apenas *ponto-final* e *dois-pontos* mantiveram o hífen. O resto está liberado. Plural: *ponto e vírgulas* ou *pontos e vírgulas.*

Por conta de / devido a.

Alguns escritores ranhetas negam, sem motivo, autenticidade à segunda locução, já legitimada pelo uso. **Devido a** é expressão equivalente a *por conta de, em virtude de, em razão de, em consequência de, por causa de,* em que pese a certos gramaticões. Aqueles que criticam quem usa **devido a** devem também, por coerência, crucificar as seguintes autoridades:

    DIC. MICHAELIS: "O tempo refrescou, *devido à* chuva."

    DIC. HOUAISS: "Não continuaram *devido à* falta de visibilidade."

    DIC. ESCOLAR DA ABL: "*Devido ao* calor, dormi mal esta noite."

    DIC. AULETE: "O jogo foi adiado *devido ao* mau tempo."

CEGALLA: "Nordestinos abandonaram o campo, *devido às* secas."
ODILON SOARES LEME: "*Devido ao* imprevisto que surgiu, ..."
NISKIER*: "Decidiu renunciar *devido à* repercussão do escândalo."

Se essas autoridades são por nós, quem será contra nós?

☞ **Veja DADO.**

Pôr do sol / pôr-do-sol.

A forma correta é **pôr do sol**. A grafia *pôr-do-sol* entrou em desuso quando o novo Acordo Ortográfico foi estabelecido em janeiro de 1990.

ATENÇÃO! – É de notar que o vocábulo **sol,** no caso em estudo, não deve ser escrito com letra maiúscula. Sempre que fizer parte de uma locução, será grafado com minúscula.

☞ **Veja LUA.**

Por inteiro / por inteira.

Não existe a expressão **por inteira;** o que a língua tem é **por inteiro,** que significa *completamente*: *A bola fica fora de jogo quando ela sai por inteiro.*

Por hora / por ora.

Por hora é o mesmo que *por um período de uma hora*: *No mundo, morrem cerca de 11000 pessoas* **por hora.**

---

* Arnaldo Niskier é membro da Academia Brasileira de Letras. Foi presidente da ABL de 1997 a 1999. Autor de mais de 20 livros, dos quais destacamos, aqui, *Questões práticas da língua portuguesa* – um guia prático para quem deseja conhecer melhor a língua portuguesa.

Por ora tem o sentido de *por enquanto, por agora, até o momento*: *Por ora, é o que temos para lhe oferecer.*

Por que / por quê / porque / porquê.

*Exemplificando o erro: Ninguém entendeu **porque** o Brasil perdeu de 7 a 1 para a Alemanha.*

Embora seja tarefa relativamente fácil, o uso dos **porquês** ainda atormenta muita gente da imprensa. Na oração, em tela, devemos grafá-lo separadamente. Só juntamos os dois elementos em duas situações:

a) Quando se trata de uma resposta ou explicação: *Comeu **porque** estava faminto.*

b) Quando funciona como substantivo. (Neste caso, vem sempre precedido de artigo e deve ser acentuado): *As crianças adoram saber **o porquê** das coisas.*

Quando **por que** equivaler a *por qual motivo*, como no caso em estudo, grafa-se separadamente. Se a palavra **que** bater contra um ponto, deverá ser acentuada (independentemente de sua função):

Você está chorando. *Por quê?*
Você está chorando. *Diga-me por quê.*

ATENÇÃO! – Veja quando se usa, de forma excepcional, **porque** (junto) numa pergunta:

– Professor, amanhã não virei à aula.
– **Porque** vai a uma festa?
– Não. Porque vou ficar doente.

Por si só.

*Exemplificando o erro: Os exemplos, **por si só**, são autoexplicativos.*

Por si só não é uma expressão invariável. No caso vertente, equivale a *por si mesmos* ou *por si próprios*. Aqui, **só** é adjetivo; deve concordar, portanto, com o substantivo a que se refere: *Os exemplos, **por si sós**, são autoexplicativos*. Portuguesmente, é assim que se expressa:

> "Nem as feições que eram ainda concertadas, nem os cabelos, que eram pretos (salvo meia dúzia de fios escondidos), podiam *por si sós* denunciar a realidade; mas a realidade existia; ela era, enfim, avó."
> (Machado de Assis, *Uma senhora*.)

Por sob / por sobre.

Esses encontros de preposições, embora limitados a alguns rasgos de eloquência, dão um encanto muito especial à comunicação, e a cada passo são empregados por escritores de boa pena.

Mestre Aurélio, por exemplo, explica que a preposição **por** "entra na formação de numerosas locuções adverbiais, prepositivas e conjuntivas: *por cima, por baixo, por fora, por então, por certo; por sobre, por entre, por meio de, por causa de, por mais que, por menos que*".

Eis alguns exemplos que ratificam o uso das locuções em análise:

> "Eu sou do tempo em que a mulher nem mostrava o tornozelo; que pelo! Depois, já rapazinho, vi as primeiras pernas de mulher *por* sob a curta saia, que gandaia!" (Millôr Fernandes, *Louvor ao striptease secular*.)

> "O jato voava por sobre as nuvens." (Dic. Unesp)

> "Queria sentir a emoção de deslizar por sobre a neve." (Idem)

"E o destemido escudeiro, sem se importar com os outros, mergulhou por sob as árvores e apresentou-se arrogante em face do tigre." (José de Alencar, *O guarani*.)

Porisso / apartir de / derrepente.

Não acredito que pessoas lúcidas façam uso desse modelo de grafia. Mas para descargo de consciência, fica aqui o registro para que alguns leitores menos atentos não cometam sandices de tal magnitude. Os erros são tão grosseiros que dispensam comentários. O exemplo a seguir, por si só, diz tudo:

De repente tive uma ideia genial: não quero mais ser empregado; *por isso* mesmo, *a partir de* amanhã, vou abrir meu próprio negócio.

Porta-luva / porta-luvas.

Alguns "gramáticos" tentam resolver esta questão da seguinte forma: "Construções desse tipo fazem-se com **porta + hífen + um substantivo no plural** (sempre que for possível a ocorrência, no plural, desses substantivos":

porta-agulhas	porta-cartas	porta-joias	porta-níqueis
porta-aviões	porta-cigarros	porta-jornais	porta-notas
porta-cachimbos	porta-chaves	porta-lenços	porta-ovos
porta-canetas	porta-chapéus	porta-livros	porta-retratos
porta-cartões	porta-garrafas	porta-moedas	porta-seios

ATENÇÃO! – Essa regra não reflete a realidade. Nem todos os termos compostos por **porta + hífen + substantivo** são substantivos masculinos de dois números: Eis alguns vocábulos que abonam tal afirmação:

porta-broca s.m.; pl. porta-brocas
porta-caixa s.m.; pl. porta-caixas
porta-cardápio s.m.; pl. porta-cardápios
porta-frasco s.m.; pl. porta-frascos
porta-fronha s.m.; pl. porta-fronhas
porta-isca s.m.; pl. porta-iscas

porta-lanterna s.m.; pl. porta-lanternas
porta-leque s.m.; pl. porta-leques
porta-marmita s.m.; pl. porta-marmitas
porta-objeto s.m.; pl. porta-objetos
porta-relógio s.m.; pl. porta-relógios
porta-sonda s.m.; pl. porta-sondas

EM TEMPO: Na dúvida, consulte um bom dicionário.

Preeminente / proeminente.

Preeminente significa *distinto, nobre, que ocupa lugar mais destacado*. **Proeminente** é *tudo aquilo que está acima do que o circunda, que sobressai, que é saliente:*

Shakespeare foi um escritor *preeminente*.
O Juca tem nariz e olhos *proeminentes*.

Como se pode observar, **preeminente** refere-se ao intelecto; **proeminente**, ao aspecto físico.

ATENÇÃO! – O que ficou exposto é a melhor trilha a seguir (por ser o modelo preferido dos grandes escritores). Não custa lembrar, porém, que a grande maioria dos dicionários (para não dizer quase todos) recomenda o uso de **proeminente** tanto no sentido físico quanto no aspecto intelectual:

"Queixo *proeminente*." (Houaiss)
"Os cidadãos *proeminentes* desta cidade." (Idem)

Prestes a (+ infinitivo).

*Exemplificando o erro: O Blackburn e o Manchester estão prestes a **decidirem** o Campeonato Inglês.*

Quando o infinitivo vier precedido por preposição (e for complemento de um adjetivo ou substantivo) deverá usar-se, de preferência, na forma impessoal: *O Blackburn e o Manchester estão **prestes a decidir** o Campeonato Inglês.*

Mais exemplos análogos:

"... Na Igreja primitiva foi o termo utilizado para descrever o testemunho dos mártires, quando eles estavam *prestes a dar* respostas às suas mortes." (José A. Cardoso, *Um amigo misterioso*.)

"Estamos *prontos a revelar* essa origem ao governo." (Rui Barbosa, *Queda do império*.)

Pretensioso.

Não são raras as vezes em que se veem, por aí, **pretenção** e **pretencioso** com **c**, quando o certo é com **s**.

Quando um verbo termina em **nder**, o substantivo deve ser grafado com **ns**:

acender	→	acensão (= acendimento)
ascender	→	ascensão (= subida, elevação)
apreender	→	apreensão, apreensivo
compreender	→	compreensão, compreensivo
distender	→	distensão
pretender	→	pretensão, pretensioso
propender	→	propensão, propenso
repreender	→	repreensão, repreensivo

ATENÇÃO! – **Estender** é com **s**; **extensão** e **extensivo**, porém, grafam-se com **x**. (ESTA É A LÍNGUA PORTUGUESA, COM CERTEZA.)

Prevenir / previnir.

O verbo que indica *evitar, preparar-se com antecedência, acautelar-se, precaver-se* é **prevenir**, que é derivado do verbo latino *venire;* assim como os adjetivos *prevenido* e *desprevenido*. **Previnir** é termo que os clássicos nunca jamais usaram:

"É melhor prevenir do que remediar." (Dito popular)

"Os alimentos ferrosos previnem contra a anemia." (Dic. escolar da ABL)

Prever / provir / prover.

1. **Prever** significa *ver com antecedência*; é derivado de **ver**, e por ele se conjuga: *prevejo, prevês, prevê, prevemos...:*

"Só não *previu* o *imprevisto*." (R. de Mattos, *Coletânea de contos*.)

Os economistas preveem que o crescimento econômico ainda vai demorar.

2. **Provir** expressa *a consequência de* ou *a origem de;* deriva-se de **vir**, e se conjuga exatamente como ele: *provenho, provéns, provém, provimos...*

"Segundo a Bíblia, a humanidade provém de Adão e Eva." (Aurélio)

As línguas portuguesa, italiana, francesa, espanhola e romena provêm do latim.

3. **Prover** é *abastecer, fornecer, suprir, providenciar*. Sua conjugação não segue o verbo **ver** ao pé da letra*:

"Prover às necessidades do hospital." (C. Figueiredo, *apud* Francisco Fernandes.)

"As colônias americanas proveram a Europa de açúcar." (Aurélio)

---

* Veja, na íntegra, a conjugação do verbo PROVER na página seguinte.

PROVER

INDICATIVO

PRESENTE	PRETÉRITO IMPERFEITO	FUTURO DO PRESENTE	FUTURO DO PRETÉRITO	PRETÉRITO PERFEITO	PRETÉRITO MAIS-QUE--PERFEITO
provejo	provia	proverei	proveria	provi	provera
provês	provias	proverás	proverias	proveste	proveras
provê	provia	proverá	proveria	proveu	provera
provemos	províamos	proveremos	proveríamos	provemos	provêramos
provedes	províeis	provereis	proveríeis	provestes	provêreis
proveem	proviam	proverão	proveriam	proveram	proveram

SUBJUNTIVO

PRESENTE	PRETÉRITO IMPERFEITO	FUTURO
proveja	provesse	prover
provejas	provesses	proveres
proveja	provesse	prover
provejamos	provêssemos	provermos
provejais	provêsseis	proverdes
provejam	provessem	proverem

IMPERATIVO AFIRMATIVO
—
provê
proveja
provejamos
provede
provejam

FORMAS NOMINAIS

INFINITIVO FLEXIONADO	GERÚNDIO	PARTICÍPIO
prover	provendo	provido
proveres		
prover		
provermos		
proverdes		
proverem		

Primeira-dama / primeiro-cavalheiro.

Primeira-dama é a esposa de um governante, seja ele prefeito, governador ou presidente da República. Trata-se de um substantivo feminino sem forma correspondente no masculino. Assim, dizer que *primeiro-cavalheiro* é o masculino de **primeira-dama** é tolice que não se admite nem em conversa de botequim de quinta categoria.

Primeiranista / primeiroanista.

Para se referir a um estudante do primeiro ano de um curso (sobretudo universitário), diz-se **primeiranista,** e não *primeiroanista*.

Os dicionários, em geral, registram até *sextanista*; o Volp, no entanto, vai além e lista até *oitavanista*.

Agora, se você é curioso e deseja saber o que vem depois de *oitavanista*, é melhor perguntar lá no posto... Sim, naquele onde as pessoas encontram todas as informações de que precisam. (A propaganda é de graça.)

Pronomes oblíquos.

Com referência à colocação pronominal, os pronomes objetivos podem ocupar três posições numa oração:

    a) Antes do verbo (PRÓCLISE)
    b) Depois do verbo (ÊNCLISE)
    c) No meio do verbo (MESÓCLISE)

PRÓCLISE

Usa-se a próclise quando, antes do verbo, houver um termo que atraia o pronome, como *palavras negativas, pronomes relativos, pronomes indefinidos, pronomes demonstrativos, advérbios* ou *conjunções subordinativas:*

Nunca se falou tanto de corrupção.
Este é o livro a *que me* refiro.
"Na natureza *nada se* cria, *tudo se* transforma."
Isso me deixa irritado.
Ela *sempre me* disse a verdade.
Quando me disseram o que aconteceu, fiquei muito aborrecido.

ATENÇÃO! – Havendo pausa depois do advérbio, usa-se **ênclise**, e não **próclise**: *Agora, **diga-me** o que aconteceu.*

CASOS ESPECIAIS DE PRÓCLISE

1. Entre a preposição **em** e o **gerúndio:**

   Em se plantando, tudo dá.

2. Nas orações exclamativas e nas optativas (orações que expressam desejos):

   Deus *te abençoe*. (optativa)
   Como *se vive* bem ali! (exclamativa)

3. Quando a forma verbal é proparoxítona:

   Nós *o ajudávamos* sempre que podíamos.

4. Quando o verbo vier no futuro (do presente ou do pretérito) e o sujeito estiver expresso:

   Eles *se lembrarão* de nós para sempre.

ÊNCLISE

Usa-se a ênclise quando o verbo que inicia a oração não está no futuro:

Diga-me o que deseja.

ATENÇÃO! – Segundo a norma culta de nossa língua, não se deve iniciar uma oração com um pronome oblíquo. Portanto construções como *me dê dinheiro* e *me ajude por favor* só podem ser aceitas na comunicação descontraída.

CASOS ESPECIAIS DE ÊNCLISE

1. Quando o verbo está no gerúndio:

    Os alunos deixaram a escola *queixando-se* dos professores.

2. Nas orações interrogativas, com o verbo no infinitivo:

    Onde *encontrá-lo*?

3. Quando houver pausa depois do advérbio:

    Agora, *lembram-se* dos eleitores.

4. Nos casos de **predicativos** e **objeto pleonástico:**

    Inteligente, *era-o* demais.
    À criança, *deu-lhe* atenção a mãe.

MESÓCLISE

A mesóclise é usada apenas quando o verbo estiver no futuro (do presente ou do pretérito):

    Fá-lo-ia tudo outra vez se necessário fosse.

CASOS FACULTATIVOS

1. Com verbo auxiliar + infinitivo:

    Devia preparar-me para o vestibular.

ou

Devia-me preparar para o vestibular.

2. Verbo auxiliar + gerúndio:

As esperanças se foram acabando.

ou

As esperanças foram-se acabando.

ou ainda

As esperanças foram acabando-se.

3. Com verbo auxiliar + particípio:

Os livros *foram-me* entregues ontem.

ou

Os livros *me foram* entregues ontem.

ATENÇÃO! – Nunca use pronome oblíquo após particípio. Se alguém tivesse a ousadia de dizer: *"Os livros foram **entregues-me** ontem"*, seria um desconchavo sem precedentes.

Prova dos nove.

*Exemplificando o erro: Agora vai falar o comentarista da prova dos **nove**.*

De um comentarista desses não se pode esperar muita coisa. A prova que todos aprendemos na escola chama-se *prova dos noves*.

Em geral, os numerais não se flexionam: comprei *sete livros e oito canetas*. Porém, os algarismos, quando usados como substantivos, flexionam-se em número, ou seja, vão para o plural. Os que terminam em **s**, **z** e **l** não sofrem variação: *dez, dois, três, seis* e *mil*:

"É hora da *prova dos noves*." (Arnaldo Niskier)

"Vamos tirar a prova real, que a *dos noves* já tenho." (Dic. Unesp)

ATENÇÃO! – Os dicionários Aurélio e o novíssimo Aulete abonam a referida expressão. O Houaiss, no entanto, não aborda o assunto. É uma pena...

Domingos P. Cegalla, em seu *Dicionário de dificuldades da língua portuguesa*, é incisivo: "**Prova dos noves.** Dessa forma, e não *prova dos nove*".

Bem-aventurados são os que leem bons livros e consultam dicionários de primeira ordem, pois deles é o domínio da língua em que se exprimem.

Provável / capaz.

Exemplificando a questão: É **capaz** que Rubinho Barrichello chegue em primeiro lugar.

Na linguagem formal há quem prefira dizer: É **provável** que Rubinho Barrichello chegue em primeiro lugar. (Mas isso não desabona a primeira construção.)

Alguns gramáticos e não gramáticos afirmam que **capaz** não fica bem como sinônimo de *provável, possível.* Preferem empregar **capaz** para expressar apenas *capacidade, competência, habilidade*: *O pinguim não é **capaz** de voar.*

O dicionário escolar da ABL esclarece o caso e nos brinda com exemplos bem ilustrativos:

"**Capaz: 1.** Que tem capacidade: *O novo teatro é **capaz** de receber trezentas pessoas.* **2.** Que tem competência, apto, hábil: *Ele mostrou-se **capaz** de conduzir o processo.* **3.** Que tem possibilidade: *É **capaz** de chover à tarde.*"

Para que não padeça dúvida, fechemos o assunto com mais um exemplo de peso:

"É *capaz* que ele volte hoje ainda." (Francisco Fernandes, *Dic. de sinônimos e antônimos da língua portuguesa.*)

Quem desabona a autoridade de F. Fernandes que atire a primeira pedra.

Pseudo-.

*Exemplificando o erro: Ele se julga douto, mas não passa de um **pseudo-sábio**.*

Pseudo é um elemento de composição. Expressa a noção de *falso, enganador, fingido, hipócrita, dissimulado.* Exige hífen apenas quando o segundo elemento começa por **h** ou **o**: *pseudo-hérnia, pseudo-herói, pseudo-história, pseudo-osteose.*

Quando seguido de **r** ou **s** (como no caso em apreço), duplicam-se essas consoantes: *pseudossábio. pseudossigla, pseudossafira, pseudorrubi, pseudorrainha.*

ATENÇÃO! – É interessante verificar que **pseudo-** poderá ser grafado com ou sem o **o** final sempre que o segundo elemento começar pela vogal **a**:

pseud(o)agrafia
pseud(o)alucinação
pseud(o)anafilaxia
pseud(o)anemia
pseud(o)anorexia

pseud(o)apendicite
pseud(o)apoplexia
pseud(o)arteriosclerose
pseud(o)artrite
pseud(o)artrose

☞ Veja USO DO HÍFEN, pág. 373.

Puxar alguém / puxar a alguém.

Na acepção de herdar as características físicas ou morais de alguém, **puxar** rege a preposição **a**:

> O garoto é terrível: *puxou ao* avô.
>
> "O pequeno puxou mais *ao pai* do que *à mãe*." (Aurélio)

Puxar uma perna / puxar de uma perna.

Exemplificando o erro: No final da partida o jogador do Vasco ***puxava uma perna***.

Que sensaboria esse humor negro! Quem coxeia *puxa de* uma perna. A ausência da preposição **de**, nessa construção, dá a entender que o atleta trazia uma perna separada do corpo. Quero crer que não era essa a intenção do locutor (a não ser que o jogador fosse literalmente um "perna de pau": não era o caso).

O verbo **puxar**, no sentido de *tirar* e *empunhar; sacar* (uma arma), admite facultativamente duas construções, ou seja, pode ser empregado com preposição ou sem ela: *puxar a espada* ou *puxar da espada*. O mesmo ocorre com **usar**, **fazer** e **cumprir**.

Q

Quais de nós.

Com esse tipo de expressão, o verbo pode ficar na 3ª pessoa do plural ou concordar com o pronome **nós**: *Quais de nós **foram** (ou **fomos**) convidados para a festa?*

ATENÇÃO! – Sempre que o sujeito for constituído por uma dessas palavras **quais, quantos, alguns, poucos, quaisquer, muitos, vários** (seguidas por *de nós* ou *de vós*, o verbo poderá concordar com o primeiro pronome (na terceira pessoa do plural) ou com o pronome pessoal.

Observe que a opção por uma ou outra forma pode indicar a exclusão ou a inclusão de quem fala ou escreve. Se o orador estiver incluso na expressão, o verbo deverá concordar com o pronome **nós**: ***Quais de nós fomos*** *convidados para a festa?* Se o emissor não fizer parte do grupo mencionado, o verbo deverá concordar com o pronome que inicia a oração: ***Quais de nós foram*** *convidados para a festa?*

Qual é o peixe que tem mais espinhos?

Nenhum. Espinho é a saliência de ponta aguçada que sobressai do lenho de certos vegetais. Os peixes têm espinhas, isto sim.

Qualquer / nenhum.

Exemplificando o erro: O zagueiro diz que não tem **qualquer** *problema.*

Encontra-se, com muita frequência, o termo **qualquer** empregado no lugar de **nenhum(a)**. Aquele se usa em frases declarativas afirmativas; este, nas negativas. Nem todo redator observa esta distinção, a qual constitui uma das riquezas de nossa língua:

"Veio duma cidade *qualquer*, sua vida não foi boa nem má; foi como a dos homens comuns, a dos que não fizeram *nenhum* destino..." (Cecília Meireles)

ATENÇÃO! – Emprega-se **qualquer** no negativo quando seu sentido não for o de **nenhum:**

"Risoto não se faz com um arroz *qualquer*." (Houaiss)

Qualquer e **nenhum** também se empregam no plural, em especial na linguagem escrita:

"Não me parece que este homem te convenha, não tem posição social definida, não ganha bastante para tomar sobre os ombros *quaisquer* encargos de família,..." (Artur de Azevedo)

"A sala de visitas era ao mesmo tempo gabinete de estudo e de trabalho. Simples era a mobília, *nenhuns* adornos, uma estante..." (Machado de Assis, *Helena*.)

☞ **Veja NENHUM.**

Quantia vultuosa.

Diz-se corretamente: *quantia vultosa*. **Vultoso** significa *volumoso, que faz volume*. **Vultuoso** descreve *o estado mórbido do rosto, quando as faces e o lábios estão vermelhos e inchados*.

Quanto é dois mais dois?

Em frases desse tipo, o verbo deve ser usado no plural: *Quantos são duas vezes quatro? Quantos são dois mais dois?*

Alguns gramáticos aceitam (no estilo coloquial) o emprego do singular: *Quanto é cinco vezes nove?*

ATENÇÃO! – No caso em estudo, usar o verbo no singular (na comunicação descontraída) é até aceitável. Porém, não custa nada lembrar que coloquialismo tem limite. Em certo dia, ao acaso, eu estava folheando um dos meus dicionários favoritos, e deparei outra construção muito extravagante: *"Dois vezes dois são quatro".*

☞ **Veja mais detalhes no verbete VEZ.**

Quatorze / catorze.

Ambas as formas são autênticas. Também são lícitas as seguintes palavras: cota / quota, cociente / quociente, cotidiano / quotidiano, cotizar / quotizar. Com exceção de **quatorze**, a letra **u** das demais palavras não se pronuncia.

ATENÇÃO! – As formas **cinquenta, cinquentenário, cinquentão** e **cinquentona** não têm variantes. Portanto, a grafia *cincoenta* é apócrifa.

☞ **Veja PALAVRAS COM MAIS DE UMA GRAFIA, pág. 355.**

Quê (acentuado).

Acentua-se o **que** nos seguintes casos:

1. Quanto tiver o sentido de *qualquer coisa, alguma coisa:*

   Seu sorriso tinha um *quê* de encantador.

2. Na expressão *sem quê nem para quê:*

   A secretária foi contratada sem *quê* nem para *quê.*

3. Quando for interjeição: exprime *espanto ou sentimento*:

   Quê! O noivo ainda não chegou!

4. Quando for empregado no final de uma frase:

   Ela diz que é professora, mas não sei de *quê.*

Quede / quedê / cadê.

Sob a perspectiva da língua-padrão, as três formas deixam a desejar. Corrija-se para **que é de** ou para **que é feito de**:

Que é das promessas que tu fizeste?
Que é feito das promessas que tu fizeste?

ATENÇÃO! – Das três formas criticadas, **cadê** é, talvez, a mais usual. Admite-se o seu emprego na linguagem oral ou em textos literários representando o estilo informal, descontraído:

"Cadê o valente? Quem é que tem coragem de dizer que eu sou feio?"
(Graciliano Ramos, *Vidas secas.*)

EM TEMPO: O mesmo se diz de **quede** e **quedê**, porque, no fundo... no fundo, são quentão feito da mesma cachaça (de má qualidade).

Que dirá eu.

*Exemplificando o erro: Se ele que é o prefeito não resolve os problemas da cidade, que **dirá eu** que sou um mero vereador da oposição.*

Mero vereador e medíocre comunicador. Na linguagem vulgar, é muito comum empregar-se **que dirá** de forma invariável (na terceira pessoa do singular). Porém, se o edil entendesse um pouquinho de análise sintática, jamais faria uso de uma construção espúria dessas. Se o sujeito é o pronome **eu**, o normal é dizer: *que direi eu*, e não *que dirá eu*. Outra opção seria proferir: *Se ele que é o prefeito não resolve os problemas da cidade,* **o que se dirá de mim** *que sou um mero vereador...*

Que nem / como.

Que nem exprime negação. Quando se diz: *Ela era bonita* **que nem** *a mãe* equivale a dizer que *ela era bonita que nem a mãe (era tão bonita)*. Se a intenção é estabelecer igualdade, deve-se usar o comparativo **como**: *Ela era bonita* **como** *a mãe*. Assim, fica fácil perceber que ambas eram formosas.

Que país é esse?

Dependendo do país de que se fala e do local onde se fala, essa pergunta pode estar correta ou incorreta. Se alguém se refere ao país no qual se encontra, deve perguntar: *Que país é* **este**? (E não: *Que país é* **esse**?)

Porém, se o orador estivesse no Brasil, por exemplo, e não entendesse por que na Indonésia os traficantes são executados, poderia concluir sua indignação com a pergunta tal qual está no verbete. E alguém, versado em latim, talvez respondesse a essa indagação com sensatez: *"Dura lex, sed lex"*.

Quebranto / quebrante.

Quebranto é o efeito malevolente que, segundo a crendice popular, é produzido pelo olhar de certas pessoas, nas crianças, animais e nas plantas.

Oficialmente, **quebrante** não existe, pois não está registrado no Volp, nem nos dicionários reconhecidamente de valor sólido. A única exceção fica por conta do influente dicionário Unesp, que lista os dois termos e ilustra a definição com exemplos:

"Em seus *quebrantes*, pensava sempre no noivado desfeito."
"Juravam que o preparado combatia *quebrantos*."

Quebrar dois braços.

Exemplificando o erro: No acidente, o motorista do ônibus **quebrou dois braços.**

Nessa notícia há dois fatos lamentáveis. Sempre que alguém fratura alguma parte do corpo, causa-nos compaixão. Não menos lastimoso é ouvir a construção: **"quebrou dois braços"**. Afinal de contas, quantos braços temos? Bastaria o repórter dizer que o motorista *quebrou os braços* (ou *teve os braços fraturados*). Assim, a notícia seria bem menos contundente.

Queijo prato / queijo prata.

A forma correta é **queijo prato**.

Quando surgiu o tal produto, ele tinha um formato cilíndrico baixo. Como os fiscais do Ministério da Agricultura nunca tinham ouvido falar desse tipo de queijo, denominaram-no de **prato**. ... E não é que pegou!

Quem (concordância).

Exemplificando o erro: Sou eu **quem escreverei** *o poema.*

Nesse caso o verbo deve concordar com **quem**, e não com **eu**.

Quando se diz *Sou eu* **quem escreverá,** equivale a dizer *Sou eu* **aquele que** *escreverá*. Daí fica fácil saber por que o verbo **escre-**

ver deve ficar na terceira pessoa do singular. Se invertermos a ordem, a concordância ficará mais evidente: **Quem escreverá o poema sou eu.**

ATENÇÃO! – Não obstante a regra, alguns clássicos praticavam a desobediência gramatical. Veja um trecho do poema *Te Deum* de Gonçalves Dias:

> "És tu quem dás rumor à quieta noite,
> És tu quem dás frescor à mansa brisa,
> Quem dás fulgor ao raio, asas ao vento,
> Quem na voz do trovão longe rouquejas."

Quem quer que.

Essa expressão pede o verbo no subjuntivo:

> "Quem quer que *trabalhe* está em oração." (Rui Barbosa)

☞ Veja É PENA QUE.

Quero que ela exploda!

Explodir, segundo a tradição da língua, é considerado verbo defectivo. Não se conjuga na 1ª pessoa do singular do presente do indicativo e, consequentemente, não existe o presente do subjuntivo. Logo, **exploda** passa a ser termo inexistente.

As tratativas sobre este verbo se dividem em dois grupos: para alguns, ele é regular, conjugando-o em sua plenitude; para outros, **explodir** é verbo defectivo, isto é, somente é conjugado em algumas pessoas. Com exatidão, naquelas em que a letra **d** é sucedida por **e** ou **i**: *explodes, explode, explodimos...*

O dicionário Houaiss* (versão eletrônica) informa que **explodir** é verbo regular. Assim, para o referido léxico, a frase do verbete estaria irrepreensível.

Segundo o dicionário Aurélio (ed. Séc. XXI e a 5ª ed., Editora Positivo – 2010), o verbo, em estudo, é defectivo. Em ambas as edições, ele termina o verbete com a seguinte orientação:

> Defect., não conjugável na 1ª pess. sing. do pres. ind. nem, portanto, no pres. subj.

No campo da literatura, não há exemplos convincentes de sua regularidade. Se tomarmos o exemplo de Drummond de Andrade, em *A fugitiva* – fora do contexto –, **explodir** nos parecerá, à primeira vista, um verbo regular:

"O primeiro que me tocar, eu *explodo*."

Contudo, se analisarmos todo o trecho em que o exemplo ocorre, poderemos ter outra maneira de entender a questão. Eis a passagem na íntegra:

"Daqui vocês não me tiram – respondeu-lhes a bomba. – O primeiro que me tocar, eu *explodo*. Talvez este tempo de verbo não exista, mas pouco estou ligando à gramática de vocês. À gramática e ao resto. Estou farta! Farta!"

Ainda, com relação ao verbo **explodir,** temos um argumento sólido do novíssimo dicionário Aulete (impresso), editora Lexikon (ed. 2011):

---

* O dicionário Houaiss impresso faz a seguinte observação no final do verbete: "Geralmente considerado defectivo, não teria as formas em que ao **d** da raiz se segue **a** ou **o** (1ª pessoa do singular do presente do indicativo, todo o presente do subjuntivo, imperativo afirmativo, com exceção da 2ª pessoa do plural, e o imperativo negativo.)"

"Na língua corrente, tanto falada quanto escrita, já é comum o emprego da 1ª pess. sing. do pres. do ind. explodo [ô], e das formas do pres. do subj. exploda [ô], explodas [ô] etc."

Tarefa ingrata é tentar tornar claro ou inteligível (o que é obscuro ou polêmico).

Quero Informá-lo (informar-lhe).

O pronome **o** funciona como objeto direto; o **lhe**, como objeto indireto. Partindo deste ponto, resta-nos saber qual é a regência do verbo **informar**. Quando dúvidas surgirem, quanto à regência de certos verbos transitivos, podemos lançar mão de um processo simples, porém muito eficaz: sabe-se que os verbos transitivos diretos podem ser usados na voz passiva. Se é possível dizer, passivamente, *ele foi informado,* correto é dizer, na voz ativa, *quero informá-lo.*

ATENÇÃO! – O verbo informar, todavia, também aceita a regência *informar a alguém uma coisa*. Compare:

Quero *informar-lhe* que ela já partiu.
Quero *informá-lo de* que ela já partiu.
"*Informou-o do lugar* ou *informou-lhe o lugar.*" (Góis, *Sintaxe de regência*.)

Questão (pronúncia).

Alguns gramáticos e não gramáticos acham que a letra **u**, da palavra **questão,** deve ser insonora. Não há dúvida de que a pronúncia [*kestão*] é mais eufônica do que [*kuestão*]. Mas não custa lembrar que ambas as pronúncias têm a legitimidade do vocabulário oficial.

Seguem a mesma norma as palavras dela derivadas, como:

questionabilidade	questionante	questor
questionação	questionar	questório
questionado	questionário	questuário
questionador	questionável	questuoso
questionamento	questiúncula	questura

EM TEMPO: Inadmissível é pronunciar [*kestã*] ou [*kuestã*].

Quinta-coluna.

Indivíduo (ou grupo) subversivo que age clandestinamente, no seu país em guerra, em favor do país ou países inimigos:

Talvez por associarem ao termo *quinta-feira*, alguns gramáticos recomendam o plural *quintas-colunas*. A forma correta, contudo, é **quinta-colunas**. Podes crer.

"O jornalista era serviçal da *quinta-coluna* comunista." (Dic. Unesp)

Quinta-essência / quintessência.

Talvez a primeira forma seja a menos usada, mas ambas estão corretas. Significam *o que há de melhor ou de mais puro, o mais alto grau; requinte:*

"A santidade é a *quinta-essência* do espírito religioso." (Houaiss)
"O poeta representava a *quintessência* do brasileiro." (Dic. Unesp)

EM TEMPO: Quinta-essência faz o plural *quinta-essências*.

☞ Veja **PALAVRAS COM MAIS DE UMA GRAFIA**, pág. 355.

Quintos do inferno.

Trata-se de uma expressão de cunho popular usada para xingar, dirigir impropérios a alguém. Dizer *vá para os quintos do inferno* ou, apenas, *para os quintos* é mandar alguém para bem longe; é desejar que essa pessoa desapareça de sua presença:

"Irritou-se com ele e mandou-o para os *quintos*, mas depois desculpou-se." (Aulete)

"Mandar para os *quintos*: mandar para o inferno, mandar para bem longe." (Michaelis)

"Vá para os quintos!" (Aurélio)

ATENÇÃO! – Um olhar histórico sobre a caso nos dá a entender que a expressão teria surgido do imposto de 20% (= 1/5) que Portugal cobrava sobre o ouro, a prata e os diamantes extraídos do solo brasileiro no período colonial.

Como os portugueses achavam que o Brasil ficava muito distante da Europa, denominaram-no de *inferno* (ou *fim do mundo*). Sempre que uma nau oriunda do Brasil se aproximava dos portos lusitanos, abarrotada de pedras preciosas, gritavam: "Lá vem mais riquezas *dos quintos do inferno*". Daí, para se transformar numa expressão popular foi um pulo.

Quiprocó / quiproquó.

Ainda que um e outro dicionário modernos listem o termo com **c**, oficialmente só existe com **q**: **quiproquó**.

A história da medicina nos ensina que os boticários utilizavam um livro denominado *quid pro quo* (em latim), que significa *uma coisa por outra*. Era usado nas farmácias para indicar os medicamentos que deveriam substituir aqueles que eram prescritos pelos médicos, caso não existissem na farmácia. Muitas vezes, essa troca trazia danos aos pacientes, e causava muita confusão. Pronuncia-se [*qüiprokó*].

Por extensão de sentido, **quiproquó** passou a significar *confusão resultante da troca de uma coisa por outra; equívoco:*

"O fato de eles serem gêmeos gerou um enorme *quiproquó*." (Houaiss)

Quisto / cisto.

Cisto é a forma preferida dos bons gramáticos e dos grandes escritores, para designar *tumor subcutâneo com retenção de secreções*. Em que pese ser menos usado, **quisto** também é termo idôneo.

ATENÇÃO! – Como adjetivo, **quisto** é sinônimo de *querido, desejado, amado*. (Em nossos dias, só se usa nos compostos **benquisto** e **malquisto**.)

☞ Veja PALAVRAS COM MAIS DE UMA GRAFIA, pág. 355.

Quite / quites.

Exemplificando o erro: Emerson Sheik está ***quites*** *com a torcida corintiana.*

A notícia é ótima. Seria ainda melhor se o jornalista responsável por essa manchete também estivesse quite com seus leitores. **Quite** é adjetivo. É o mesmo que *quitado, desembaraçado*. Justamente por ser qualificativo, é variável e concorda com a pessoa a que se refere: *Emerson Sheik está* **quite** *com a torcida corintiana. Os jogadores estão* **quites** *com a torcida.*

"Somadas umas coisas e outras, qualquer pessoa imaginará que não houve míngua nem sobra, e consequentemente que saí *quite* com a vida... Não tive filhos, não transmiti a nenhuma criatura o legado da nossa miséria." (Machado de Assis)

ATENÇÃO! – O mesmo comportamento tem a palavra **só**. Quando significa *sozinho*, é adjetivo; logo, é variável:

> As mulheres estavam *sós*.
> A mulher estava *só*.

Quando **só** equivale a *somente, apenas,* é invariável:

> De nosso caso, restam *só* boas recordações.

Quizesse / puzesse.

As grafias corretas são *quisesse* e *pusesse*. Nas formas conjugadas de **querer** e **pôr**, não existe a letra **z**: *quis, quisesse, quiser, quisera, quiséramos...; pus, pusesse, puser, pusera, puséssemos...*

Quivi.

Além de nome de certa ave da Nova Zelândia, caracterizada por ser desprovida de asas normais, os dicionários dão-na como variante de **quiuí**.

☞ Veja KIWI.

Quota / cota.

Ambas as grafias são legítimas, especialmente quando se referem à *parcela que cabe a cada um em despesa ou negócio compartilhado*:

> "Quis saber qual era a sua *cota / quota* na distribuição de lucros."
> (Aulete)

Rádio-ouvinte / radiouvinte.

Oficialmente, o termo idôneo é **radiouvinte**. No entanto, o dicionário Houaiss diz que essa forma é variante de *rádio-ouvinte*. Até aí, é até razoável (apesar de nenhum outro dicionário consignar *rádio-ouvinte*, incluindo-se o Volp).

E para **rádio-ouvinte,** o Houaiss (ed. 2009) tem a seguinte definição: *"Indivíduo que ouve programas de emissoras de rádio; ouvinte"*. O mais surpreendente é verificar que, no final do referido verbete, encontra-se a observação: *"O mesmo que radioamador"*. Em **radioamador,** deparamo-nos com a seguinte explicação: *"Aquele que pratica radioamadorismo"*, que – segundo o mesmo léxico – nada mais é do que *"atividade que consiste em operar estação receptora e transmissora, em ondas curtas, de rádio particular, sem fins lucrativos"*.

Aqui tem lugar uma pergunta: O que o saci tem a ver com a Branca de Neve? Ou ainda: o que tudo isso tem a ver com *radiouvinte* (ou **rádio-ouvinte**), como quer nosso mandarim da comunicação?

EM RESUMO: Vamos ficar com *radiouvinte*, e não se fala mais no assunto.

Raios ultravioleta.

*Exemplificando o erro: Os raios **ultravioletas** são um tipo de energia eletromagnética emitida pelo Sol.*

Talvez, por associar **ultravioleta** com **infravermelho**, há quem diga *raios ultravioletas*. A diferença está entre **vermelho** ser adjetivo e **violeta** ser nome de flor. Os nomes de plantas, flores, frutas e pedras preciosas, quando empregados para designar cores, permanecem invariáveis:

☞ **Veja PLURAL DOS ADJETIVOS COMPOSTOS.**

Ramadã / Ramadão.

Tanto faz. Ambos os termos servem para se referir ao nono mês, do calendário islâmico, considerado sagrado, em que os muçulmanos praticam o jejum (durante 30 dias) entre o amanhecer e o pôr do sol.

Ramalhete de rosas.

Portuguesmente, é assim que se expressa. Um feixe de rosas reunidas pelas hastes, formando um buquê, será sempre um *ramalhete de rosas*, e não *ramalhete de rosa* (no singular). Também terminam no plural as seguintes locuções:

balaio de gatos	coroa de louros
balaio de roupas	maço de cigarros
cacho de bananas	maço de folhas
cacho de uvas	maço de notas
caixa de marchas	caixa de fósforos
caixa das almas	par de brincos
caixa de comprimidos	par de calças
caixa de injeções	par de óculos
coroa de espinhos	ramalhete de flores

Ramerrão.

Ramerrão (variante de **rame-rame,** que antes da reforma grafava-se *ramerrame*) é modo de vida que se segue sem crítica nem observação; *rotina, monotonia, mesmice:*

> "Terminadas as férias, partiram as meninas levando consigo as bonecas, e a casa voltou ao *ramerrão* habitual." (Monteiro Lobato, *Negrinha*.)

Rampeira / rameira.

A primeira descreve uma pessoa de baixa classe; a segunda refere-se a uma mulher que vende seus favores; *meretriz, prostituta:*

> "Vive metido com mulher à toa e gente *rameira*." (Rute Guimarães, *Água funda*, apud Aurélio.)

Rameira, segundo Antônio de Morais, é prostituta vil, que anda ao fanico pelos ramos e tavernas. (Em Portugal, as tavernas costumavam ter um ramo de árvore pendente da porta.)

Ranger / rangir / ringir.

No sentido de produzir um som ou ruído áspero e penetrante como o do atrito entre superfícies duras, os três vocábulos podem ser usados sem discriminação:

> "Não gostava de ouvir o filho adormecido *rangendo* (ou *rangindo*, ou *ringindo*) os dentes." (Cegalla)

Rastelo (pronúncia).

Quase todo brasileiro sabe que **rastelo** é um instrumento agrícola (também conhecido como **ancinho**), com dentes de madeira ou de ferro, usado para ajuntar plantas secas, ou café derriçado. O que pouca gente sabe, porém, é que a pronúncia dessa palavra é [*rastêlo*], e não [*rastélo*].

ATENÇÃO! – Não devemos confundir a pronúncia do substantivo **rastelo**, que tem o **e** fechado, com a forma do verbo **rastelar**: *eu rastelo*, que tem o **e** aberto*.

☞ **Veja GRELHA.**

Rasto / rastro.

Entre lexicógrafos, gramáticos, escritores e estudiosos em geral, há um consenso: não há diferença de uso entre essas duas palavras.

Essa teoria é realmente uma conformidade; todavia, há uma constatação: na imprensa, prefere-se empregar **rastro** para descrever tragédias, sinistros ou calamidades (sem se incomodar com o velho e surrado lugar-comum *rastro de destruição*): *"Chuvas deixam **rastro** de destruição". "Vendaval deixa **rastro** de destruição no interior do Paraná".* Aos poucos, o repisado chavão jornalístico vai procurando seu espaço na literatura:

"Um dia, ao olhar para trás o homem verá o *rastro de destruição* que ele deixou na natureza. E nesse dia, haverá apenas a dor da sua própria consciência..." (Vera Lúcia Domingos de Oliveira)

Ratificar / retificar.

Ratificar é *confirmar*. **Retificar**, além de *recondicionar*, usa-se para *corrigir o que foi dito*:

Na tentativa de *retificar* seu depoimento, o réu acabou *ratificando* o que havia dito.

---

* Com relação ao termo **poça**, a letra **o** pode ser aberta ou fechada.

Reaveu / reouve.

*Exemplificando o erro: Ela **reaveu** o tempo perdido: concluiu o curso superior quando já era avó.*

Na verdade, *ela reouve* o tempo perdido. **Reaver** deriva-se de **haver**, e por ele se conjuga (mas só possui as formas que têm a letra **v**). Conjugação do pretérito perfeito: *reouve, reouveste, reouve, reouvemos, reouvestes, reouveram:*

> "Apesar das desesperadas tentativas, o conhecido político não *reouve* sua credibilidade." (Artur Azevedo)

Record / récorde / recorde.

Recorde *descreve o feito esportivo, devidamente homologado, que suplanta marcas anteriores da mesma modalidade.* Por extensão, emprega-se para descrever qualquer fato que sobrepuja, em algum aspecto, realização ou marca anteriormente atingida. Como adjetivo é invariável. Pronuncia-se [***recórde***]:

> "Bateu o *recorde* brasileiro dos 100m rasos." (Aulete)
> "A peça ultrapassou o *recorde* de bilheteria." (Aurélio)
> Os combustíveis atingiram preços *recorde* este ano.

Record, cuja pronúncia é ultrajada no Brasil, é termo inglês do qual **recorde** é derivado; **récorde**, oficialmente, não existe.

ATENÇÃO! – O dicionário Houaiss registra **récorde** como variante de **recorde**.

Talvez, num futuro não muito distante, isso venha a ocorrer. Por ora, o Houaiss está praticamente sozinho nesta questão. Nenhum outro dicionário* de reputação, nem o Volp (5ª ed.), que é o caudilho da comunicação, consignam *récorde*.

---

* O Aulete faz apenas uma constatação: "Também ocorrem, no Brasil, as prosódias *récorde* e *récor*" – mas não as dá como variantes.

Re-escrever.

Eis mais uma pseudopalavra. Grafa-se, em bom português, **rescrever** (ou **reescrever**). O que passa disto é de influência perniciosa.

Veja outras palavras que dispensam o hífen; porém, podem ser escritas de maneiras diferentes:

rescrito ⟶ reescrito
restampa ⟶ reestampa
restampado ⟶ reestampado
restampar ⟶ reestampar

ATENÇÃO! – O fato de os dicionários não listarem alguns termos não lhes tira a vernaculidade. Eis alguns vocábulos consignados pelo Volp, mas que não têm abrigo nos dicionários* renomados:

O Vocabulário Ortográfico registra...			Os dicionários não registram...
restabelecer	e	reestabelecer	reestabelecer
restartar	e	reestartar	reestartar
restruturação	e	reestruturação	restruturação
restruturar	e	reestruturar	restruturar
pré-esclerótico	e	preesclerótico	(nenhuma das formas)
pré-eleição	e	preeleição	(nenhuma das formas)
pré-eleito	e	preeleito	(nenhuma das formas)
pré-embrião	e	preembrião	(nenhuma das formas)

O Houaiss (o único dicionário a registrar **restartar**) adverte:

"Verbo malformado a evitar, pois a língua tem os vernáculos *religar*, *repor em funcionamento*, etc."

---

* "Numerosos são os vocábulos que não constam nos dicionários." (Aurélio)

O mais interessante, no entanto, é verificar que **restartar** é (teoricamente) derivado de um verbo que não existe: "estartar".

☞ **Veja O USO DO HÍFEN, pág. 373.**

Refutar / reputar.

Usa-se o primeiro termo para *contradizer, desmentir, contestar: O deputado **refutou** a acusação dos jornalistas;* o segundo emprega-se no sentido de *julgar, considerar: O técnico **reputa** a contratação do atacante indispensável.*

Régua-tê / régua-T.

A régua (com formato de T) que se usa para servir de apoio aos esquadros, numa prancheta, grafa-se **régua-tê**. O Aurélio dá as formas *réguas-tê* e *réguas-tês* para o plural, mas legalmente só existe a primeira. O Houaiss, seguindo o modelo oficial, consigna apenas *réguas-tê*.

Reino Unido / Grã-Bretanha.

☞ **Veja GRÃ-BRETANHA.**

Relampear.

Para descrever uma ação sequencial de relâmpagos, usa-se o verbo **relampear,** que contém, no mínimo, oito variantes: *relampadar, relampadear, relampadejar, relampaguear, relampaguejar, relampar, relampejar* e *relamprar*. Nem todas essas formas têm guarida em nossos dicionários, mas são vernáculas de lei.

> **ATENÇÃO!** – Ainda que um e outro livro antigos registrem **relampagar** (como variante de **relampejar**), não merecem credibilidade: **relampagar** é termo sem identidade linguística.

Remédio para gripe.

Essa expressão é um tremendo contrassenso. **Remédio para** é aquele que auxilia o funcionamento de um órgão: *remédio para o fígado, remédio para o coração*. **Remédio contra** é o que se usa para sanar uma doença: *remédio contra gripe*.

Remédio ruim de se tomar.

☞ Veja DIFÍCIL DE.

Renite / rinite.

Inflamação aguda da mucosa nasal denomina-se *rinite; coriza*. **Renite** (como substantivo) só existe no nariz e na cabecinha de pessoas mal-informadas.

> **ATENÇÃO!** – **Renite** é forma do verbo **renitir** *(insistir, teimar, obstinar-se)*: *renito, renites, **renite**, renitimos, renitis, renitem*.

Reparar / reparar em.

Reparar é *consertar, refazer, fazer que volte a funcionar; recobrar, restabelecer, indenizar, compensar, ressarcir*:

"Então Elias disse a todo o povo: 'aproximem-se de mim'.
O povo aproximou-se, e Elias *reparou* o altar do Senhor, que estava em ruínas." (Bíblia Sagrada)

"Reparou sua grosseria, dando flores à mulher." (Houaiss)

Reparar em tem o sentido de *importar-se com, observar atentamente, dirigir a vista, notar, olhar:*

"Você já *reparou nos* olhos dela? São assim de cigana oblíqua e dissimulada." (Machado de Assis)

Repercutir.

*Exemplificando o erro: Vamos **repercutir** essa notícia depois dos comerciais.*

O que repercute é a notícia (ou o acontecimento), e não quem noticia. No caso em análise, o erro deve ser emendado para: *Vamos **comentar** essa notícia depois dos comerciais:*

"As novas determinações *repercutiram* muito." (Houaiss)
"O estrondo *repercutiu* em todo o vale." (Aurélio)
"A notícia *repercutiu* no mundo teatral." (Aulete)

Em *Os sertões,* Euclides da Cunha fala sobre a Guerra de Canudos. Relata com riqueza de detalhes os fatos que dizimaram a população desse município baiano, e nos deixa vários exemplos sobre os quais não paira nenhuma suspeição. Eis um deles:

"O acontecimento *repercutiu* na capital."

> Veja o que pensa, sobre o assunto, o preeminente prof. Sérgio Nogueira, em seu imprescindível livro *O português do dia a dia:*
>
> "O que repercute é a coisa. Devemos evitar construções em que alguém repercute alguma coisa."

Rês / rés.

Qualquer quadrúpede, normalmente bovino, usado na alimentação humana, chama-se **rês**. Plural: *reses*.

Rés é termo usado apenas na locução **ao rés de** (*próximo de, rente a, ao nível de*):

> "Era um casarão grande, de dois andares, *rés do chão*, chácara cheia de fruteiras, rico de salas, quartos, alcovas, povoado de parentes, contraparentes, fâmulos, escravos; e a escada que servia os dois pavimentos..." (Lima Barreto)

Residente à rua dos Gusmões.

☞ **Veja A RUA.**

Resina / rezina / rezinga / rizina.

A primeira refere-se à secreção viscosa (do caule de certas plantas) usada para cicatrizar ferimentos. **Rezina** significa *pessoa ranzinza; teimosa, birrenta*. **Rezinga** é sinônimo de *rixa, desavença, discórdia*. **Rizina** designa uma espécie de cogumelos parasitas da raiz do pinheiro.

Resplandecer.

No sentido de *brilhar intensamente, dar claridade, luzir muito*, o verbo **resplandecer** tem como variantes *esplender, esplandecer, esplendorar, resplendecer e resplender*:

> "Bem haja inda esse raio solitário da luz que, tanta, em mim *resplandecia*; esse que único e triste alampadário – as ruínas desta alma inda alumia..." (Raimundo Correia)

Responder a (à).

A quem consultar nossos gramáticos será dado notar a preocupação, as dificuldades e até as incongruências que o verbo **responder** provoca. Carlos Góis, por exemplo, diz que se pode construir indiferentemente **responder a carta** ou **à carta**. Mas a leitura de grandes exemplares nos leva a concluir que aquilo que se anuncia como resposta é o objeto direto, mas a pessoa (ou coisa) a que se dá resposta funciona como objeto indireto:

> Ele *respondeu não.*

> "Ele *respondeu que* a fidalga se chamava Paula." (Camilo)

> "Começou S. Domingos a levantar as questões, e o demônio ponto por ponto a *responder a* elas." (Vieira)

> "Não sei o que *responder a quem* tal disser." (Camilo)

> "*A* esta pergunta ninguém *respondeu.*" (Herculano)

Risco de vida / risco de morte.

Ambas as locuções expressam o mesmo risco. Podemos empregá-las sem o mínimo receio de empanar o brilho da comunicação. Aqueles que defendem a construção **risco de morte** (por estar implícita a ideia *risco de morrer*) devem, por coerência, aceitar a expressão **risco de vida**, que dá a entender *risco de perder a vida*. Afinal de contas, **risco de morrer** e **risco de perder a vida** são situações intrínsecas. Ou não são? No verbete "risco", o Houaiss nos brinda com os seguintes exemplos: *risco de infecção, risco de contaminação, risco de roubo, risco de incêndio* e **risco de vida**.

Veja outros exemplos de valor sólido:

> "Se não fosse um homem que passava, um senhor bem vestido, que acudiu depressa, até com *perigo de vida*, estaria morto e bem morto." (Machado de Assis)

"– Nada? Replicou alguém. Dê-me muitos desses nadas. Salvar uma criança com *risco da própria vida...*" (Idem)

"Condenar 'perigo de vida' em favor de 'perigo de morte' é empobrecer os meios de expressão do idioma – que conta com os dois modos de dizer. ... E vale dizer que 'perigo de vida' e 'perigo de morte' são discursos ou textos que aludem a uma mesma situação de periculosidade..."
(Evanildo Bechara*)

> No livro *A New Way to Test Your English* (de nossa autoria), encontram-se as duas locuções: *risk of life* e *risk of death*, porque a língua inglesa também admite ambas as formas.

Roraima (pronúncia).

O incêndio supostamente criminoso, no norte do País, deixou no ar muita poluição e uma incerteza cruel provocada por alguns repórteres (sobretudo os da Rede Globo) quanto à pronúncia de **Roraima**.

As vogais que precedem consoantes nasaladas, se tônicas, têm a pronúncia fechada, no português brasileiro: *paina, plaina, andaime, Rivaina, Elaine,* etc. Daí ser procedente a pronúncia [*rorãima*].

Apesar da informação de grande utilidade, há três pontos que precisam ser ponderados:

a) Os taurepangues, ianomâmis, macuxis e uapixanas (principais tribos da região norte do País), por terem dificuldades de articular sons nasais, pronunciam o nome do estado [*oraima*].

b) O dicionário Aurélio, no verbete *roraimense*, não fica em cima do muro, e registra, entre parênteses, a pronúncia [*ãi*].

---

*   O prof. Evanildo Bechara (um dos maiores gramáticos brasileiros de todos os tempos) chega a dizer que, em casos assim, "é o uso que dá a norma – e o uso consagrou 'risco de vida'".

c) Segundo o eminente filólogo e notável gramático Evanildo Bechara, membro da ABL, as letras **m** e **n**, quando aparecem na sílaba seguinte, podem ou não nasalar as vogais anteriores, o que abona ambas as pronúncias: [*rorãima*] e [*roráima*].

Ante o exposto, recomenda-se a pronúncia [*rorãima*], por ser usada em quase todo o Brasil, enquanto [*roráima*] é um modo de falar restrito ao norte do País e nas transmissões jornalísticas, quase que exclusivas, da Rede Globo.

Rua tal, número tal.

O segundo **tal** não está empregado corretamente. Diz-se, quando não se menciona o numeral, *rua tal, número* **tantos:**

"Explicar por um capítulo *tantos*, parágrafo *tantos*." (Herculano)

"Rua das Flores, número *tantos*." (Houaiss)

"A páginas *tantas*, resolveram parar." (Idem)

"...E disse que tinha uma casa às suas ordens, na praia de Botafogo, *número tantos.*" (Machado de Assis)

Ruço / russo.

Ruço descreve a cor (normalmente do cabelo – que fica entre loiro e castanho muito claro). Diz-se, também, do cabelo ou da barba grisalha. **Russo** refere-se ao habitante da Rússia (ou à língua falada nesse País).

ATENÇÃO! – O termo **ruço** se aplica ao *nevoeiro denso comum que cobre a Serra do Mar e se espalha de forma compacta, dificultando a visibilidade.* Por extensão, emprega-se a palavra para descrever uma *situação cheia de adversidades, de dificuldades:*

"A situação ficou *ruça* depois que as empresas foram a leilão." (Houaiss)

Rufar / ruflar.

Exemplificando o erro: **Ruflam-se** *os tambores, trila o apito e começa o espetáculo!*

Espetáculo do além... Não pode ser outra coisa. No mundo em que vivemos, tambores ainda não voam (a não ser, vez por outra, quando o pau canta na arquibancada).

É bom saber que entre **ruflar** e **rufar** há alguma diferença além do l. **Ruflar** significa *encrespar (as asas) para levantar voo, agitar –* no sentido de *fazer tremular –, produzir rumor (como o da saia comprida que vai roçando o chão)*. **Rufar** é *produzir rufos; tocar, dando rufos (toque do tambor com batidas apressadas e sucessivas):*

Ouvia-se sempre o *rufar* abafado dos tambores na hora do gol.

"O vento forte *rufla* as bandeiras." (Houaiss)

A bateria *rufou* os tambores quando o árbitro iniciou o jogo.

"Pingos de chuva *rufavam* na vidraça." (Humberto Crispim Borges)

"Voa *ruflando* as diamantinas asas." (Araújo Porto-Alegre)

"A tempestade *rufa* nas janelas." (Houaiss)

Rufião.

Entre outras coisas, **rufião** é *o indivíduo que vive à custa de prostituta; cafetão, alcoviteiro, gigolô, proxeneta:*

"...Porque o *rufião* que a explorava certamente não sairia da prisão tão cedo." (Fernando Sabino, *O mentecapto*.)

Ruim de.

☞ Veja **DIFÍCIL DE ACEITAR**.

S

Saçaricar / sassaricar.

Em 1987, a Globo disseminou o erro com a novela *Sassaricando*. O verbo **sassaricar** só tem registro, em alguns dicionários, como uso exclusivamente coloquial, vulgar: não tem apoio na linguagem culta, que registra apenas **saçaricar** (com o sentido de *rebolar, dançar ou andar sacudindo o corpo*).

Saída.

Exemplificando o erro: **As saídas** *dos dois atacantes prejudicaram o poder ofensivo da equipe.*

Em construções desse tipo – por se tratar de substantivo abstrato –, recomenda-se o singular: **A saída** *dos dois atacantes prejudicou o poder ofensivo da equipe.*

Estão no mesmo plano palavras como *execução, substituição, entrada, expulsão, convocação, presença, ausência:*

    Antes do jogo, teremos *a execução* dos hinos.

    O técnico confirmou *a convocação* de três goleiros.

    A cerimônia será realizada com *a presença* dos alunos, professores, convidados e autoridades.

    O jogo ficou melhor com *a entrada* de dois atacantes.

ATENÇÃO! – Se o substantivo for concreto, o plural será obrigatório: *Se o Brasil perder, **cabeças** vão rolar.*

Sair fora da área.

Essa construção é uma superabundância. Basta dizer *sair da área*. É o suficiente.

☞ Veja CANJA DE GALINHA.

Salada é bom / salada é ótimo.

As expressões **é bom** e **é ótimo** são invariáveis quando empregadas de modo absoluto, ou seja, quando não estão acompanhadas de artigo definido: *Cerveja **é bom** para engordar. Frutas **é ótimo** para a saúde. Sopa **é bom** no inverno.*

ATENÇÃO! – Se tais expressões estiverem acompanhadas de um determinante – artigo, possessivo ou demonstrativo – serão variáveis:

Esta bebida é boa pra refrescar.
Aquelas frutas são ótimas para a saúde.
A sopa é boa no inverno.

Saloba / salobra.

Emprega-se **salobra** (ou **salobre**) para se referir à *água que tem leve sabor de sal; diz-se da água desagradável com certo gosto semelhante ao da água do mar e, consequentemente, imprópria para beber.* **Saloba** é termo inexistente.

Salve.

*Exemplificando o erro: "Salve, **o** Corinthians, campeão dos campeões..."* (Hino oficial do clube.)

Que o Corinthians é o campeão dos campeões não há dúvida. Mas a presença do artigo definido, após **salve**, macula o majestoso hino do grande campeão paulista, brasileiro, sul-americano e mundial.

Após interjeição, usa-se vocativo desacompanhado de artigo: *Salve, Corinthians, campeão dos campeões...* Veja outros exemplos análogos:

"*Salve*, Rainha, Mãe de misericórdia..."
"*Salve*, lindo pendão da esperança!"
"*Salve*, símbolo augusto da paz!"

ATENÇÃO! – O mesmo se aplica ao hino do glorioso São Paulo Futebol Clube, que diz: *"Salve, **o** tricolor paulista..."* em vez de: *"Salve, tricolor paulista..."*

Salve (termo invariável que exprime saudação) não deve ser confundido com **viva** (que é verbo). Compare: ***Salve**, torcedores brasileiros!* ***Vivam** os torcedores brasileiros!*

Salve-se-quem-puder.

Segundo a nova ortografia, a expressão do verbete – usada para expressar *situação de pânico, corre-corre, debandada* – deve ser grafada sem hífen: **salve-se quem puder**:

Quando a boate pegou fogo, foi um tremendo *salve-se quem puder*.

Salvo.

Com os termos **salvo, menos, exceto, afora** – que indicam exclusão – o verbo concorda com o primeiro elemento:

As irmãs, *salvo* a mais velha, estudam e trabalham.
A irmã mais velha, afora as demais, estuda e trabalha.
Todos os parentes, *menos* meu pai, estarão presentes.
Todos, exceto vós, serão promovidos.

Sanguíneo / sangüíneo.

O Acordo Ortográfico de 1990 decretou a eliminação do trema na língua portuguesa, ficando restrito às palavras de origem estrangeira e seus derivados.

Sanguíneo perdeu o trema; porém, a pronúncia não sofreu alteração: [*sanguíneo*] ou [*sangüíneo*].

Na mesma linha de considerações, encontram-se os termos:

antiguidade	liquidar	líquido	questionário
lânguido	liquidez	questão	questionável
liquidação	liquidificador	questionar	questiúncula

Santo / são.

Em regra, usa-se **santo** antes de nomes iniciados por **h** ou vogal: *Santo Anastácio, Santo Henrique, Santo André*.

São deve ser usado antes de nomes iniciados por consoante: *São Paulo, São Bernardo, São Vicente*.

ATENÇÃO! – Constituem-se exceções **Santo Tirço, Santo Graal, Santo Cristo** e **Santo Jó**. Quanto a **Tomás** e a **Borja**, podemos usar **são** ou **santo** indiferentemente.

No plural, usamos **santos** para ambos os casos; os nomes femininos só aceitam **santa**.

São das tais coisas.

Isso é ignorância palmar de concordância verbal. Aqueles que se valem dessa frase veem em **tais coisas** o sujeito da oração, esquecendo-se de que este nunca pode estar precedido por uma preposição. Em bom português, devemos dizer **é das tais coisas**. Essa oração tem como sujeito o pronome **isto** (que não aparece, mas está implícito).

Claro está que, se o sujeito vier explícito, devemos empregar a frase do verbete:

> "Os atos, que acabas de praticar, *são das tais coisas* que definem os estados da exaltação, em que por vezes todos caímos." (Rodrigo de Sá Nogueira, *Dic. de Erros e problemas da linguagem.*)

São Vicente de Paula.

Anda desprotegido o cristão que tem como padroeiro o santo do verbete. Por influência, talvez, do nome **São Francisco de Paula,** a quem dirija suas súplicas a um santo que infelizmente não existe.

ATENÇÃO! – Não devemos confundir: dizemos **São Francisco de Paula** (com **a**) por ter nascido em **Paola**, cidade italiana da Calábria. **São Vicente de Paulo** (com **o**) nasceu na França. **Paulo** é nome da família de origem (**De Paul**), e não designativo de lugar como **São Francisco de Paula, Santo Antônio de Lisboa, São Francisco de Assis** e tantos outros.

Saudável / sadio.

Há quem estabeleça diferença entre os dois termos: *sadio é aquele que tem boa saúde; saudável é aquilo que é bom pra saúde*. Os dicionários de credibilidade, todavia, não estabelecem essa diferença entre os dois adjetivos. Exemplos:

AURÉLIO:

⟶ **Sadio:**
1. que dá saúde; higiênico; saudável.
2. que goza de boa saúde; saudável.

⟶ **Saudável:**
1. conveniente à saude; salutar, higiênico: **clima saudável.**
2. que tem saúde física, robusto, forte: **criança saudável.**

HOUAISS:

⟶ **Sadio:**
1. que tem boa saúde: **indivíduo sadio.**
2. que é bom para a saúde; saudável: **alimentação sadia.**
3. que é bom para o espírito e/ou intelecto: **leitura sadia.**

⟶ **Saudável:**
1. que tem boa saúde, salutar, higiênico: **hábito saudável.**
2. que tem ou revela saúde física e/ou mental, espiritual: **pessoa saudável.**
3. que proporciona tranquilidade, bem-estar: **ambiente saudável.**

AULETE:

⟶ **Sadio:**
1. Que é bom para a saúde: **bebida sadia.**
2. Que goza de boa saúde: **menino sadio.**
3. Diz-se de ambiente saudável: **recanto sadio.**

⟶ **Saudável:**
1. Que tem saúde: **criança saudável.**
2. Que faz bem à saúde: **só come alimentos saudáveis.**

Se caso / se acaso.

Se caso é forma pleonástica. O certo é usar **caso** sem o **se**. **Acaso** é que aceita o **se**, que pode também ser dispensado:

> Se acaso chover, não iremos.
> Caso chova, não iremos
> Acaso você é parente da vítima?

Se liga no SBT.

Não obstante a boa qualidade de programação da emissora, esse convite é um insulto à inteligência do telespectador.

Ainda que seja prática de muita gente graúda da nossa imprensa iniciar oração com pronomes oblíquos – para criar expressões de impacto – esse artificialismo, na linguagem escorreita, deve ser rejeitado com veemência.

EM TEMPO: A expressão *ligar-se em alguém* ou *em alguma coisa* é de cunho eminentemente vulgar: não tem apoio na linguagem escorreita.

Se não / senão.

⟶ **Se não** nada mais é do que a conjunção **se** + o advérbio **não**. Usar-se-á a expressão nos seguintes casos:

1. Quando equivaler a **caso não**: *Se não fizer frio (= caso não faça frio), sairemos hoje à noite.*

2. Se puder ser substituída por **quando não**: *O Santos quer contratar três jogadores, se não (= quando não) quatro.*

3. Quando o **se** funcionar como conjunção integrante: *Entrou, sentou-se e perguntou se não estava atrasado.*

⟶ **Senão** é usado numa só palavra quando significa:

1. **Exceto, salvo, a não ser:** *Ela não faz nada senão usar o computador.*

2. **De outro modo; do contrário:** *Vamos lutar bravamente, senão perderemos a batalha.*

3. **Mas sim:** *Ele não quer namorar Cristina, senão Isabela.*

4. **Erro, falha, defeito, mancha, mácula:** *Não há nenhum senão nesta matéria.*

> **ATENÇÃO!** – Há casos em que ambas as formas podem ser usadas indiscriminadamente (**senão** ou **se não**). Basta que se modifique sutilmente a pontuação. A frase *Tomara que chova, senão estaremos perdidos* pode ser redigida: *Tomara que chova; se não (chover), estaremos perdidos.*

Seção / secção / sessão / cessão.

Seção, que tem como variante **secção**, emprega-se para designar o ato ou efeito de dividir em partes um pavimento. Assim, numa loja, há *seção de brinquedos, seção de esportes, seção de calçados*; enfim, **seção** é cada uma das subdivisões interiores de um estabelecimento comercial.

Sessão designa o período de tempo em que se realiza uma atividade: *sessão de cinema, sessão da Câmara dos Deputados, sessão espírita*.

Cessão é o ato ou efeito de ceder: *cessão de direitos autorais, cessão de uso de um imóvel*, etc.

Segar / cegar.

Segar tem a acepção de *ceifar, cortar.* **Cegar** tem o significado de *tornar-se cego, impedir de ver ou tirar o gume de uma faca, navalha, tesoura, etc.*

Segmento / seguimento.

Segmento é cada uma das partes do que foi dividido: *os **segmento** do mercado, os **segmentos** da sociedade.*

Seguimento é *a ação de seguir; continuação: O programa 'Minha Casa, Minha Vida' terá **seguimento** normal.*

Sela / cela.

Sela é assento de couro que se coloca no lombo de um animal, usado para montar.

Cela é aposento para condenados em presídios, além de pequeno quarto de frades ou freiras nos conventos.

EM TEMPO: Sela é ainda forma do verbo *selar.*

Seleiro / celeiro.

Com **s** é aquele que produz ou vende selas; com **c** é depósito de cereais.

Selvícola / silvícola.

Ambos os termos são legítimos para se referir àquele que nasce ou vive na selva; *selvagem.* Não obstante, os bons escritores preferem **silvícola,** por causa de sua etimologia. (**Silva** é de origem latina e significa *selva.*):

"O poeta romântico (Gonçalves Dias) transformou o *silvícola* em um dos símbolos da autonomia cultural e da superioridade da nação brasileira." (Simulado expresso)

Sem eu / sem mim.

A preposição **sem** normalmente exige um pronome oblíquo: *Ela não vai **sem mim**.*

Devemos empregar **sem eu**, quando após essa expressão aparecer um verbo no infinitivo: *Ela não vai **sem eu mandar**.*

O mesmo se observa com relação a **para mim** e **para eu**: *Comprei uma barra de chocolate **para mim**. Comprei uma barra e chocolate **para eu comer**.*

☞ Veja MIM.

ATENÇÃO! – Às vezes, por uma simples troca de ordem, é possível empregar **mim** antes de um infinitivo:

Para mim, falar inglês ou português não faz diferença.

Na ordem direta teríamos:

Falar inglês ou português não faz diferença para mim.

Sem-número / sem número.

Sem-número é sinônimo de *grande quantidade, número indeterminado*: *Um **sem-número** de pessoas compareceu ao velório.*

Sem número é uma locução formada por preposição + substantivo, equivalente a *sem numeração*: *Havia 5 páginas **sem número** naquele livro. O traficante morava numa casa **sem número**.*

Sem-sal / sem sal.

Com hífen é o mesmo que *insosso, insípido, enfadonho: romance* **sem-sal**, *novela* **sem-sal**, *anedota* **sem-sal**, *jogo* **sem-sal**.

No sentido literal, emprega-se **sem sal**: Detesto sopa **sem sal**. *Ninguém gosta de ovo frito sem sal.*

ATENÇÃO! – Quando **sem** (+ substantivo) constitui um adjetivo, no sentido figurado, o uso do hífen é obrigatório:

sem-fim	sem-partido	sem-terra
sem-nome	sem-sal	sem-trabalho
sem-par	sem-segundo	sem-vergonha

Senáculo / cenáculo.

Senáculo era o local ou praça onde o senado romano realizava suas sessões. O termo permanece até nossos dias para designar *lugar de sessões*.

Cenáculo (do latim *cenaculum*) é o termo usado, segundo as tradições cristãs, para designar o local onde Cristo teve a última ceia com seus discípulos. O termo é derivado da palavra latina *cena*, que significa *jantar*. Por extensão, o vocábulo passou a significar *lugar de ceia; refeitório*.

Senatriz.

Segundo alguns dicionários, **senatriz** é o feminino de senador (ao lado de senadora). Outros consignam o termo apenas como esposa de senador. Já o Houaiss define **senatriz** como "mulher de senador" e sinônimo de senadora.

Veja a definição de **senador** pelo Aurélio:

"Membro do Senado. [Fem.: *senadora* e (p. us.) *senatriz*.]"

Senso / censo.

Senso é o ato de raciocinar, faculdade de julgar, de apreciar; *juízo*. **Censo** refere-se ao levantamento de dados estatísticos concernentes aos habitantes de um país, de uma região ou de um grupo social; *recenseamento*:

"Ora (direis) ouvir estrelas! Certo
Perdeste o *senso!* E eu vos direi, no entanto,
Que, para ouvi-las, muita vez desperto
E abro as janelas, pálido de espanto..." (Olavo Bilac)

"De acordo com o último *censo*, as maiores taxas de crescimento da população foram registradas na Amazônia." (Dic. Unesp)

Sentir (+ infinitivo).

Há seis verbos que exigem cuidado muito especial: **deixar, fazer, mandar** (verbos causativos) e **sentir, ouvir, ver** (verbos sensitivos).

Não é incomum o emprego do infinitivo após esses verbos: *deixaram entrar, fizeram sair, mandou limpar, senti cantar, ouvi dizer, viram morrer*. Se, porém, aparecer um substantivo no plural, entre os dois verbos, a flexão é facultativa:

Sentiu os ladrões *rondar / rondarem* a casa.

Com o substantivo após os dois verbos, a preferência é pelo infinitivo não flexionado:

"Deixai *vir* a mim as criancinhas." (Bíblia sagrada)
Sentiu *crescer* os olhos do vizinho em seus negócios.

ATENÇÃO! – Quando o sujeito for um pronome oblíquo, usar-se-á o infinitivo invariável:

> Sentiu-os *rondar* (e não *rondarem*) a casa.
> Mandou-as *entrar* (e não *entrarem*) imediatamente.
> Viu-os *brincar* (e não *brincarem*) com os amiguinhos.

EM TEMPO: Embora a preferência seja pelo infinitivo invariável (quando o substantivo vem após os dois verbos), vez por outra encontramos o infinitivo flexionado até entre escritores de boa pena:

> "Repele alguém do Mestre, brutalmente,
> os louros querubins de rostos finos.
> – Mas o sábio Rabi lhes diz, clemente:
> 'Deixai *virem* a mim os pequeninos'..."
>
> (Gomes Leal, *As crianças*.)

Sequer.

Os gramáticos mais conservadores seguem a tradição da língua, que exige o emprego de **sequer** apenas em orações negativas:

> "Intolerável é a dor que *não* deixa *sequer* o direito de arguir a fortuna."
> (Machado de Assis)
>
> "Reginaldo confessou que *nem sequer* olhara para o número..."
> (Artur Azevedo)
>
> "*Não* sabia *sequer* o nome da lavanderia onde, pela mão da empregada, tinham ido parar meus ternos..." (Fernando Sabino)

ATENÇÃO! – Convém lembrar que há uma forte tendência, até entre pessoas de certa consideração (com o apoio de alguns dicionários contemporâneos), a empregar **sequer** em orações afirmativas, na acepção de *ao menos, pelo menos, nem mesmo, nem ao menos*:

SIGNIFICADOS	EXEMPLOS
(PELO MENOS) →	"Tudo se arranjaria se ambos tivessem <u>sequer</u> um pouco de boa vontade." (AURÉLIO)

Prefira-se: PELO MENOS

(NEM MESMO) → "<u>Sequer um parente</u> o visitou." (AULETE)

Prefira-se: NEM UM PARENTE SEQUER

(NEM AO MENOS) → "Ele <u>sequer</u> tocou na comida." (Dic. Unesp)

Prefira-se: NEM SEQUER

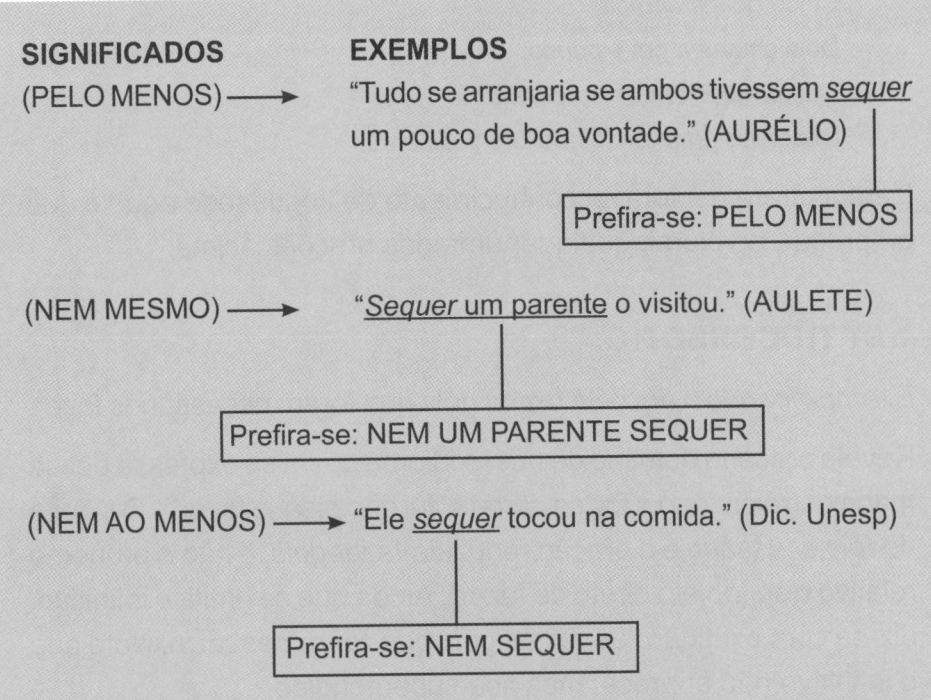

EM TEMPO: Na linguagem castiça, recomenda-se o emprego de **sequer** apenas em orações negativas, como fez Olavo Bilac nestes versos:

"Pisando a areia, que a teus pés falava,
Entre as ramadas floridas seguiste.
Vi lá embaixo o teu vulto que passava...
Tão distraída! – *nem sequer* me viste!"

Ser (concordância).

*Exemplificando o erro: Cinco gols num clássico **são** demais.*

Solecismos, como esse, tomam vulto no mundo esportivo. Mas, convenhamos, dizer *cinco gols num clássico **são** demais* é demais!

Em expressões que significam *falta* ou *excesso*, o verbo **ser** fica no singular:

Cinco gols *é demais.*
Dois chutes a gol *é pouco.*
Oito cartões amarelos *é muito.*
Duzentos gramas de queijo *é suficiente.*

Demonstrará deplorável conhecimento da língua todo aquele que empregar, no plural, qualquer uma das orações acima.

Ser necessário.

Exemplificando o erro: Só fez os gols que foram necessários fazer.

Revela precário domínio de nosso idioma quem se expressa dessa maneira (rejeitando a forma correta "foi necessário fazer"). O sujeito de *foi necessário* é a oração reduzida *fazer gols*, e não o pronome relativo **que** (objeto direto de fazer). Ainda que se omita o infinitivo, diz-se com exatidão: *Só fez os gols que* **foi necessário.** Note que o infinitivo não aparece, mas fica subentendido.

Também se poderá dizer, corretamente: *Só fez os gols que* **foram necessários.** Nesse caso, não se subentende nenhum verbo. Assim temos:

Só fez os gols que...
- foi necessário fazer.
- foi necessário.
- foram necessários.

Mas nunca: <u>...*que foram necessários fazer.*</u>

Ser o fiel da balança.

Fiel da balança é a haste que indica o verdadeiro equilíbrio de uma balança. Por extensão, **Ser o fiel da balança** passou a ser aquele ou aquilo de quem ou de que depende uma decisão:

Nesse grupo da Copa América, a Jamaica *será o fiel da balança.*

Ser perdoado.

Evidenciando a questão: *Edmundo está reintegrado no plantel: foi perdoado mais uma vez.*

O certo não seria: *foi-lhe perdoada a indisciplina mais uma vez?*

O verbo perdoar é bitransitivo: tem como objeto direto uma coisa (*perdoar uma dívida*) e, como objeto indireto, uma pessoa (*perdoar ao devedor*). Com efeito, perdoa-se o quê? *A dívida* (objeto direto). Perdoa-se a quem? *Ao devedor* (objeto indireto). Por isso é que não se diz: *O técnico perdoou o jogador a falta cometida*, mas: *O técnico perdoou ao jogador a falta cometida.*

ATENÇÃO! – "Apesar disso, por influência do uso clássico, também se emprega a voz passiva com a pessoa como sujeito: O **devedor** foi perdoado." (Adriano da Gama Kury)

Seriíssimo / seríssimo.

Estamos diante de uma das mais controversas questões de nosso idioma. Não há unanimidade entre os estudiosos da língua: o Aurélio registra apenas a primeira forma; o Houaiss aceita ambas. Os gramáticos, por sua vez, estabelecem a seguinte regra: "Adjetivos com a terminação **io** precedida por consoante possuem o superlativo com dois **is**: *sério* → *seriíssimo, frio* → *friíssimo, precário* → *precariíssimo, macio* → *maciíssimo*, etc. Se a terminação vier depois de vogal, empregar-se-á apenas um **i**: *cheio* → *cheíssimo, feio* → *feíssimo*".

O que deixa o leitor um tanto ou quanto confuso é o fato de o Volp, o Houaiss e o Aurélio abonarem apenas **feiíssimo**, em que pese a parte final **io** não estar antecedida de consoante (no adjetivo **feio**).

ATENÇÃO! – Com referência a esses adjetivos, mestre Domingos Paschoal Cegalla, em seu admirável *Dicionário de dificuldades da língua portuguesa* passa o problema a limpo de maneira bem objetiva:

> "Alguns adjetivos terminados em **-io**, como **sério, sumário, primário**, etc., assumem, no superlativo, a terminação regular *-iíssimo* ou a irregular *-íssimo*. Há preferência por essa última, por ser mais eufônica: **sumaríssimo** (em vez de *sumariíssimo*, **seríssimo, primaríssimo**, etc."

Com relação a **feio,** o bom senso pede que usemos o superlativo feiíssimo. Se os lexicógrafos e os escritores estão conosco, poucos estarão contra nós:

"Era feiíssimo, era grotesco, mas havia nele a divindade de tudo em que se crê." (Álvaro de Campos)

"Era magro, feio, merecia o superlativo: era magérrimo e feiíssimo..." (Carlos Heitor Cony, *Folha de São Paulo*, 6/7/1997.)

"Mas o fato é que naquela época a casa da dona Otília era *feiíssima*, e ela, por ser boliviana, trazendo na face o aspecto indígena, era discriminada por algumas vizinhas..." (Glauber da Rocha, *Os demônios de dona Otília*.)

Serração / cerração.

Serração é o ato de *serrar;* **cerração** é nevoerio *espesso*.

Sicrano / ciclano.

☞ Veja TOMARE.

Situado em / situado a.

☞ Veja MORAR.

Sob esse prisma.

*Exemplificando o erro: Visto **sob** esse prisma, o jogo está praticamente definido.*

É de evidente impropriedade o uso da preposição **sob** nessa sentença. Uma coisa se vê ***por*** ou ***através de*** um prisma:

"Cada homem vê a existência *através de um prisma* especial." (Mário Gonçalves Viana)

Veja as palavras sábias de mestre Salomão Serebrenick a respeito de **sob** e **sobre**, no caso em apreço:

> "O critério a adotar é de natureza lógica. Se se trata da ideia de *acerca de* ou *a respeito de*, de *apoio em algo* ou *vantagem em relação a algo*, *posição superior*, cabe usar a preposição **sobre**. E se o caso é de *sujeição, posição inferior,* deve-se usar **sob**. Assim sendo, dir-se-á: *sobre* o tema; *sobre* o fundamento; *sob* o aspecto; *sob* pena de castigo; *sob* o governo; empréstimo *sobre* penhor de joias; **sob** ou **sobre** o pretexto; **sob** ou **sobre** garantia."
>
> (70 SEGREDOS DA LÍNGUA PORTUGUESA, BLOCH EDITORES S.A.)

Sobrancelha / sombrancelha.

A primeira é a grafia correta; **sombrancelha** nem o cafuçu tem. (Também se usa no plural.)

☞ Veja DEPEDRAR.

Sobressaia.

Como substantivo, é a saia que se usa sobre outra; *segunda saia*; além de substantivo, é forma verbal de **sobressair:** *Eles esperam que a filha **sobressaia** no emprego.*

Sobressair / sobressair-se.

*Exemplificando o erro: Ele **se** sobressaiu no clássico de ontem.*

O verbo **sobressair** não é pronominal; Assim, não se deve construir *ele se sobressaiu,* mas apenas: *ele sobressaiu:*

> "Clareou o dia, lá embaixo as manchas esquisitas *sobressaíram,* ganharam contornos, afinal surgiram dois canhões apontando o céu."
> (Graciliano Ramos, *Memórias do cárcere*.)

> "... Serra do Espinhaço; e esta, apesar da sugestiva denominação de Eschwege, mal *sobressai,* entre aquelas lombadas definidoras de uma situação dominante." (Euclides da Cunha, *Os sertões*.)

Sócio-torcedor / sócio torcedor.

Quando **sócio** descreve um grupo de cunho social, junta-se ao termo seguinte sem hífen: *socioambiental, sociocultural, socioeconômico, sociopolítico,* etc. Quando antecede a um adjetivo, grafa-se separadamente: *sócio minoritário.*

Escreve-se com hífen sempre que o elemento **sócio** se referir a uma pessoa: *sócio-fundador, sócio-gerente, sócio-torcedor, sócio--diretor, sócio-presidente.*

EM TEMPO: No meio futebolístico, é comum a grafia *"sócio torcedor"* (sem hífen). É bom lembrar que no mundo do futebol existe até **corinthiano** (com **th**). Normal...

Soja.

Ainda que seus sinônimos sejam substantivos masculinos, como *feijão-china, feijão-chinês, feijão-de-soja, feijão-japonês, feijão-soja,* **soja** é substantivo feminino:

> As pesquisas provam que 75% *da soja* produzida no mundo é transgênica.
> "*A soja* é alimento rico em proteína vegetal." (Dic. Unesp)

Somatória / somatório.

Ambos os termos servem para designar *uma operação efetuada com o intuito de chegar à soma total.*

O fato de os dicionários não registrarem **somatória** leva muita gente a tachá-la de palavra inexistente. Em questões de linguagem, nenhum assunto deve ser tratado superficialmente.

Todos sabemos que nosso idioma obedece, em princípio, às postulações do Vocabulário Ortográfico da Língua Portuguesa, que é a fonte a evocar quando dúvidas ocorrerem quanto à grafia, gênero ou número de algumas palavras.

Somos em cinco.

Essa construção evidencia fraqueza de linguagem e desconhecimento de sintaxe. Não se emprega a preposição **em** nas expressões como *éramos nove, somos oito,* etc.:

> O livro "*Éramos seis*", um romance em forma de novela, relata a história de uma família tipicamente paulistana.

Subestimar.

Exemplificando o erro: A **toda-poderosa** *Zélia* **substimou** *a força da classe empresarial.*

... E a todo-poderosa colunista (que redigiu essa "celebridade") subestimou o nível cultural de seus leitores.

Nos adjetivos compostos, o primeiro elemento nunca varia. Assim, o feminino de **todo-poderoso** é **todo-poderosa**. **Substimou** é palavra que não existe. Emende-se para **subestimou**.

Subjuntivo.

☞ Veja É PENA QUE.

Sucinto / suscitar.

*Exemplificando o erro: Sua carta, ainda que **suscita**, **sucinta** alguma chama de esperança.*

Não é difícil perceber que (no exemplo mencionado) os termos em negrito estão trocados. **Sucinto** é adjetivo: descreve tudo que consta de poucas palavras; *breve, resumido, lacônico, conciso: Sua carta, ainda que **sucinta**, **suscita** alguma chama de esperança.*

Suscitar tem o sentido de *fazer nascer, lembrar, provocar, causar: As injustiças **suscitam** descontentamento e indignação.*

Sul (maiúscula e minúscula).

☞ Veja NO NORTE.

Sul-rio-grandense.

Natural ou habitante do Rio Grande do Sul. Plural: *sul-rio-grandenses.* Formas variantes: *gaúcho* e *rio-grandense-do-sul*. No plural: *gaúchos* e *rio-grandenses-do-sul.*

Superavit / deficit / superávit / déficit*.

Segundo o Novo Acordo Ortográfico, **superavit** e **deficit** recuperaram a grafia latina, ou seja, voltaram a ser estrangeirismos, grafam-se sem acento e, como são classificadas como substantivos de dois números, também perderam o "s" do plural.

Surdo-mudo.

Como a própria escrita denuncia, o termo se refere a uma pessoa que é surda e muda ao mesmo tempo.

Indo de encontro à regra de flexão dos adjetivos compostos, os dois elementos variam: *mulher surda-muda, mulheres surdas-mudas; homem surdo-mudo, homens surdos-mudos.*

☞ **Veja PLURAL DOS ADJETIVOS COMPOSTOS.**

Surpresa inesperada.

Aqui a redundância salta à vista. Fuja dela como o capeta foge da cruz; afinal, toda surpresa é inesperada. Ou não é?

☞ **Veja CANJA DE GALINHA.**

---

* Vale a pena mencionar que os dicionários Aurélio, Aulete e o Houaiss aceitam ambas as formas (com ou sem acento). O Aurélio (5ª ed.), por exemplo, nos verbetes **superavit** e **deficit**, tem o capricho de grafar, com letras maiúsculas, a expressão "NOVA ORTOGRAFIA", antes de definir os termos em apreço.

Tachar / taxar.

*Exemplificando o erro: o professor **tachou** de exemplar o comportamento do aluno.*

... E o fez muito mal. Embora a atitude do professor seja irrepreensível, a redação não condiz com a intenção do elogio.

Segundo a observação do prof. Aires da Mata Machado Filho, o coração do mistério está na etimologia e na semântica do vocábulo em análise. **Tachar**, segundo o grande paladino, é pôr defeito, encontrar **senão**.

Ante o exposto, conclui-se que **tachar** só se usa no sentido negativo. **Taxar** (com **x**), todavia, usa-se nos dois casos:

O professor *taxou* de exemplar o comportamento do aluno.

"*Taxou* o trabalho de impecável." (Aurélio)

"*Tacharam* seu Alberto de pão-duro." (Aulete)

"A crítica *taxou* o ator de canastrão." (Idem)

"*Taxou* de excelente a intervenção da amiga." (Houaiss)

"*Taxaram-no* de incapaz." (Idem)

"*Tacharam* seu estilo de brega." (Dic. Unesp)

EM TEMPO: O Dicionário Houaiss corrobora nosso ponto de vista neste passo:

> *Taxam-se* de más ou boas qualidades as pessoas e as coisas – diferentemente do que ocorre com o verbo homônimo *tachar*, que significa 'pôr tacha, defeito': só se *tacha* alguém ou algo de más qualidades.

Tal / tais.

Exemplificando o erro: Edmundo foi barrado, **tal** *as atitudes que tomou.*

Tal deve concordar em número com o substantivo a que se refere: Que **tal** o futebol brasileiro? Que **tais** nossos jogadores? É cada vez maior o número de políticos que assaltam os cofres públicos, **tais** as facilidades que encontram. Edmundo foi barrado, **tais** as atitudes que tomou.

> Merece o sacrifício mencionar outro detalhe importante quanto ao uso de **tal**, recomendado pelo *Manual de redação e estilo do Globo* (organizado e editado por Luiz Garcia):
>
> "Só é possível escrever 'uma doença de *tal* gravidade' ou 'um fenômeno de *tal* magnitude', quando anteriormente se especificou a gravidade ou a magnitude."

Tal qual / tais quais.

Exemplificando o erro: Na Seleção Brasileira de Futebol, os reservas devem ser **tal qual** *os titulares.*

Há controvérsia quanto ao uso de **tal qual**. Enquanto alguns mantêm a expressão invariável, os mais escrupulosos, contudo, preferem usá-la obedecendo ao rigor da gramática.

Segundo a herança cultural da língua, **tal** e **qual** são termos que concordam com os substantivos a que dizem respeito. É fácil verificar que em construções desse tipo há duas orações: **tal** concorda com o sujeito da primeira; **qual,** com o da segunda:

> O reserva é *tal quais* os titulares (são).
> Os reservas são *tais qual* o titular (é).
> Os reservas devem ser *tais quais* os titulares (são).

O *Instituto Euclides da Cunha* reconhece os exemplos acima citados, mas apenas em linguagem literária. O eminente Instituto sugere a forma evoluída, invariável, por julgar **tal qual** uma conjunção comparativa equivalente a **como**, e dá exemplos:

> "Os filhos são tal qual os pais."
> "João será tal qual seus avós paternos."
> "As mães eram tal qual suas filhas no modo de vestir."

ATENÇÃO! – Quem deseja se expressar numa linguagem acurada (sem defeito nem lesão) deve seguir a tradição da língua. Ela exige que os termos **tal** e **qual** concordem com o substantivo a que se referem. Eis dois exemplos incontestáveis:

> "Escreveu asneiras *tais quais* nunca se viram." (Houaiss)
> "Agora é que o lance é o mesmo; mas se conto aqui, *tais quais*, os dois lances de há quarenta anos, é para mostrar que Capitu não se dominava só em presença da mãe, o pai não lhe meteu mais medo."
> (Machado de Assis)

Talvez existam / talvez existem.

Exemplificando o erro: ***Talvez existem*** *muitos obstáculos.*

O advérbio **talvez** exige o subjuntivo quando precede o verbo: ***Talvez existam*** *muitos obstáculos.*

Se, porém, o verbo vier antes de **talvez**, não se usa o subjuntivo: *Existem, **talvez**, muitos obstáculos.*

☞ Veja É PENA QUE.

Tampar / tapar.

Tampar (ou **tapar**) é *cobrir com tampa ou qualquer outra peça móvel: Por favor, **tampe / tape** a frigideira para que não suje o fogão.* Usa-se apenas **tapar** quando se enche um orifício de qualquer coisa para fazer desaparecer: *Os prefeitos costumam **tapar os buracos** das ruas às vésperas das eleições:*

> "Desde que seja usada uma *tampa*, pode-se escrever *tapar ou tampar*, caso contrário use *tapar*." (Arnaldo Niskier)

Tampouco / tão pouco.

A primeira (numa só palavra) expressa *também não, nem: Não leu o livro, **tampouco** assistiu ao filme.* A segunda tem o sentido de *muito pouco: O brasileiro ganha **tão pouco** que mal consegue sobreviver.*

Tanto faz.

Trata-se de uma construção invariável: ***Tanto faz** duas ou cinco contratações: nada vai resolver o problema do time.*

Tanto quanto.

A expressão que quer dizer *um pouco* é **um tanto ou quanto,** e não **tanto quanto** (que é mera locução comparativa). Compare os dois exemplos:

> "Era homem de poucas palavras, *um tanto ou quanto* arredio." (Houaiss)
> O técnico fez *tanto quanto* pôde.

Tão só / tão somente.

As duas expressões têm o mesmo significado – *apenas, unicamente*. Agora, ambas as formas apresentam uma novidade: grafam-se sem hífen. Eis dois modelos de valor sólido, adaptados à nova ortografia:

"Não imagino nada; vós sois meu, *tão só* meu, *tão somente* meu."
(Machado de Assis, *Páginas recolhidas*)

"Nunca amamos ninguém. Amamos, *tão somente*, a ideia que fazemos de alguém..." (Fernando Pessoa)

Tataravô / tetravô.

Existem as duas formas, e ambas são oficiais. **Tetravô** é o pai do **trisavô** ou da **trisavó**; portanto, é o *quarto avô*. A grafia **tataravô** nada mais é do que o fruto da linguagem tatibitate (fala infantilizada) da pronúncia [*tetravô*].

Tem-tem / tentém.

Tem-tem é o *equilíbrio de pouca estabilidade de uma criança quando começa a dar os primeiros passos*. **Tentém** é uma designação de planta; *erva-de-passarinho*.

Tenção / tensão.

Com **cê-cedilha** (ou **cê-cedilhado**), é o mesmo que *propósito, desígnio, intenção, intento*:

"Se a sua *tenção* é ir rápido, tome um avião." (Aurélio)

Com **s**, é a *condição ou estado do que é ou está tenso*:

Sempre houve e sempre haverá *tensão* nas relações entre palestinos e israelenses.

Ter a mão cortada.

*Exemplificando o erro: O goleiro foi substituído porque **teve a mão cortada**.*

Esse acidente de redação é de causar espanto.

Fica muito mais claro dizer que *o goleiro foi substituído porque teve um corte na mão*, já que ela não foi amputada.

Extravagância semelhante é dizer que *as instruções foram passadas **através do*** *massagista*, em vez de **pelo** *massagista*. Tal construção dá a entender que as instruções atravessaram o corpo do massagista para chegar ao seu destino.

A locução **através de** nunca deve ser usada para introduzir o agente da passiva, que – em linguagem acurada – se constrói com **por**: *O gol foi feito **pelo** goleiro do São Paulo*. Emprega-se **através de**, corretamente, no sentido de *passar de um lado para o outro*: *Vejo o estádio **através de** minha janela*.

Portanto, devemos evitar construções como:

1. O gol foi anulado *através do* assistente.
Corrija-se para: ...pelo assistente.

2. O jogo será transmitido *através da* rádio local.
Corrija-se para: ...pela rádio local.

---

* "Já é aceitável o uso de **através de** com o sentido de *por meio de*: *Recebeu a notícia **através de** uma notificação oficial*. O melhor, entretanto, é usar apenas a preposição **por**: *A notícia chegou **por** uma notificação oficial. O gol foi marcado **por** Ronaldinho*." (Sérgio Nogueira Duarte da Silva, *O português nosso do dia a dia*.)

"Evite usar **através de** no lugar de **mediante, por meio de, graças a** ou da preposição **por**: *Falei com ele **pelo telefone**. O acerto será feito **mediante** acordo de líderes. A notícia chegou **por intermédio** dos familiares da vítima*." (Dad Squarisi, *Manual de redação e estilo*.)

3. Os casos de indisciplinas serão resolvidos *através da* diretoria.
Corrija-se para: ...pela diretoria.

Ter de / ter que.

Houve um tempo em que se discutia muito esse assunto; na época que corre, é facultativo o uso de uma ou de outra forma: *Tenho que* ir embora. *Tenho de* ir embora.

ATENÇÃO! – Um olhar histórico sobre essas formas revela que, em tempos idos, especialistas e filólogos célebres, como Mario Barreto e outros, só aceitavam **ter de**. Os gramáticos modernos, entretanto, não fazem distinção entre **ter de** e **ter que,** a não ser quando o **que** tem valor de pronome relativo:

> Ainda *temos* muito *que* aprender.
> Não faço uso das redes sociais, pois *tenho* mais *que* fazer.

Terraplanagem / terraplenagem.

Qualquer obra que tenha por fim modificar o nível da superfície de um terreno por meio de escavação ou de aterro. Ambas estão corretas, mas a segunda forma é a mais comum.

Tetracampeão / tetra-campeão.

☞ Veja BICAMPEÃO.

Tireoide / tiroide.

Embora **tiroide** seja a forma mais comum, **tireoide** é a grafia preferida dos bons escritores. Ambos os termos perderam o acento agudo.

☞ Veja PALAVRAS COM MAIS DE UMA GRAFIA, pág. 355.

Todas as três / todas três.

Omite-se o artigo quando a palavra toda (ou todo) vem seguida de numeral:

> Os Oliveiras têm dois filhos e três filhas: *todos cinco* são cantores.

Emprega-se o artigo, nesse caso, somente quanto o numeral vier antes de um substantivo:

> *Todos os cinco irmãos* são cantores.
> *Todas as quatro palavras* têm o mesmo significado.
> *Todas as três irmãs* são muito bonitas.

ATENÇÃO! – Devemos evitar, no entanto, as construções **todos dois** e **todas duas**. Para substituí-las, usamos **ambos** e **ambas**: Tenho dois irmãos gêmeos: **Ambos** torcem pelo Corinthians. Marina e Isabela são primas: **ambas** têm nomes inspiradores.

Tomare.

Exemplificando o erro: **Tomare** *que a Seleção Brasileira chegue lá!*

Será que nosso locutor endoideceu de vez? Tomara que não!

Quanta besteira a gente diz num rasgo de emoção, prezado leitor! **Tomare** é farinha proveniente da mesma mandioca, que deu origem a **seje** e **esteje**. As formas vernáculas são **tomara, seja** e **esteja**.

☞ Veja DEPEDRAR.

Tons pastéis.

A forma correta é **tons pastel**. Quando a nome da cor for um substantivo, a palavra não varia:

> "... É sempre bom ter um pincel e uma aquarela para disfarçar os *tons pastel* de um dia malpintado..." (Ana P. Diogo)

Tórax / torácico.

É assim mesmo: **tórax** é com **x**; **torácico**, com **c**. Esta é, com certeza, nossa língua portuguesa.

Torcer (para ou por?).

Exemplificando o erro: Dos 495 deputados que disseram torcer **para** *algum time, 93* **preferem ou simpatizam com** *o Flamengo.*

Essa esquisitice foi extraída de um grande jornal de São Paulo; infelizmente "não dá para não criticar".

Quem torce *torce por* alguém ou *por* algum time, mas nunca *para*.

A construção *preferem ou simpatizam com* vai de encontro à estrutura da língua, já que os dois verbos, aqui empregados, não têm a mesma regência. Agora, veja como fica em português: *Dos 495 deputados que disseram* **torcer por** *algum time, 93* **preferem** *o Flamengo ou* **simpatizam com** *ele.*

ATENÇÃO! – A construção *ele torce* **para** *que seu time se classifique* não apresenta nenhuma impropriedade, porque aqui o verbo **torcer** é intransitivo, e não transitivo indireto como na frase criticada.

Torre Eiffel (pronúncia).

☞ **Veja NOBEL.**

Transístor / transistor.

Tanto faz. São variantes que servem para descrever *um dispositivo que pode funcionar como amplificador da corrente elétrica;* foi inventado para substituir as válvulas nos rádios e televisores.

Usam-se também para se referir a *um aparelho de rádio portátil, montado com esse dispositivo.*

☞ **Veja PROSÓDIA, pág. 357.**

Traqueotomia / traqueostomia.

Traqueotomia é a *Incisão cirúrgica na traqueia para passagem de ar.* Tem como variante a forma *traqueostomia.*

☞ **Veja PALAVRAS COM MAIS DE UMA GRAFIA, pág. 355.**

Traslado / translado.

As duas formas são usadas com muita frequência. A curiosidade, contudo, fica por conta do adjetivo **translado**. Embora o termo seja acolhido por quase todos os dicionários e reconhecido por muitos gramáticos, o Vocabulário Oficial só registra **traslado**, apesar de consignar os verbos **trasladar** e **transladar.** Não somos perfeitos. (Nem ele; só Deus.)

Trata-se de.

Exemplificando o erro: **Tratam-se de** *jogadas ensaiadas.*

Sempre que a partícula **se** vier entre um verbo e um substantivo no plural, o verbo deverá concordar com o substantivo, que é o sujeito da oração: **Alugam**-*se casas.* **Consertam**-*se sapatos.* **Vendem**-*se revistas usadas.* **Dão**-*se aulas de espanhol.* **Vendem-se** *produtos importados.*

Se, contudo, aparecer uma preposição (geralmente **de**) antes do substantivo, este se transforma em objeto indireto (a oração passa a ter sujeito indeterminado) e o verbo permanece rigorosamente no singular, visto que não há voz passiva pessoal com verbos transitivos indiretos: **Trata**-*se de jogadas ensaiadas.* **Necessita**-*se* *de vendedores com prática.* **Precisa**-*se de professores.* Eis um exemplo maciço:

> "Os primeiros livros de Machado de Assis são de pouco valor literário. *Trata-se* de obras da fase romântica do escritor." (Domingos P. Cegalla)

Trema (sinal gráfico).

O trema – sinal diacrítico (¨) que se colocava sobre a letra **u**, nos grupos **gue**, **gui**, **que** e **qui,** como em *lingüiça* e *cinqüenta* – foi abolido com o Acordo Ortográfico de 1990. O trema atualmente só se usa em antropônimos estrangeiros e seus derivados: *Müller, mülleriano, Bündchen, etc.*

EM TEMPO: No português lusitano, o trema deixou de existir em 1946.

Triavô.

Cuidado! Embora existam **trineto** e **trisneto,** oficialmente **trisavô** não tem como variante *triavô*, mas sim: *tresavô*.

Trinchar / destrinchar.

☞ Veja DESTRINCHAR.

Tudo mais / tudo o mais.

*Exemplificando o erro: "Só quero que você me aqueça neste inverno, e que **tudo mais** vá pro inferno".* (R. Carlos e E. Carlos)

Embora **tudo que** e **tudo o que** sejam formas facultativas, o mesmo não ocorre com **tudo o mais**, que não abre mão do **o**:

> "Deus criou *tudo o que* existe." (Houaiss)
> "Não poderia ter *tudo que* almejava." (Aulete)
> "Para o homem sábio o importante é a sabedoria. *Tudo o mais* é secundário." (D. P. Cegalla)

Assim, corrigindo o exemplo, temos: ... *E que **tudo o mais** vá pro inferno.*

Tudo-nada.

Enganam-se aqueles que pensam ser esse substantivo *tudo ou nada*. Na realidade, **tudo-nada** tem o sentido de *quantidade muito pequena, quase nada, ninharia, pedacinho, tiquinho:*

"Ela queria nem que fosse um *tudo-nada* de felicidade." (Houaiss)

☞ **Veja MALFERIDO.**

U

Ultrage / ultraje.

Ultraje é sinônimo de *injúria, afronta grave, insulto*. **Ultrage** não existe. Não obstante, mestre Aurélio, em seu incomparável dicionário, informa que "a boa grafia seria ***ultrage***".

Um copo com água / um copo d'água / copo-d'água.

O primeiro refere-se *a um copo com certa quantidade de água;* o segundo, a *um copo cheio de água.*

Copo-d'água é *uma pequena reunião com doces e bebidas, em que uma pessoa é homenageada.*

Um deixou pro outro.

Exemplificando o erro: Um deixou pro outro; **o outro deixou pro um** *e a bola se perdeu pela linha de fundo.*

Está aqui uma das criações mais infelizes do mundo esportivo.

Nossos locutores ainda não se deram conta de que a forma correta é *um deixou pro outro* (sem esta extravagância *o outro deixou pro um*, que só presta para tornar a construção esdrúxula). Os que entendem de reciprocidade – são poucos, é claro – dizem: **Um deixou pro outro** e a bola se perdeu pela linha de fundo.

Erros, por excesso ou falta de palavras (ou letras) e termos trocados, são comuns na linguagem esportiva. O leitor deve estar sempre atento para não embarcar em canoas perigosas como estas:

FORMAS A EVITAR	→	FORMAS CORRETAS
1. *jogo ruim de **se** ver*	→	jogo ruim de ver
2. ***puxar** uma perna*	→	puxar de uma perna
3. ***pagar com** a mesma moeda*	→	pagar na mesma moeda
4. *prova dos **nove***	→	prova dos noves
5. *chutar **no** gol*	→	chutar a gol
6. *elo **de ligação***	→	elo
7. ***vencer** obstáculos*	→	superar obstáculos
8. *panorama **geral***	→	panorama
9. ***adiar** a data*	→	trocar a data
10. ***superar** desafios*	→	vencer desafios

Um dos que (concordância).

O verbo que vem depois de **um dos que** deve estar sempre no plural: *Ele é um dos que mais **trabalham**.* Essa oração indica que a pessoa está entre aquelas que mais trabalham.

Muita gente fica indecisa quanto ao uso da expressão **um dos que**, porque – segundo alguns estudiosos – há casos em que o verbo fica obrigatoriamente no singular. Isso ocorre quando o verbo só se refere a uma pessoa ou coisa:

"O Mississípi é um dos rios americanos que *divide* os Estados Unidos em dois."

Nesse caso, o verbo **dividir** refere-se exclusivamente ao rio Mississípi, por ser ele, entre os rios americanos, o único a separar o País em dois.

ATENÇÃO! – Sobre questões vernáculas, nunca é bom tratar do assunto apenas pela rama. Com relação ao último exemplo, Salomão Serebrenick, em seu livro *70 segredos da língua portuguesa*, contrapõe o caso com muita lucidez:

> "Os autores que defendem o uso do singular em certos casos dão como exemplo: *O Amazonas é um dos rios que **apresenta** maior volume de água; Santos Dumont foi um dos brasileiros que **inventou** o aeroplano.* Mas as alegações desses autores são improcedentes; para esses exemplos cabe mudar a redação: O Amazonas é o rio de maior volume de água; O brasileiro Santos Dumont inventou o aeroplano.
>
> Assim, pois, o verbo tem que ir sistematicamente para o plural."

Então, o exemplo reformulado e corrigido ficaria assim:

"O Mississípi é o rio americano que *divide* os Estados Unidos em dois."

Um doze avos / um doze avo.

O termo **avo** só se usa com denominadores acima de dez. Segundo alguns gramáticos, ele deve concordar sempre com o numerador. Assim temos: *1/12 (um doze **avo**), 3/12 (três doze **avos**)*.

Mas a orientação dos melhores dicionários da atualidade vai de encontro a esse tipo de concordância. Se não, vejamos:

Dic. Aurélio ⟶ 1/12 – **um doze avos**; 3/12 – três doze avos.

O dicionário fecha o verbete com a seguinte observação: "[Us. quase só no pl.]"

Dic. Houaiss ⟶ 1/12 **um doze avos**; 3/12 três doze avos.

Dic. escolar da ABL ⟶ 1/24 um vinte e quatro avos.

Dic. Caldas Aulete ⟶ 4/12 lê-se 'quatro doze avos'.

EM TEMPO: No verbete AVO, o Aulete não registra nem um exemplo sequer com o numerador no singular, mas termina a definição com uma frase fundamental para que se coloque um ponto-final na questão em análise: **"[Usa-se somente no plural.]"***

Um e outro (concordância).

☞ Veja CONCORDÂNCIA VERBAL.

Um mil reais.

Nunca use **um** antes de **mil**. Muito menos **hum**. Ao preencher um cheque, há recursos seguros e corretos a fim de evitar falsificações sem maltratar a língua.

Somente a partir de **dois mil** é que se faz necessário o emprego do cardinal: *dois mil, três mil, quatro mil...*

Um ou outro (concordância).

Com essa construção, o verbo e o substantivo (se existir) ficam no singular: *Um ou outro livro bom* **estava** *à disposição na biblioteca. Um ou outro* **queria** *aprender espanhol.*

Um tanto quanto / um tanto ou quanto.

☞ Veja TANTO QUANTO.

---

* "Escreva sempre **um doze avos, três doze avos**. A palavra avo só se usa sem plural quando expressa um ou zero: **um avo, zero avo**." (ABL)

Umbigo / embigo.

Para designar *a marca deixada no meio do ventre, formada a partir da cicatriz do corte do cordão umbilical* ambas as formas são vernáculas. O bom senso, no entanto, recomenda a primeira grafia, já que **embigo** é modelo arcaico e informal.

Não obstante, grandes nomes de nossa literatura (como João Ribeiro, Godofredo Rangel e outros) fizeram uso do vocábulo informal em suas obras. Eis um exemplo digno de nota:

> "Vamos xingar a mulher, que está envenenando a vida com seus olhos e suas mãos e o corpo que tem dois seios e tem um *embigo* também. Meu amigo, vamos xingar o corpo e tudo que é dele e que nunca será alma..." (Carlos Drummond de Andrade)

Umedecer / umidecer.

Tornar-se úmido é **umedecer**, e não *umidecer*.

Unha-de-fome / unha de fome.

Pessoa excessivamente apegada ao dinheiro é **unha de fome**. SEM HÍFEN!

Unicolor / onicolor.

O primeiro termo refere-se àquilo que tem apenas uma cor; o segundo descreve algo que tem todas as cores em sua composição.

> "Os primeiros selos eram *unicolores*." (Dic. Unesp)
> Sobre a mesa, havia um arranjo floral *onicolor*.

Usofruto / usufruto.

O direito que permite a alguém usufruir coisa alheia e aproveitar dos seus frutos, durante um certo tempo, sem lhe alterar a substância nem o destino, chama-se **usufruto**, e não *usofruto*:

> "O comendador...havia-lhe abandonado (ao filho) a administração e *usufruto* da fazenda, e vivia na corte, onde procurava alívio ou distração aos achaques que o atormentavam." (Bernardo Guimarães, *A escrava Isaura*, apud dic. Aulete.)

Usuário / usurário.

Aquele que faz uso de alguma coisa (geralmente de serviço público) é um **usuário**; **usurário** é aquele que pratica a *usura (agiotagem)*.

Usucapião.

Trata-se de um meio de adquirir o domínio de algo pela posse prolongada de um bem de acordo com os requisitos legais. É substantivo de dois gêneros, ou seja, tanto é correto dizer **o usucapião** quanto **a usucapião**. Afora esse substantivo, há uma série de palavras que admitem os dois gêneros:

o acróbata → a acróbata		o eletricista → a eletricista
o anarquista → a anarquista		o estudante → a estudante
o atendente → a atendente.		o fã → a fã
o avestruz → a avestruz		o gerente → a gerente
o colegial → a colegial		o herege → a herege
o compatriota → a compatriota		o imigrante → a imigrante
o consorte → a consorte		o indígena → a indígena
o dentista → a dentista		o jovem → a jovem
o doente → a doente		o jurista → a jurista

o lojista → a lojista		o selvagem → a selvagem	
o mártir → a mártir		o servente → a servente	
o médium → a médium		o suicida → a suicida	
o motorista → a motorista		o taxista → a taxista	
o patriota → a patriota		o turista → a turista	
o residente → a residente		o viajante → a viajante	

EM TEMPO: Nunca é demais repetir o que foi mencionado, no verbete **"cólera"**, com relação ao gênero desse substantivo:

"Quando se trata da doença, tanto os que dizem 'o cólera' como os que preferem 'a cólera' têm respeitáveis autoridade em que se apoiar."

(Prof. Odilon Soares Leme, *Tirando dúvidas de português*.)

☞ Veja GÊNERO DOS SUBSTANTIVOS.

Usufruir / desfrutar / compartilhar.

É aconselhável empregar esses verbos sem a preposição **de**. Portanto, é melhor usufruir, desfrutar ou compartilhar *alguma coisa* do que *de alguma coisa*.

Utilizar / utilizar-se.

No sentido de *ter utilidade, aproveitar,* emprega-se a primeira forma: *É preciso saber **utilizar** os alimentos que sobram*. Na acepção de *tirar proveito*, usa-se a forma pronominal: *Utiliza-se do cargo para obter vantagens*.

V

Vadear / vadiar.

Vadear é transpor, a pé ou a cavalo, o trecho de um rio, do mar ou de um lago: *O cavaleiro **vadeava** o rio tentando juntar a boiada.* **Vadiar** é andar à toa de um para outro lado; *vagabundear: Não trabalhava; vivia **vadiando** pelas ruas.*

Vagem / bagem.

Ambas têm o mesmo significado: invólucro das sementes ou grãos das plantas leguminosas. A primeira é a forma preferida das pessoas que gostam de se expressar bem.

Vai (ou vão?) para dez anos.

O verbo **ir**, nas expressões de tempo (seguido das preposições **para, por** ou **em)** torna-se impessoal, isto é, mantém-se na terceira pessoa do singular:

> Vai por vinte aos que tudo isso aconteceu.
> Vai em quase quinze anos que não a vejo.

ATENÇÃO! – Se as referidas preposições não forem empregadas, o verbo **ir** se flexionará regularmente:

> Já lá vão quarenta e tantos anos que eles se casaram.

Vai e vem / vaivém / vai-vem.

Com exceção de *vai-vem* (que não existe), as outras formas servem para descrever o movimento alternativo (de pessoas ou coisas) de um lado para outro: *Sentados na praia, sentiam enjoo com o **vai e vem** / **vaivém** das ondas.*

Vai que é sua Taffarel!

Se eu fosse Taffarel, confesso que ficaria indeciso. Um bom goleiro só deve ir "nas boas".

Quase todos os brasileiros que gostam de futebol conhecem muito bem essa frase e o seu criador. Poucos, porém, se dão conta da impropriedade que ela apresenta. Sendo **vai** forma da segunda pessoa, o correto é usar **tua**, e não **sua**. Outra opção seria dizer: *Vá que é sua...*

Compare com os itens SE LIGA NO SBT e VEM PRA CAIXA VOCÊ TAMBÉM. Lá, como aqui, a incoerência salta aos olhos.

Vantagem / handicap.

*Exemplificando o erro: O Coritiba jogará em casa: terá **handicap** de campo e torcida.*

Todo estrangeirismo torna-se uma expressão elegante quando usada com sobriedade e a jeito, mas como costuma ser mal--empregado o termo **handicap**. Quer-me parecer de todo inútil atirar pedras contra os que se valem dessa palavra para designar *vantagem*, dado que tal erro já se encontra arraigado, na nossa imprensa esportiva, e não há quem consiga convencer nossos radialistas de que seu significado é exatamente o contrário.

A handicapped person, em inglês, significa *uma pessoa deficiente*.

Defeito esse que não lhe permite desfrutar uma vida normal ou levar uma vida em pé de igualdade com as demais. Em resumo: é uma pessoa em desvantagem. Assim, o emprego da palavra em português – vulgarmente com o sentido de *vantagem* – é um extraordinário contrassenso.

Vem pra caixa você também.

Tarefa fácil é buscar erro de toda sorte em nossos meios de comunicação. E esse convite maroto representa bem o descaso com que nossas autoridades tratam a nossa língua. O próprio governo, que deveria estar empenhado em erradicar o analfabetismo no Brasil, faz as coisas às avessas.

Vem é forma da 2ª pessoa do imperativo afirmativo. Logo, o sujeito deve ser **tu**, e não **você**. Também é correto dizer: VENHA PRA CAIXA VOCÊ TAMBÉM. É apenas uma questão de coerência.

EM TEMPO: E que sirvam de exemplo as palavras de Júlio Ribeiro aos que veem nesta crítica alguma rigidez: "Dever de todos que falam e escrevem é zelar a pureza do idioma; muito melhor é o exagero do que a criminosa negligência".

Vencer obstáculos.

*Exemplificando o erro: O Grêmio **venceu** mais um **obstáculo** na Libertadores.*

Obstáculos não se vencem; superam-se. Desafios é que são vencidos.

Vendável / vendível.

Vendável refere-se a coisas que se vendem com facilidade, que têm boa aceitação no mercado. **Vendível** é o que pode ser vendido, que está à venda, negociável:

"Os livros de Alencar ainda são vendáveis." (Dic. Unesp)

"Nem tudo que é vendível é comprável." (Aulete)

ATENÇÃO! – Nem todos os dicionários estabelecem diferença entre **vendável** e **vendível**.

O dic. Aurélio, com a autoridade que lhe é atribuída, faz uma observação muito oportuna, no verbete **vendável,** acerca do assunto:

"Vendável
Que tem boa venda; que se vende com facilidade.

[Este vocábulo vem nos dicionários como sinônimo de vendível em todas as acepções; mas é inegável a tendência para usar vendável apenas no sentido aqui apontado, dando-se a vendível a acepção de 'que pode ser vendido'.] "

Nunca é demais lembrar o velho adágio: "Manda quem pode, obedece quem tem juízo!"

Ver / olhar / enxergar.

Ver é captar imagem por meio dos olhos; contemplar: *Foi reprovado no exame de vista, porque não conseguiu **ver** as letras menores.*

Olhar é dirigir os olhos para alguém ou alguma coisa: ***Olhava** para o padrasto com o pensamento voltado para o pai.*

Enxergar é tentar distinguir (com dificuldade) pelo uso dos olhos; divisar: *A névoa era tanta que os motoristas quase nada podiam **enxergar**.*

Vernissage / vernissagem / vernizagem.

Para se referir ao dia que antecede à abertura oficial de uma exposição de artes, em que o artista dá os últimos retoques a suas obras, tanto podemos empregar a palavra francesa **vernissage** quanto à forma aportuguesada **vernissagem**. Vale lembrar que, oficialmente, a primeira é substantivo masculino; a segunda, feminino (embora não haja conformidade entre os lexicógrafos):

"Rudi, por exemplo, o aconselhava a comparecer a determinado *vernissage*..." (Luís Fernando Veríssimo)

"As imagens da vernissagem dessa exposição, que aconteceu no dia 19 de março abrindo a semana de Porto Alegre, estão disponíveis..." (StudioClio)

Vernizagem nada tem a ver com os termos anteriores. É apenas a ação de revestir com tênue camada de verniz o cobre, antes da gravação.

Verruga / berruga.

Ambas as formas estão conforme a lei, em que pese a grafia **verruga** ser a mais usual.

A mesma observação pode ser feita com relação aos termos **vassoura** e **bassoura**.

☞ Veja BERRUGA.

Vez / vezes.

Exemplificando o erro: **Dois vezes** *dois são quatro.*

Obedecendo à tradição da linguagem formal, o erro deverá ser emendado para: *"**Duas** vezes dois são quatro".*

É lamentável deparar com esse tipo de construção exatamente no Houaiss, que é uma das poucas fontes confiáveis do nosso vernáculo.

Via de regra.

Certos gramáticos não se encantam com essa locução. Tacham-na de expressão estereotipada e muito ultrapassada.

Em casos semelhantes, quem escreve deve fugir da mesmice, fazendo uso de construções alternativas como nestes exemplos:

> *Em regra* dirige-se muito mal neste País.
> "Os grandes livros de história são, *de regra,* frutos da maturidade."
> (Dic. Unesp)

Viajar de / por / em / com.

Emprega-se **viajar de** quando o meio de transporte não está seguido por um nome que o especifique: *viajar de trem, viajar de carro, viajar de avião.*

Se o meio de transporte estiver especificado, usar-se-á **viajar por** ou **em**: *Viajei pelo avião da Gol. Viajou pelo trem-bala.*

Nunca *viajei no trem-bala. Adoro viajar em ônibus noturnos.*

Viajar **com** denota companhia. Embora seja correto dizer que *viajei com Isabela*, seria um tremendo disparate afirmar que *viajei com o trem das sete,* o que é humanamente impossível.

Vibrar de alegria.

Exemplificando o erro: A torcida **vibrava de alegria acenando** lenços brancos.

Vibrar de alegria é redundância, visto que ninguém, em estado sóbrio, vibra de tristeza.

O verbo **acenar** não é transitivo direto; exige a preposição **com**.

Assim, quem tem bom senso diz: *A torcida* **vibrava acenando com** *lenços brancos*. Eis um exemplo de nossa literatura clássica:

"Viva! viva! exclamou de longe acenando com os braços, seja bem-vindo neste rancho..." (Visconde de Taunay, *Inocência*.)

Veja outras barbaridades (semelhantes a **vibrar de alegria**) que assolam os gramados brasileiros: *estrear um novo técnico, recuar para trás, avançar para a frente, a bola entrou dentro do gol, sair fora da grande área, inaugurar um estádio novo...*

Vício de linguagem.

Construção que vai de encontro à norma da linguagem formal. São vícios de linguagem: *ambiguidade* (duplo sentido), *arcadismo* (palavras e expressões arcaicas), *barbarismo* (erro crasso), *cacófato* (som desagradável), *eco* (repetição de palavras ou sons), *neologismo* (uso de palavras ou expressões novas), *pleonasmo* (redundância) e *solecismo* (erro de sintaxe).

VIP.

Trata-se de uma sigla inglesa: *very important person* (pessoa muito importante). Diz-se de pessoa que recebe tratamento fora do comum em função de seu prestígio, influência, poder ou popularidade. É substantivo ou adjetivo de dois gêneros. Em inglês pronuncia-se [**vi ai pi**]; em português, [**vip**]: *Eles se conheceram numa sala* **VIP** *de um aeroporto*.

Vir num crescente.

☞ Veja CRESCENTE.

Vírgula (uso).

Emprega-se a vírgula nos seguinte casos:

1. Para separar palavras ou orações justapostas em substituição à conjunção **e**:

> Pare, olhe, escute e prossiga.
>
> A criança trazia na face uma inocência, uma pureza, uma ingenuidade, uma beleza extraordinária.

2. Para separar vocativos:

> Olá, meu rapaz, onde estavas?

3. Para separar apostos:

> Aristóteles, preceptor de Alexandre, foi um grande sábio.

4. Para separar orações intercaladas:

> "É bem feiozinho, benza-o Deus, o tal teu amigo!" (Aluísio Azevedo)

5. Para separar adjuntos adverbiais:

> "Depois de procelosa tempestade, noturna sombra e sibilante vento, traz a manhã serena claridade de porto e salvamento." (Camões)

6. Para indicar a elipse de um termo:

> Meu irmão fala francês; minha irmã, alemão.

7. Para separar conjunções:

> "Não julgueis, porém, que isso tenha sido mera obra do acaso." (Coelho Neto)

8. Para separar orações reduzidas:

> Estudando sem método, serás reprovado.

9. Para separar elementos paralelos em frases proverbiais:

> "Antes a pobreza honrada, do que a riqueza roubada." (Salomão)

10. Para evitar ambiguidade:

O aluno tirou a palavra *céu*, da boca do professor.

11. Para separar o lugar, da data:

São Paulo, 10 de janeiro de 2016.

12. Para separar expressões expletivas como: **isto é, a saber, por exemplo,** etc.:

Marcelo é um bom garfo, *isto é*, tem um apetite de leão.

ATENÇÃO! – Nunca separe o sujeito do verbo, como neste caso:

Aquela manhã de primavera, foi inesquecível.

Nunca deixe de separar orações explicativas. Elas funcionam como aposto e transmitem uma informação secundária:

Minha sogra, *que mora em São Paulo*, é médica.

Veja o leitor que a oração mudaria de sentido se as vírgulas fossem omitidas. Elas dão a entender que o orador tem apenas uma sogra (que mora em São Paulo); sem elas, a pessoa passaria a ter mais de uma (o que convenhamos – seria dose pra mamute!)

Visar.

Dependendo do contexto, visar pode se transitivo direto ou indireto:

1. No sentido de *pôr o sinal de visto* (num cheque ou passaporte), é transitivo direto: *Vou ao banco* **visar um cheque**. *Ele não viajou porque o consulado não* **visou seu passaporte**.

2. No sentido de *mirar*, também é transitivo direto: *O policial* **visou** *o bandido, mas acertou a vítima.*

3. No sentido de *ter por objetivo*, é transitivo indireto: *Ela sempre* **visou a** *um cargo público.*

Vitrina / vitrine.

O Aurélio e o Michaelis só consignam **vitrina**. Em compensação, os dicionários Houaiss, Unesp, Escolar da ABL e o Grande dic. unificado da língua portuguesa agasalham ambas as formas .

EM TEMPO: O Volp lista os dois termos, mas assinala que **vitrine** é palavra estrangeira. Assim, se optarmos por **vitrina**, estaremos sempre em boa companhia.

Voar pelos ares.

Exemplificando o erro: A *cobertura do posto de gasolina **voou pelos ares**.*

Eis uma redundância que se percebe à vista desarmada. Afinal de contas, tudo o que voa só pode voar pelos ares mesmo.

Nesse caso é melhor reformular a construção, como neste exemplo: *Com a explosão, a cobertura do posto de gasolina **foi aos ares**.*

☞ Veja CANJA DE GALINHA.

Voltar atrás.

Essa construção não se constitui numa redundância. Ela não implica necessariamente um movimento físico, mas sim uma atitude de arrepender-se, desistir-se de algo realizado anteriormente, como podemos verificar nestes lances:

"Palavra de alfageme não *volta atrás*." (Rebelo da Silva)

"Pressionado pela opinião pública, o governo *voltou atrás* e revogou o decreto." (D. P. Cegalla)

"Não havia meio de fazê-lo *voltar atrás*." (José de Alencar)

Voltar atrás tem guarida no Novíssimo Aulete:

1. Desistir (de algo), interrompendo o que faz; desfazer o que fizera.
2. Recuar a um ponto anterior no desenvolvimento de algo (raciocínio, trabalho, processo etc.)

ATENÇÃO! – Não devemos confundir a expressão em evidência com **voltar para trás**, que é um desconchavo extraordinário, como neste passo:

Antes de chegar ao aeroporto, **voltou para trás** porque não queria mais viajar.

Para fugir do disparate, bastaria construir: *Antes de chegar ao aeroporto, resolveu **voltar para casa** porque...*

Vossa Excelência / Sua Excelência.

Excelência é forma de tratamento conferida a pessoas (de ambos os sexos) das camadas mais altas da sociedade.

O possessivo **vossa** é empregado quando se fala com a pessoa: *Quando **Vossa Excelência vai** propor seu projeto?*

Quando se está falando a respeito da pessoa, usa-se **sua**: *Sua Excelência pretende apresentar seu projeto na próxima semana.*

EM TEMPO: Embora o pronome **vossa** refira-se a 2ª pessoa do plural, o verbo e o pronome, no caso em tela, são empregados na 3ª pessoa do singular.

Vôlei / voleibol / volibol.

Todas as três grafias são fidedignas. Use a forma que quiser, pois é tudo da lei.

Vox populi, vox dei.

Expressão latina, que significa *"a voz do povo é a voz de Deus."*

Vultoso / vultuoso.

☞ **Veja QUANTIA VULTUOSA.**

W

W.
Abreviação internacional de **watt**.

Waffle.
Tipo de bolo feito de massa de farinha de trigo, leite, ovos e fermento que se assa num aparelho elétrico ou em forma dobradiça. Pronuncia-se [*uófol*].

Wagneriano.
Admirador do compositor alemão Richard Wagner (1813-83). Pronuncia-se [*vagneriano*].

Walkie-talkie.
Aparelho portátil usado para emitir e receber comunicação de curta distância. Pronuncia-se [*uóki tóki*].

Water polo.
Water polo é um anglicismo. Prefira **polo aquático**. Trata-se de um esporte coletivo praticado em piscinas com princípios básicos do handebol. Pronuncia-se [*uóter poulou*].

Watt.

Unidade de potência elétrica. O termo é uma homenagem ao matemático e engenheiro escocês **James Watt**.

Weekend.

No Brasil, quase todos os manuais de redação e alguns dicionários (o Volp* inclusive) grafam **week-end** (com hífen). Nos Estados Unidos, no Reino Unido, no Canadá e na Austrália, escreve-se **weekend** (sem hífen).

Justiça seja feita: o **Aurélio** e o **Houaiss** registram o termo, em discussão, sem hífen.

EM TEMPO: Na Inglaterra, **weekend** tem o acento tônico na última sílaba; nos Estados Unidos, na primeira.

ATENÇÃO! – **Weekend** (fim de semana) é um anglicismo e – lá uma vez perdida – aparece em canções e até em poemas brasileiros. O grupo Blitz, por exemplo, gravou uma canção em que aparece o seguinte trecho:

"Eu quero passar um *weekend* com você..."

Passar um *weekend* junto é bem melhor mesmo. Há pessoas que ainda não se deram conta disso! Azar delas...

---

* Quando se trata de termos vernáculos, o Volp é quem dá as cartas. Mas quando registra certos anglicismos como *weekend, call girl, cover girl, corned beef, chow chow, rock and roll, jazz band, baby beef* e outros, o mandachuva deixa muito a desejar.

Western / faroeste.

A primeira palavra é um anglicismo; a segunda é forma vernácula aportuguesada de *far west* (também de origem inglesa).

Western é termo formado de *west* (oeste) + a terminação **ern**, que quer dizer *natural de*. *Far west* tem o sentido literal de *longínquo oeste*.

Hoje, empregam-se as duas formas (*western* e faroeste) para designar um filme ou livro que exibe ou narre cenas de lutas e tiroteios; *bangue-bangue*.

ATENÇÃO! – Além de **faroeste**, nossa língua dispõe de expressões como **Velho oeste** e **Oeste selvagem**, que vêm do inglês: *Old West* e *Wild West*. São termos empregados para denominar os episódios históricos que ocorreram no século XIX, sobretudo durante a expansão da fronteira dos Estados Unidos para a costa do Oceano pacífico.

Wi-Fi.

Forma abreviada da expressão inglesa *Wireless Fidelity* (fidelidade sem fio). Tecnologia que permite a conexão entre dispositivos sem a utilização de cabo; geralmente é transmitida por rádio ou raios infravermelhos. Pronuncia-se [*uái fái*].

Winchester.

Disco magnético rígido, que serve de memória secundária a um computador. Usa-se também para se referir a uma antiga carabina de repetição, usada na Guerra Civil dos EUA entre 1861 e 1865. **(Nesta acepção, o Houaiss recomenda inicial maiúscula.)**

Windsurf / windsurfe.

A primeira forma é um anglicismo; a segunda, apesar de ter a grafia semiaportuguesada, é palavra vernácula de lei, em que pese sua aparência esdrúxula: está no Volp, assim como **windsurfista**.

Prefira-se, no entanto, **prancha a vela** (sem hífen), que é forma genuinamente portuguesa. (Navegação esportiva para uma só pessoa, sobre prancha semelhante à do surfe equipada com vela, a qual tem uma barra horizontal que permite a manobra e o equilíbrio do velejador.)

WO ou W.O.

Sigla frequentemente empregada nos meios esportivos; é atribuída a uma vitória de uma determinada equipe ou de um competidor quando o adversário está impossibilitado de competir ou quando não comparece ao local do evento.

EM TEMPO: WO é a sigla de *walk over*, que tem o sentido de *vencer com muita facilidade uma competição esportiva*. Por extensão, é atribuída a uma vitória sem a presença de um dos competidores.

Workshop.

Estrangeirismo muito em voga, no Brasil, para se referir a uma oficina que reúne profissionais das mais diversas áreas para promoção ou demonstração de suas atividades.

WWW.

Sigla da expressão inglesa *World Wide Web*. (Rede mundial). Pronuncia-se [*dâbliu dâbliu dâbliu*].

Wysiwyg.

Wysiwyg é o acrônimo (sigla) da frase inglesa *"What You See Is What You Get"*. Textualmente significa *"o que você vê é o que você vai obter"*. É um programa de computador que permite que um documento seja mostrado no monitor de forma semelhante ao de sua impressão. Pronuncia-se [*wíziwig*].

X

Xá / chá.

☞ Veja CHÁ.

Xácara / chácara.

☞ Veja CHÁCARA.

Xale / xaile / chale / chalé.

Xale (ou **xaile**) é um manto (em geral de lã ou de seda) com que as mulheres cobrem os ombros. **Chale** designa uma espécie de peixe. **Chalé** refere-se a uma casa campestre (típica dos Alpes suíços).

Xampu / shampoo / champô / xampô.

Em que pese **shampoo** ser a forma que mais aparece nas embalagens do produto – sabão líquido ou substância saponácea para lavar os cabelos –, oficialmente a língua portuguesa (falada no Brasil) só apresenta uma grafia: **xampu**, forma aportuguesada do estrangeirismo **shampoo**. Alguns dicionários dão **champô** e **xampô** como variantes de **xampu**, mas apenas para o português europeu. Vale o sacrifício mencionar mais uma vez o velho adágio: "Quem vê cara não vê coração", haja vista o que ocorre com **maisena;** é só dar uma olhada na embalagem amarelinha e comparar.

Xará.

Pessoa que tem o mesmo nome de batismo que outra. Além de **xará**, usam-se *xarapa, xarapim, tocaio, homônimo* e *xera*.

Xaxim.

Vaso (ou suporte para plantas) feito da massa fibrosa de raízes da samambaia. A variante *xanxim* é muito pouco usada.

Xeique / xeque / sheik.

Chefe de tribo entre os árabes (ou chefe religioso) denomina-se **xeique** ou **xeque**.

Mas *sheik, sheikh, sheykh, shaikh* ou *shaykh* são estrangeirismos que não fazem falta a nossa língua, e devem, por isso mesmo, ser evitados.

EM TEMPO: **Xeque** também se usa no jogo de xadrez para se referir ao lance em que o rei fica numa casa ameaçado por uma peça adversária.

Xenófilo / xenófobo.

A primeira palavra designa pessoa que tem simpatia por estrangeiros ou pelas coisas estrangeiras; a segunda descreve aquele que tem aversão às pessoas ou coisas de outros países:

"Os *xenófilos* não rejeitam as multinacionais." (Dic. Unesp)

"Não bastasse a abordagem enciclopédica que herdamos do século XIX, ainda perdura o enfoque nacionalista e *xenófobo* de nossa produção literária". (William Roberto Cereja, *apud* Portal Saraiva Educacional.)

Xepa.

Restos de vegetais e de outros alimentos que são recolhidos ao término da feira ou mercado.

Xerox / xérox.

Xerox e **xérox** são formas importadas, mas estão muito bem adaptadas ao nosso idioma. A primeira é oxítona; a segunda, paroxítona. Esta, como tal, deve ser acentuada, já que todas as palavras paroxítonas terminadas em **x** levam acento gráfico.

Ambas têm o mesmo significado e apresentam gênero duplo:

> Tirei uma (ou um) *xérox*. Pronuncia-se [*chéroks*].
> Tirei uma (ou um) *xerox*. Pronuncia-se [*cheróks*].

ATENÇÃO! – Alguns gramáticos ensinam que a forma **xérox** (com o acento na primeira sílaba) tem o apoio mais firme em nossa língua. Doutrinam ainda que, por influência de **termocópia, xerocópia** e **fotocópia**, devemos preferir o gênero feminino.

EM TEMPO: Conquanto não unânimes os gramáticos com relação ao gênero de *xérox* ou *xerox*, esta informação fundamenta-se no Vocabulário ortográfico da língua portuguesa, da ABL.

☞ Veja **PALAVRAS COM MAIS DE UMA GRAFIA**, pág. 355.

Xexé / xexéu.

O primeiro termo refere-se àquele que possui comportamento ridículo ou estúpido; o segundo tem dois significados:

1. Odor desagradável exalado pelo suor (de pessoas ou animais).

2. Pássaro popular por imitar outros pássaros.

Xifópago / xipófago.

Emprega-se **xifópago** para denominar aquele que tem o corpo ligado ao do irmão, desde o apêndice xifoide até o umbigo. Por extensão, diz-se de pessoas estreitamente unidas moral ou afetivamente. **Xipófago** não existe.

EM TEMPO: *Irmãos xifópagos* e *irmãos siameses* são expressões equivalentes.

Xiquexique / xique-xique.

Xiquexique é planta característica das regiões áridas do Nordeste; *cacto*:

"A seca durou tanto que matou até os *xiquexiques*." (Dic. Unesp)

Xique-xique (com hífen) é sinônimo de *ganzá; chocalho:*

"Ao longe, numa sala de dentro, fervia um fandango ao som de xique--xiques." (Afonso Arinos, Pelo sertão, *apud* Aurélio.)

Xuxu / chuchu.

Xuxu não é aconselhável para a salada de ninguém. A forma correta é com **ch**. Refere-se também a uma mulher bonita:

"Essa garota é um *chuchu*." (Houaiss)

Y

Yahoo.

O Yahoo! é um dos maiores portais da *Internet*. Foi criado na década de 90 pelos americanos David Filo e Jerry Yang, com o objetivo de oferecer diversos serviços *on-line*, como sistemas de busca, *chat* e servidor de *e-mail*.

Há quem diga que o nome **Yahoo** originou-se de *Yahoos* (habitantes de *Lilliput*, uma ilha fictícia do romance *As viagens de Gulliver*, do escritor irlandês Jonathan Swift). A versão mais consistente, contudo, é que o termo não passa de um acrônimo da expressão inglesa *Y*et *A*nother *H*ierarchical *Of*ficious *O*racle (**U**m **o**utro **o**ráculo **o**ficioso **h**ierárquico).

EM TEMPO: Quando se refere à empresa, diz-se **a** *Yahoo*; quando a referência for ao portal, é masculino: **o** *Yahoo*.

Yakimeshi.

Yakimeshi (também conhecido como risoto japonês) é um arroz colorido, tradicionalmente feito à base do arroz japonês e temperado com legumes, presuntos, ovos, cogumelos e frango, ou camarão, ou frutos do mar, e *shoyu*.

Yakisoba / Yakissoba.

Prato da culinária chinesa, muito apreciado e divulgado pelos japoneses no mundo inteiro, preparado com macarrão, legumes e verduras, aos quais, normalmente, se acrescentam pedaços de frango, carne, camarão, ou peixe, e *shoyu*.

Oficialmente, só existe *yakisoba* (como estrangeirismo), mas o Aurélio registra ambas as formas.

Yakuza.

Organização criminosa japonesa (ou membro dessa organização), cujos métodos são violentos e sua disciplina muito rígida.

Yen / iene.

Unidade monetária do Japão. O termo genuinamente português é **iene**.

Yoga / ioga.

Sistema filosófico, originário da Índia, o qual procura – mediante determinados exercícios corporais, respiratórios, mentais e hipnóticos – o domínio absoluto do espírito sobre a matéria. Embora ambas as grafias sejam muito usadas, apenas **ioga** é a forma oficial. Pronuncia-se [*ióga*] ou [*iôga*].

Yogue / iogue.

Adjetivo referente à **ioga** é *iogue* ou *ioguim*: formas oficialmente reconhecidas. Além de **iogue**, o Aurélio registra *ioguista*. Apesar de não ter o aval do Vocabulário Ortográfico, é modelo a ser considerado, já que vem apadrinhado por um exemplo de peso:

"E ali fiquei embriagado numa plenitude de ensimesmamento, de quietude **ioguista**." (Padre Antônio Vieira)

Yom Kippur.

Yom Kippur é o dia do perdão, a mais importante e sagrada festividade do judaísmo. Trata-se de um dia de jejum e reza que é celebrado no primeiro mês do ano civil judaico, dez dias após o *Rosh Hashana* (Ano-Novo judaico). **Yom Kippur** marca o final dos "dez dias de arrependimento" e concede ao judeu a última oportunidade de obter perdão por seus pecados cometidos no ano que passou. Pronuncia-se [*ióm kipúr*].

YouTube.

YouTube é o site mais popular de compartilhamento de vídeos enviados pelos usuários através da *Internet*. A origem do nome vem da palavra Inglesa *you* ("você") e *tube,* que significa "tubo" ou "canal", mas na linguagem informal é usado para designar "televisão". Assim, o significado do termo *YouTube* pode ser traduzido como: "você transmite" ou "transmissão que pode ser feita por você".

O referido *site* foi criado por três jovens americanos: Steve Chen, Chad Hurley e Jawed Karim. Pronuncia-se [*iú túb*].

Yuppie.

Estrangeirismo empregado para se referir a um jovem executivo, profissionalmente bem remunerado, que gasta tudo o que ganha em artigos de luxo e atividades caras e é dado à ostentação. **Yuppie** pode ser adjetivo e substantivo (de dois gêneros). Pronuncia-se [*iâpí*].

Z

Zangão / zângão.

Zangão ou **zângão** é o macho da abelha (desprovido de ferrão e não fabrica mel). Sua função é fecundar a abelha-rainha.

Zé-mané.

Pessoa muito simples, muito humilde e destituída de qualquer poder econômico. Oficialmente, o termo não existe. O que a língua tem é **zé-ninguém** ou **joão-ninguém,** cujas formas do plural são *zés-ninguém* e *joões ninguém*.

Zé-povinho / zé-povo.

São formas legítimas equivalentes a *zé-ninguém*.

Zero à esquerda.

Pessoa sem competência: *Ele não tinha prestígio na empresa: era um **zero à esquerda**.*

Zero-quilômetro.

Adjetivo invariável e sempre com hífen. Diz-se de veículo que nunca foi usado: *Vendeu uma moto importada e comprou dois carros **zero-quilômetro**.*

Ziguezaguear / zigue-zague.

Ziguezaguear é andar de um lado para outro, fazendo **zigue-zague**, ou seja, não andar em linha reta:

> "Sua caligrafia vergonhosa *ziguezagueava* em todas as páginas do caderno." (Houaiss)

Zinho (com Z) / sinho (com S).

Quando na última sílaba da palavra já existir **s**, emprega-se a terminação **inho** na formação dos diminutivos:

mesa ⟶ mesinha   portuguesa ⟶ portuguesinha
Teresa ⟶ Teresinha   vaso ⟶ vasinho

Nos demais casos o sufixo **inho** será introduzido pela letra **z**:

bar ⟶ barzinho   jornal ⟶ jornalzinho
avião ⟶ aviãozinho   irmão ⟶ irmãozinho

☞ Veja PAISINHO.

Zipar.

Zipar é termo usado em informática; é o mesmo que *compactar, reduzir* arquivos por meio de programas específicos.

Zoar / zuar.

Entre outros significados, **zoar** tem o sentido de *fazer de alguém objeto de gozação*. **Zuar** não existe:

> "*Zoaram* a menina por causa do namorado novo." (Dic. escolar da ABL)

Zoeira / zueira.

Zoeira é o mesmo que *barulho, zunido, fofoca, boato*. Em que pese **zueira** ser a forma mais usada, ela não faz parte do vocabulário de nosso idioma; ninguém sabe donde veio, nem como veio:

> "Que *zoeira* não farão as cigarras!" (Rubem Braga, *O Homem rouco, apud* Aurélio.)

Zoom / zum.

O ato de afastar ou aproximar a imagem (no cinema e na televisão) por um conjunto de lentes, sem perder o foco, denomina-se *zoom* ou **zum**.

O anglicismo *zoom* é muito utilizado em nossa imprensa, mas a forma genuinamente portuguesa é **zum**, pode crer.

Zumbido / zunido.

O emprego de **zumbido** (ou **zunido)** para descrever o sussurro produzido por certos insetos como as abelhas, as moscas e os besouros é corretíssimo, em que pese a certos gramatiqueiros caturras.

* * *

ACIDENTES DE REDAÇÃO

Em geral, palavras mal-empregadas (ou desnecessárias) é que são responsáveis pela maioria dos acidentes de redação.

1. Missa *celebra* 19 anos da morte dos "Mamonas Assassinas".

Celebrar tem conotação alegre; datas tristes são **lembradas**. O verbo **comemorar**, contudo, emprega-se em ambos os casos:

"A cristandade *comemora*, enternecida, os santos mártires d'Évora."
(Eça de Queirós, *apud* F. Fernandes, *Dic. de verbos e regimes*.)

Deu uma grande festa para *comemorar* o aniversário da filha.

2. Antes de morrer, Cristiano Araújo fez um seguro de vida beneficiando seus familiares.

Tal construção só não é jocosa devido à conotação sinistra que ela apresenta. Como se vê, a frase *antes de morrer* está sobrando, uma vez que é humanamente impossível alguém fazer um seguro de vida depois de morto.

Caso o redator quisesse ressaltar a morte do cantor, a construção em destaque deveria estar precedida por alguns advérbios de tempo como: *alguns dias, poucos dias, seis meses, dois anos*, etc.: **Poucos dias** antes de morrer, *Cristiano Araújo fez um seguro de vida beneficiando seus familiares.*

3. A população está apreensiva: **os combustíveis vão aumentar.**

Na realidade, a população deveria estar muito feliz, pois quanto mais combustíveis tivermos, menor será o preço. O correto é dizer que *o preço dos combustíveis vai aumentar*.

4. O Japão é **duas vezes menor** que o Chile.

Embora seja correto afirmar que uma coisa é tantas vezes maior que outra, não se pode dizer que determinada coisa é tantas vezes menor, porque uma vez menor já é igual a nada.

À luz do exposto, temos: *O Chile é* **duas vezes maior** *que o Japão.*

5. O proprietário deu parte do inquilino ao delegado.

Aqui tem lugar uma pergunta no mínimo muito curiosa. *E o resto do inquilino ficou com quem?*

A construção íntegra, contudo, é *dar parte a alguém alguma coisa*: *O proprietário* **deu parte ao delegado** *que o inquilino descumprira algumas cláusulas do contrato.*

☞ **Veja DAR PARTE.**

6. Os torcedores estão diminuindo.

A falta de interesse pelo esporte não interfere no desenvolvimento físico dos esportistas. Se tal acontecesse, no futuro teríamos torcidas constituídas apenas por baixinhos.

Corrija-se para: **O número de torcedores** *está diminuindo.*

7. Cristiano Araújo morreu precocemente, de maneira trágica, aos 29 anos.

Se a idade (29 anos) está explícita na notícia, desnecessário é mencionar qualquer palavra que indique precocidade.

8. Homem mata a família inteira antes de se suicidar.

Aqui o acidente ultrapassa os limites da comunicação. Troque os termos em negrito por: *e se suicida.*

9. A passageira foi lançada para fora da van a 10 metros de distância.

Corrija-se para: A passageira foi lançada a 10 metros da van.

10. O carrinho foi a gota d'água que motivou sua expulsão.

Ser a gota d'água é ser aquilo que faz ultrapassar os limites de alguma coisa. A expressão por si só diz o necessário. Logo, basta construir: *O carrinho foi* **a gota d'água** *em sua expulsão.*

11. O ônibus atropelou duas pessoas e **colidiu contra** um poste.

Colidir significa *ir de encontro, chocar-se*. A vista disto, ele não aceita a preposição **contra**, mas sim, **com:**

> O ônibus atropelou duas pessoas e *colidiu com* um poste.

> "Este aspecto social daqueles países não *colide com* a organização política." (Rui Barbosa)

> "Derrapando, o caminhão quase *colidira com* um bonde." (Malu de Ouro Preto, *apud* Aurélio.)

12. Alguns estádios, construídos para a Copa do Mundo, estão apresentando **defeitos construtivos**.

Construtivo é algo que não admite dúvida, algo seguro; não pode ser defeito. Em bom português, diz-se: ...*defeitos de construção*.

13. O goleiro foi substituído porque **teve a mão cortada.**

Com clareza, dizemos: *O goleiro foi substituído porque* **teve um corte na mão**, já que ela não foi amputada.

14. A conclusão do laudo da necrópsia sairá brevemente.

Com acerto, diz-se apenas "o laudo da necrópsia", uma vez que **conclusão**, **resultado**, e **laudo** têm conotações semelhantes.

15. Os torcedores ficaram revoltados quando souberam que **o preço** dos ingressos **passaria a custar...**

Não se diz *o preço do produto passará a custar...*, mas sim *o produto passará a custar...* ou *o preço do produto passará a ser...*

16. Este ônibus passa **na** porta de minha casa umas dez vezes por dia.

Haja portas! Passar na porta, é passar em cima dela. Assim, o bom senso exige que se diga: ... *passa à porta de minha casa...*

17. Ao lado da janela, há um pé de **laranjeira**.

A bem da verdade, **pé de laranjeira** não existe. O que temos é **pé de laranja** ou, apenas, **laranjeira**.

18. Se estivesse vivo, Garrincha faria hoje 82 anos.

Condição *sine qua non* para que alguém faça alguma coisa é estar vivo. Quem já morreu não faz anos, não comemora aniversário; enfim, não comemora mais nada. Logo, fazendo o uso correto da razão, diríamos só o necessário: *Garrincha faria hoje 82 anos.* Assim o craque das pernas tortas descansa em paz.

19. O gol foi feito **através do** goleiro do São Paulo.

A locução **através de** nunca deve ser usada para introduzir o agente da passiva, que – em linguagem esmerada – constrói-se com **por**: *O gol foi feito **pelo** goleiro do São Paulo.*

20. Vendem-se roupas **para mulheres usadas.**

Corrija-se para: *Vendem-se **roupas usadas** para mulheres.* Elas agradecem.

* * *

OS 150 PECADOS CAPITAIS DA LÍNGUA PORTUGUESA*

"A ignorância de noções primárias é que, em geral, ocasiona os erros mais frequentes."
(Aires da Mata Machado Filho)

É preciso agir com **descrição.**
É preciso agir com *discrição.*

Eis a música **que mais gosto**.
Eis a música *de que mais gosto.*

Não **brinca**!
Não *brinque*!

Deus **premeia** os bons.
Deus *premia* os bons.

Ela mesmo preparou o jantar.
Ela mesma preparou o jantar.

O terno foi feito **sobre medida.**
O terno foi feito *sob medida.*

A empresa, ela será multada pelo Ibama.
A empresa será multada pelo Ibama.

---

* A palavra (ou expressão) em negrito representa a forma a ser evitada.

Não trabalha, **tão pouco** estuda.
Não trabalha, *tampouco* estuda.

Ao meu ver, o árbitro errou.
A meu ver, o árbitro errou.

Refiro-me às **micros** e as pequenas empresas.
Refiro-me às *micro* e as pequenas empresas.

Sempre que posso, vou a espetáculos **beneficientes.**
Sempre que posso, vou a espetáculos *beneficentes.*

Era uma quantia **vultuosa.**
Era uma quantia *vultosa.*

Houveram muitas reclamações.
Houve muitas reclamações.

A loira era **de menor.**
A loira era *menor.*

Fazem dez anos que ela morreu.
Faz dez anos que ela morreu.

O Santos é **bi-campeão** mundial.
O Santos é *bicampeão* mundial.

Os **corinthianos** estão muito felizes.
Os *corintianos* estão muito felizes.

A palavra (ou expressão) em negrito representa a forma a ser evitada.

Espero que **seje** feliz.
Espero que *seja* feliz.

Ela comprou a revista **para mim ler.**
Ela comprou a revista *para eu ler.*

Ele não tem **bom-gosto.**
Ele não tem *bom gosto.*

Devem haver muitos erros.
Deve haver muitos erros.

Vai haver **perca** de tempo.
Vai haver *perda* de tempo.

Estávamos **afim de** trabalhar.
Estávamos *a fim de* trabalhar.

Tudo isso aconteceu **há dois anos atrás.**
Tudo isso aconteceu *há dois anos.*

Nesta época ele era o presidente do clube.
Nessa época ele era o presidente do clube.

Na ocasião, **éramos em quatro**.
Na ocasião, *éramos quatro.*

Aonde estávamos nessa época?
Onde estávamos nessa época?

A palavra (ou expressão) em negrito representa a forma a ser evitada.

Não vai haver **impecilhos.**
Não vai haver *empecilhos.*

Henrique bebeu café **ao invés de** leite.
Henrique bebeu café *em vez de* leite.

Ela fez dele o que bem **quiz.**
Ela fez dele o que bem *quis.*

Aponha sua **rúbrica** aqui.
Aponha sua *rubrica* aqui.

Residente **à** rua Augusta.
Residente *na* rua Augusta.

Assim que foi chamada, a polícia **interviu.**
Assim que foi chamada, a polícia *interveio.*

O presidente deixou **claro** suas intenções.
O presidente deixou *claras* suas intenções.

Isabela comprou **duzentas gramas** de muçarela.
Isabela comprou *duzentos gramas* de muçarela.

Aluga-se salas comerciais.
Alugam-se salas comerciais.

Jennifer estava **mau humorada.**
Jennifer estava *mal-humorada.*

A palavra (ou expressão) em negrito representa a forma a ser evitada.

Fernanda estava sempre **ao par** das notícias.
Fernanda estava sempre *a par* das notícias.

Laila ficou **meia confusa.**
Laila ficou *meio confusa.*

Não sei **porque** os alunos não vieram ontem.
Não sei *por que* os alunos não vieram ontem.

Fizeram relâmpagos a noite inteira.
Fez relâmpagos a noite inteira.

Cheguei **às** cinco para as oito.
Cheguei *aos* cinco para as oito.

O jogo começará às **9hrs.**
O jogo começará às *9h.*

Ela deu **a luz a** três meninas.
Ela deu *à luz* três meninas.

Os preços estão muito **caros.**
Os preços estão muito *altos.*

Mais amor e **menas** liberdade.
Mais amor e *menos* liberdade.

Não o vejo **a** algum tempo.
Não o vejo *há* algum tempo.

A palavra (ou expressão) em negrito representa a forma a ser evitada.

Entre eu e ela sempre existiu um amor antigo.
Entre mim e ela sempre existiu um amor antigo.

O **auto-falante** era ótimo: foi importado do Paraguai.
O *alto-falante* era ótimo: foi importado do Paraguai.

Bati com a cabeça no armário e fiquei **fora de si.**
Bati com a cabeça no armário e fiquei *fora de mim.*

Os políticos têm **previlégios.**
Os políticos têm *privilégios.*

Em 2 anos, o número de inadimplentes **quadriplicou.**
Em 2 anos, o número de inadimplentes *quadruplicou.*

Para **maiores informações**, leia a bula.
Para *mais informações*, leia a bula.

Adalberto estava **ao ponto de** ter um infarto.
Adalberto estava *a ponto de* ter um infarto.

Permita-me **fazer uma colocação.**
Permita-me *emitir uma opinião.*

Fazemos **entregas a domicílio.**
Fazemos *entregas em domicílio.*

Estive na reunião **onde** se discutiram esses assuntos.
Estive na reunião *em que se* discutiram esses assuntos.

A palavra (ou expressão) em negrito representa a forma a ser evitada.

Com a vitória, o técnico do Flamengo **reaveu** o prestígio.
Com a vitória, o técnico do Flamengo *reouve* o prestígio.

Tomare que ela seja feliz!
Tomara que ela seja feliz!

O **mal cheiro** estava insuportável.
O *mau cheiro* estava insuportável.

Não vendemos **à prazo.**
Não vendemos *a prazo.*

Porque fizestes isto?
Por que fizestes isto?

Vamos **reverter o quadro.**
Vamos *reverter a situação.*

Tudo passou **desapercebido.**
Tudo passou *despercebido.*

Está **calor.**
Está *fazendo calor* / Está *quente.*

Ele foi contratado **junto ao** Fluminense.
Ele foi contratado *do* Fluminense.

Esqueceu-se **do** óculo.
Esqueceu-se *dos óculos.*

A palavra (ou expressão) em negrito representa a forma a ser evitada.

É impossível **advinhar** o futuro.
É impossível *adivinhar* o futuro.

Tratam-se de casos complexos.
Trata-se de casos complexos.

Prefiro morrer **do que** perder a liberdade.
Prefiro morrer *a* perder a liberdade.

A delegação do time **chegará em** São Paulo à meia-noite.
A delegação do time *chegará a* São Paulo à meia-noite.

Ajuda as pessoas sem **excessão.**
Ajuda as pessoas sem *exceção.*

Vive **às custas** da sogra.
Vive à custa da sogra.

Eu a conheci numa **seção** de cinema.
Eu a conheci numa *sessão* de cinema.

O preço **do alface** continua subindo.
O preço *da alface* continua subindo.

A Copa do Mundo **inicia** hoje à tarde.
A Copa do Mundo *inicia-se* hoje à tarde.

As casas eram **germinadas.**
As casas eram *geminadas.*

A palavra (ou expressão) em negrito representa a forma a ser evitada.

Obrigado, disse a mulher.
Obrigada, disse a mulher.

O jornal custa 4 **real.**
O jornal custa 4 *reais.*

O professor **tachou** de exemplar o comportamento dela.
O professor *taxou* de exemplar o comportamento dela.

Edmur é um dos que mais **trabalha.**
Edmur é um dos que mais *trabalham.*

Senador nega que **é** corrupto.
Senador nega que *seja* corrupto.

Não sabia que ela já tinha **chego.**
Não sabia que ela já tinha *chegado.*

É **proibida** entrada.
É *proibido* entrada. / É *proibida a* entrada.

Espero que ela **esteje** presente.
Espero que ela *esteja* presente.

Manaus fica **ao norte** do País.
Manaus fica *no norte* do País.

Ele queria **namorar com** a prima.
Ele queria *namorar a* prima.

A palavra (ou expressão) em negrito representa a forma a ser evitada.

Ficaremos aqui **até às** duas horas.
Ficaremos aqui *até as* duas horas.

Isabela partirá **daqui há** duas semanas.
Isabela partirá *daqui a* duas semanas.

Ficou triste **por causa que** perdeu o pai.
Ficou triste *porque* perdeu o pai.

A temperatura estava a **zero graus.**
A temperatura estava a *zero grau.*

Há momentos em que o **bom-senso** deve prevalecer.
Há momentos em que o *bom senso* deve prevalecer.

Espero que **viagem** assim que puderem.
Espero que *viajem* assim que puderem.

Pediram duas pizzas de **calabreza.**
Pediram duas pizzas de *calabresa.*

Agradecemos **à** preferência.
Agradecemos *a* preferência.

O projeto foi discutido **bastante** vezes.
O projeto foi discutido *bastantes* vezes.

Voltaremos **daqui dois** minutos.
Voltaremos *daqui a dois* minutos.

A palavra (ou expressão) em negrito representa a forma a ser evitada.

Henrique não sabe ler **e nem** escrever.
Henrique não sabe ler *nem* escrever.

O fazendeiro está **em vias de** perder tudo o que tem.
O fazendeiro está *em via de* perder tudo o que tem.

O fracasso da Seleção Brasileira era **eminente**.
O fracasso da Seleção Brasileira era *iminente*.

Vou estar enviando o livro amanhã.
Vou enviar o livro amanhã.

O **pôr-do-sol** é um dos mais belos espetáculos da natureza.
O *pôr do sol* é um dos mais belos espetáculos da natureza.

Ele **possue** cinco fazendas.
Ele *possui* cinco fazendas.

A bola será colocada na marca **do cal**.
A bola será colocada na marca *da cal*.

O **fuzil** queimou.
O *fusível* queimou.

Devemos proteger o **meio-ambiente**.
Devemos proteger o *meio ambiente*.

Os professores sempre **vem** de carro.
Os professores sempre *vêm* de carro.

A palavra (ou expressão) em negrito representa a forma a ser evitada.

Quando eu a ver, darei o recado.
Quando eu a vir, darei o recado.

O presidente da federação **infrigiu** o regulamento.
O presidente da federação *infringiu* o regulamento.

É hora **do avião** partir.
É hora *de o avião* partir.

O quarto árbitro **sequer** foi avisado.
O quarto árbitro *nem sequer* foi avisado.

Quando eu **compor** uma canção, você será o intérprete.
Quando eu *compuser* uma canção, você será o intérprete.

O problema não tem **nada haver** com você.
O problema não tem *nada a ver* com você.

Batatinha quando nasce **esparrama** pelo chão.
Batatinha quando nasce *espalha a rama* pelo chão.

No Brasil, 15% da população **passam** fome.
No Brasil, 15% da população *passa* fome.

Nas cortinas, predominavam tons **pastéis**.
Nas cortinas, predominavam tons *pastel*.

Esqueceram de mim.
Esqueceram-se de mim.

A palavra (ou expressão) em negrito representa a forma a ser evitada.

Assistimos o filme comendo pipoca.
Assistimos ao filme comendo pipoca.

Precisamos **sentar na mesa** e conversar muito.
Precisamos *sentar à mesa* e conversar muito.

Ele é de má índole; **porisso**, evito sua companhia.
Ele é de má índole; *por isso*, evito sua companhia.

O leilão começará às **20:30h**.
O leilão começará às *20h30 / 20h30min*.

É campeão! É campeão! gritavam os **aficcionados** do vôlei.
É campeão! É campeão! gritavam os *aficionados* do vôlei.

Na minha rua, todos **torcemos para o** Palmeiras.
Na minha rua, todos *torcemos pelo* Palmeiras.

Os atacantes só deram dois **chutes no gol.**
Os atacantes só deram dois *chutes ao gol.*

O zagueiro ganhou o lance **na moral.**
O zagueiro ganhou o lance *no moral.*

Custei a acreditar na história.
Custou-me (a) acreditar na história.

O Cruzeiro é um time que joga sempre **para frente.**
O Cruzeiro é um time que joga sempre *para a frente.*

A palavra (ou expressão) em negrito representa a forma a ser evitada.

O Palmeiras e o Santos saíram-se **melhores** na primeira fase.
O Palmeiras e o Santos saíram-se *melhor* na primeira fase.

É preciso agir com **persuação.**
É preciso agir com *persuasão.*

Hoje teremos **inhoque** no almoço.
Hoje teremos *nhoque* no almoço.

O parto será **cesariana.**
O parto será *cesariano.*

O **ar refrigerado** não estava ligado.
O *ar-refrigerado* não estava ligado.

A princípio sou contra a pena de morte.
Em princípio sou contra a pena de morte.

Havia um **sem número** de torcedores no gramado.
Havia um *sem-número* de torcedores no gramado.

Se caso você for, avise-me com bastante antecedência.
Caso você vá, avise-me com bastante antecedência.

Tudo isso ocorreu no **século três**, antes de Cristo.
Tudo isso ocorreu no *século terceiro*, antes de Cristo.

O técnico resolveu **manter o mesmo** time.
O técnico resolveu *manter* o time.

A palavra (ou expressão) em negrito representa a forma a ser evitada.

Assisto ao meu programa favorito **todas às terças-feiras.**
Assisto ao meu programa favorito *todas as terças-feiras.*

Depois de muito pensar, colocou o **chamegão** no contrato.
Depois de muito pensar, colocou o *jamegão* no contrato.
Ele adorava ficar de **cócora.**
Ele adorava ficar de *cócoras.*

Fulano entra, **siclano** sai; isto, aqui, está uma bagunça.
Fulano entra, *sicrano* sai; isto, aqui, está uma bagunça.

Os times mineiros vêm **numa crescente**.
Os times mineiros vêm *num crescendo.*

Comprou dez sacos de **cal hidratado.**
Comprou dez sacos de *cal hidratada.*

E que **tudo mais** vá para o inferno.
E que *tudo o mais* vá para o inferno.

O mascote do Palmeiras sempre foi o periquito.
A mascote do Palmeiras sempre foi o periquito.

Beleza **não se põe na mesa.**
Beleza *não põe mesa.*

O garoto é terrível: **puxou o avô.**
O garoto é terrível: *puxou ao avô.*

A palavra (ou expressão) em negrito representa a forma a ser evitada.

Existam, talvez, muitos obstáculos.
Existem, talvez, muitos obstáculos.

Vendem-se carros novos e **semi-novos**.
Vendem-se carros novos e *seminovos*.

O que parecia um dilúvio foi apenas um **pé d'água**.
O que parecia um dilúvio foi apenas um *pé-d'água*.

Francisco trabalhou muito para fazer seu **pé de meia**.
Francisco trabalhou muito para fazer seu *pé-de-meia*.

ATENÇÃO! – Segundo a nova regra, as locuções perderam o hífen. Mas algumas delas, por já estarem consagradas pelo uso, permanecem como estavam: *água-de-colônia, arco-da-velha, pé-de-meia, mais-que-perfeito, a queima-roupa* e *ao deus-dará*.

* * *

A palavra (ou expressão) em negrito representa a forma a ser evitada.

PALAVRAS COM MAIS DE UMA GRAFIA

*Rigorosamente de acordo com o
Vocabulário ortográfico da língua portuguesa*

abdômen / abdome
acotovelar / cotovelar
acróbata / acrobata
acumular / cumular
afeminado / efeminado
alarma / alarme
alopata / alópata
aluguel / aluguer
amídala / amígdala
arrebentar / rebentar
arrebitar / rebitar
assoalho / soalho
assobiar / assoviar
assobio / assovio
assoprar / soprar
autópsia / autopsia
azálea / azaleia
bassoura / vassoura
beabá / bê-á-bá
bêbado / bêbedo
bile / bílis
biópsia / biopsia
biótipo / biotipo

boêmia / boemia
cálice / cálix
bravo / brabo
caatinga / catinga
cãibra / câimbra
caminhonete / camionete
cânfora / alcânfora / alcanfor
carroceria / carroçaria
catorze / quatorze
catucar / cutucar
champanha / champanhe*
chimpanzé / chipanzé
clina / crina
cobarde / covarde
cociente / quociente
cota / quota
cotidiano / quotidiano
cuspe / cuspo
degelar / desgelar
dependurar / pendurar
derma / derme
despedaçar / espedaçar
diabete / diabetes

---

* Segundo o Dicionário Houaiss e o Volp, *champanha* é substantivo masculino; *champanhe*, no entanto, é substantivo de dois gêneros. Isto significa que se alguém empregar ambas as formas no masculino, estará sempre bem acompanhado.

dignatário / dignitário
eclâmpsia / eclampsia
eleiçoeiro / eleitoreiro
empanturrar / empaturrar
enfarte / enfarto / infarte / infarto
enlambuzar / lambuzar
entoação / entonação
escuma / espuma
espécime / espécimen
estalar / estralar
este / leste
estrambólico / estrambótico
flauta / frauta
flecha / frecha
floco / froco
frenesi / frenesim
gerigonça / geringonça
gergelim / gingelim
guidão / guidom
hem / hein
hemorroida(s) / hemorroide(s)
hidrelétrico / hidroelétrico
hieróglifo / hieroglifo
imundícia / imundice / imundície
labareda / lavareda
louro / loiro
maquete / maqueta
maquiagem / maquilagem
maribondo / marimbondo
mobilar / mobilhar / mobiliar
mozarela / muçarela / muzarela
neblina / nebrina

nhe-nhe-nhem / nhem-nhem-nhem
omelete / omeleta
onomatopaico / onomatopeico
necrópsia / necropsia
nenê / neném
néon / neon
parêntese / parêntesis
pequi / pequim / piqui
percentagem / porcentagem
projétil / projetil
radiatividade / radioatividade
reclame / reclamo
redemoinho / remoinho
reescrever / rescrever
reestruturar / restruturar
revidar / reenvidar
rotura / ruptura
sapê / sapé
síndroma / síndrome
sobressalente / sobresselente
taberna / taverna
taramela / tramela
tiroide / tireoide
toicinho / toucinho
toxicidade / toxidade
triglicéride / triglicerídeo
trilhão / trilião
vaivém / vai e vem
vôlei / voleibol / volibol
xérox / xerox
zângão / zangão
zum-zum / zum-zum-zum

PROSÓDIA

(Pronúncia correta das palavras, especialmente quanto à localização da sílaba tônica.)

Algumas palavras sofrem mudança de pronúncia (sem alterar o significado).

acrobata / acróbata
alopata / alópata
ambrosia / ambrósia
amnesia / amnésia
autopsia / autópsia
biopsia / biópsia
biotipo / biótipo
boemia / boêmia
cacoepia / cacoépia
eclampsia / eclâmpsia
hieroglifo / hieróglifo

homilia / homília
Madagascar / Madagáscar
necropsia / necrópsia
Oceania / Oceânia
ortoepia / ortoépia
projetil / projétil
reptil / réptil
soror / sóror
transistor / transístor
xerox / xérox
zangão / zângão

* * *

ESTRANGEIRISMO

Emprego de palavra (ou expressão) estrangeira que ainda não foi incorporada oficialmente à língua receptora.

ANGLICISMOS

A grafia dos anglicismos, abaixo, segue o padrão dos melhores dicionários britânicos e americanos da atualidade, tais como *The American Heritage Dictionary of the English Language, Cambridge Dictionary of American English, Oxford Advanced Learner's Dictionary, Dictionary of English Language and Culture (Longman)* e o *Webster's Third New International Dictionary.*

Babydoll / baby-doll: s.m. – *Camisola.*

Baby boom / baby-boom: s.m. – *Explosão populacional.*

Baby-sitter / babysitter: s.2g. – *Pessoa que ganha para cuidar de criança(s) enquanto os pais ou responsáveis estão ausentes.*

Background: s.m. – *Experiência.*

Backstage: s.m. – *Bastidores de um palco.*

Backup: (sem hífen) s.m. – *Cópia de segurança.*

Barman: s.m. – *Aquele que prepara bebidas em um bar.*

Bestseller / Best-seller: s.m. – *Livro que é grande sucesso de venda.*

Big Bang: (sem hífen) s.m. – *A grande explosão (que teoricamente teria dado origem ao universo).*

Blakckout: s.m. – *Apagão, blecaute.*

Boiler: s.m. – *Caldeira elétrica usada para aquecer água.*

Bookmaker / bookie: s.m. – *Agenciador de apostas.*

Botox: s.m. ◀ pronuncia-se [*botóks*] – *Marca de um produto cosmético americano que se usa para amenizar as rugas de expressão.*

Bottomless: adj. – *Sem fundo (ou sem roupa na parte inferior).*

Bullying: s.m. – *Atos de violência física ou psicológica praticados por um indivíduo ou grupo de indivíduos causando dor e humilhação a alguém (geralmente na escola ou no trabalho).*

Bypass: s.f. – *Passagem secundária, desvio.*

Call girl: (sem hífen) s.f. – *Garota de programa.*

Cameraman: s.m. – *Operador de câmara no cinema ou na televisão. (Fem.:* **camerawoman***.)*

Camping: s.m. – *Parque de campismo, acampamento.*

CD-ROM: s.m. ◀ pronuncia-se [*cidí róm*] – *Disco compacto apenas para leitura.*

Check-in: s.m. – *Procedimento de apresentação (em hotéis ou aeroportos).*

Checkout: s.m. – *Pagamento da conta no fim de uma estada num hotel.*

Checkup / check-up: s.m. ◀ pronuncia-se [*tchèkâp*, e não: *xekâp*] – *Exame médico completo. (Evite a expressão "***checkup completo***".)*

Chip: s.m. ◀ pronuncia-se [*tchip,* e não: *xip*] – *Pequena lâmina (em geral de silício), usada na construção de transistores.*

Chow chow: (sem hífen) s.m. ◀ pronuncia-se [*tchau tchau*] – *Raça de cão chinês. (Usa-se também apenas* **chow***.)*

Chow-chow: s.m. – *Vegetais em conserva de origem chinesa.*

Closet: s.m. ◀ pronuncia-se [*klózit,* e não: *klôuz*] – *Armário embutido ou quarto anexo ao dormitório.*

Cocktail: s.m. – *Drinque que combina duas ou mais bebidas.*

Copyright: s.m. – *Direitos autorais.*

Corned beef / corn beef: s.m. – *Carne (de boi) enlatada.*

Country: adj. ◀ pronuncia-se [*Kântri,* e não: *kauntri*]. *Pertencente ou relativo à vida rural.*

Cover: s.2g. ◀ pronuncia-se [*kâver*, e não: *kôuver*] – *Pessoa (ou grupo de pessoas) que apresenta imitações de um cantor ou banda famosa.*

Cover girl: (sem hífen) s.f. – *Modelo.*

Cracker e Hacker: – ☞ *Veja hacker e cracker.*

Cybercafe / Cybercafé: s.m. ◀ pronuncia-se [*saiberkafêi*] – *Estabelecimento comercial (bar, lanchonete, café ou restaurante) que oferece aos seus clientes acesso a computadores ligados à Internet.*

Delivery: s.m. ◀ pronuncia-se [*delíveri*] – *Serviço de entrega de algum produto (geralmente comida pronta) em domicílio.*

Diet: adj.2g. ◀ pronuncia-se [*daiet*] – *Dietético.*

Disc-jokey: s.2g. ◀ pronuncia-se [*disk djóki*] – *Pessoa que seleciona e toca música (previamente gravada) em festas, danceterias, etc.; DJ.*

Doping: s.2g. ◀ pronuncia-se [*dôuping,* e não: *dóping*] – *utilização de substância química proibida que se ministra a um atleta para obter vantagem numa determinada competição desportiva.*

Double-faced / two-faced: adj. – *Falso, hipócrita.*

Download: s.m. – *Passagem de um programa da Internet para* um computador (ou de um computador para outro).

Drive-in: s.m. – Cinema ao ar livre (onde os espectadores são servidos dentro dos próprios carros).

Drive-thru: s.m. – Serviço de vendas, normalmente de **fast food**, que permite ao cliente comprar o produto sem sair do carro. **Drive-thru** é uma corruptela da expressão **drive-through**.

Dumping: s.m. – Ato de pôr à venda produtos a um preço inferior ao do mercado, especialmente no mercado internacional (para se desfazer do excesso ou para eliminar o concorrente).

Duty-free: adj. ◀ pronuncia-se [*díuti frí*] – Sem taxação, livre de imposto.

E-mail: s.m. – Correio eletrônico.

Exit: s.f. ◀ pronuncia-se [*égzít* ou *éksit*] – Saída

Fair play: s.m. – Jogo limpo.

Fashion: adj.2g. ◀ pronuncia-se [*féchan*] – Que está na moda: blusa **fashion**.

Fast food: (sem hífen) s.f. – Refeição rápida: Adolescentes adoram **fast food**.

Fast-food: s.m . – Restaurante de refeições rápidas: Raramente como num **fast-food**. (O termo **restaurant** fica subentendido.)

CURIOSIDADE: Em inglês, só se usa **fast-food** (com hífen) quando for adjetivo: *"A well-known chain of **fast-food** restaurants"*. (Longman Dictionary of English and Culture.)

Feedback: s.m. – O retorno de informações sobre o resultado de um processo ou atividade.

Flashback: s.m. – Ato ou efeito de trazer à memória coisas do passado.

Folder: s.m. ◀ pronuncia-se [*fôlder*] – *Impresso que consta de uma única folha com uma ou mais dobras, e que apresenta conteúdo informativo; folheto.*

Followup / follow-up: s.m. – *O ato de acompanhar um processo após a execução da fase inicial.*

Freelance / freelancer: s.2g. – *Pessoa que presta serviços profissionais a uma empresa sem qualquer vínculo empregatício.*

Freeway: s.f. – *Autoestrada.*

Full-time: adj. – *De tempo integral.*

Gay: s.2g. – *Homossexual.*

Gentleman: s.m. – *Cavalheiro; homem gentil, de fino trato.*

Gospel / Gospel music: s.m. – *Música religiosa típica dos cultos evangélicos, de origem afro-americana.*

Guardrail: s.m. ◀ pronuncia-se [*gard rêil*] – *Trilho de segurança.*

Hacker e Cracker: s.m. – *São palavras parecidas com significados opostos no mundo da informática.* **Hackers** *são pessoas que têm habilidades de elaborar e modificar programas de computadores. Em função disso, muitas delas são contratadas por grandes empresas do mercado para desenvolver suas habilidades.* **Crackers***, no entanto, são indivíduos que praticam a quebra de um sistema de segurança, com o intuito de obter alguma vantagem; por isso mesmo, são vistos como criminosos.*

Handicap: s.m. – *Desvantagem. (Muitos acham que é* **vantagem***.)*

Hardware s.m. – *Componentes físicos de um computador.*

Happy end: s.m. – *Final feliz.*

Happy hour: s.m. – *Momento de lazer após o horário de trabalho.*

High fidelity: s.m. – *Alta fidelidade.*

High tech: s.m. – *Alta tecnologia.*

High-fidelity: adj. – *De alta fidelidade.*

Highlife / high life: s.m. – *Alto estilo de vida.*

Hit: s.m. – *Aquilo que faz muito sucesso ou tem grande popularidade.*

Hobby: s.m. – *Atividade favorita.*

Holding: s.f. – *Empresa que detém a maioria das ações de outras empresas e que centraliza o controle de sua administração e políticas empresariais.*

Horsepower: s.m. – *Potência de máquinas a vapor definida a partir do esforço de um cavalo; cavalo-vapor.*

Impeachment: s.m. – *Destituição, impugnação.*

Inside information: s.f. – *Informação confidencial.*

Insider: s.2g. ◀ pronuncia-se [**insáider**] – *Pessoa que pertence a uma sociedade ou organização; indivíduo bem-informado.*

Internet: s.f. – *Rede mundial de computadores que trocam dados e mensagens utilizando um protocolo de comunicação, unindo usuários particulares, entidades de pesquisa, órgãos culturais e empresas de todo porte. (Deve ser escrita sempre com maiúscula.)*

Jingle: s.m. ◀ pronuncia-se [**djíngol**] – *Mensagem publicitária musicada.*

Joint venture: s.f. – *Empreendimento conjunto.*

Ketchup: s.m. ◀ pronuncia-se [**kétchap**] – *Molho de tomate com sabor levemente adocicado. (Também existe a variante* **catsup**.)

Kit: – *Conjunto. (Evite a expressão "kit completo".)*

Kitchenette: s.f. ◀ pronuncia-se [**kitchnét**] – *Divisão de um apartamento que reúne no mesmo espaço uma cozinha e uma sala separadas por um balcão; quitinete.*

Knockdown: s.m. ◀ pronuncia-se [*nókdaun*] – *É empregado na luta de boxe quando um dos lutadores cai, mas consegue se levantar em menos de dez segundos.*

Knockout: s.m. ◀ pronuncia-se [*nókaut*] – *Na luta de boxe, significa a permanência de um lutador em estado de inconsciência durante, no mínimo, dez segundos. Usa-se também a abrev.* **KO** ◀ *pronuncia-se* [***kêi ôu***].

Know-how: s.m. ◀ pronuncia-se [*nourráu*] – *Tecnologia.*

Laser: s.m. ◀ pronuncia-se [*lêizer*] – *Sigla de* **light amplification by stimulated emission of radiation.** *(Amplificação de luz por emissão estimulada de radiação.)*

Lobby: s.m. – *Ato de influenciar as decisões de pessoas, especialmente do poder público; influência política.*

Logoff / log out: v. – *Desligar um computador.*

Logon / login: s.m. – *Processo de identificação (na Internet).*

Look: s.m. – *Combinação de roupa, penteado, óculos; visual.*

Made in: loc. ◀ pronuncia-se [*mêid in*] – *Feito (fabricado) em.*

Makeup / make-up: s.f. – *Maquiagem.*

Making-of / making of: s.m. ◀ pronuncia-se [*meiking âv*] – *Nos bastidores do cinema e da televisão, é um documento que registra (em som ou imagem) tudo o que produz.*

Obs.: No Brasil, usa-se muito a forma incorreta **making off,** que não tem nada a ver com o caso em questão. (Em inglês, emprega-se **making off** na expressão **making off with** com o sentido de furtar.)

MBA: s.m. ◀ pronuncia-se [*êm-bi-êi*] – *Master in Business Administration. (Mestre em Administração de Negócios.)*

Milk shake / milkshake: s.m. – *Leite batido com sorvete.*

Network / Net: s.f. ◀ pronuncia-se [*nét uôrk*] – *Grupo de emissoras associadas ou afiliadas (de rádio ou tevê) que transmite a mesma programação simultaneamente.*

Nonsense: s.m. – *Absurdo, disparate.*

Non-stop: adj. – *Sem parar.*

Off: adj. – *Desligado.*

Office boy: (sem hífen) s.m. – *Contínuo; funcionário.*

Office girl: (sem hífen) s.f. – *Contínua; funcionária.*

Offset: s.m. – *Sistema de impressão.*

Offside: s.m. – *Impedimento (no futebol).*

Okay / OK: adj. ◀ pronuncia-se [*oukêi*, e não: *ókêi*] – *Tudo certo, tudo bem.*

CURIOSIDADE: Em português, **OK** é usado como adjetivo; em inglês, como adjetivo, substantivo, verbo e advérbio.

On: adj. – *Ligado (referindo-se a aparelhos elétricos e eletrônicos).*

On-line / online: adj. – *Conectado à Internet.*

Outdoor: s.m. ◀ pronuncia-se [*autdór*, e não: *audór*] – *Painel de propaganda de grandes dimensões exposto ao ar livre.*

CURIOSIDADE: Não existe **outdoor** como substantivo em inglês. O que se chama de **outdoor,** no Brasil, nos EUA é **billboard***;* na Inglaterra, **hoarding**.

Outlet: s.m. – *Centro comercial de pouco luxo, em que as mercadorias são comerciadas, em geral, diretamente do produtor ao consumidor, o que lhe permite vender a preços reduzidos.*

Outsider: *s.2g. – Pessoa ou equipe que não se constitui num dos favoritos numa competição; estranho.*

Overdose: s.f. ◀ pronuncia-se [*ôuverdous*, e não: **overdóz**] – *Quantidade excessiva, geralmente de substância tóxica; superdose.*

Password: s.f. – *Senha (geralmente usada em computadores).*

Obs.: Password é um conjunto de caracteres criado pelo usuário; *PIN*, pela empresa.

☞ Veja **PIN.**

Pedigree: s.m ◀ pronuncia-se [*pèdigrí*] – *Linhagem de um animal de raça, especialmente, cachorro ou cavalo.*

Peeling: s.m. – *Tratamento estético que consiste na destruição das camadas superficiais da pele por meio de agentes químicos de células epidérmicas.*

Performance: s.m. – *Desempenho.*

Photoshop: s.m. ◀ pronuncia-se [*fôutou xâp*, e não: *fóto xóp*]

Aplicativo usado por computadores para modificar as características de uma imagem.

Piercing: s.m. ◀ pronuncia-se [*pírcing*] – *É a perfuração que se faz em certas partes do corpo, como na língua, nariz, orelha ou umbigo, para inserir uma peça de metal esterilizado.*

PIN: (personal identification number) s.m. – *Senha (geralmente usada em caixas eletrônicos de bancos).*

Obs.: PIN é um conjunto de caracteres criado pela empresa; **password**, pelo usuário.

Playback: s.m. – *Canção que é executada de modo a permitir que alguém simule que a canta.*

Playoff / play-off: s.m. – *Uma série de jogos para determinar o campeão.*

Pole position: s.f. ◀ pronuncia-se [*poul pozíchan*] – *Ponta; na frente; a primeira colocação na largada de uma corrida.*

Pub: s.m. ◀ pronuncia-se [*pâb*] – *Estabelecimento comercial onde se consomem bebidas alcoólicas, em horário noturno, na Grã--Bretanha e nos EUA. (Forma reduzida de* **public house***.)*

Quiz show: s.m. – *Programa (de radio ou tevê) com perguntas e respostas.*

Random Access: s.m. ◀ pronuncia-se [*rândom ékscés*] – *Acesso aleatório.*

RAP: (rythm and poetry) s.m. – *Gênero de música popular, com ritmo bem marcado, numa declamação rápida e ritmada, surgido nos guetos negros dos EUA.*

Record: ◀ pronuncia-se [*récord*] s.m. – *Registro.*

Refill: s.m. – *Recarga.*

Reggae: s.m. ◀ pronuncia-se [*réguei*] – *Gênero musical com origem na Jamaica, tendo Bob Marley como seu mais ilustre representante.*

Rent-a-car: s.m. – *Empresa que aluga automóveis.*

Resort: s.m. ◀ pronuncia-se [*rizórt*] – *Lugar muito frequentado por oferecer conforto e recreação, especialmente para pessoas em gozo de férias; estância turística.*

Rock and roll / rock 'n' roll: s.m. – *Ritmo musical.**

Rush: s.m. ◀ pronuncia-se [*râch*] – *Período do dia em que o tráfego das grandes cidades se congestiona (geralmente em horários de entrada e saída do trabalho):* horário de **rush**.

---

* Em que pese o Volp registrar **rock-and-roll**, a forma correta é sem hífen. Evite também a forma **rock'n'roll** (sem espaço).

Self-service: s.m. – *Estabelecimento, de qualquer espécie em que o cliente se serve; autosserviço.*

Serial killer: s.m. – *Pessoa que comete uma série de homicídios durante um intervalo entre eles, até que seja preso ou morto.*

Set list / setlist: s.m. – *Documento que lista as canções que uma banda musical pretende executar durante uma apresentação.*

Sex appeal: s.m. – *Característica de uma pessoa que produz forte atração e desejo no sexo oposto.*

Sex shop: (sem hífen) s.m. – *Estabelecimento comercial onde se vendem objetos relacionados a sexo.*

Sexy: adj.2g – *Adjetivo empregado para designar uma pessoa sexualmente atraente.*

Shopping center: (sem hífen) s.m. – *Centro de compras.*

CURIOSIDADE: Nos EUA, usa-se **shopping mall** ou apenas **mall**.

Short: s.m. – *Curta metragem.*

Shorts: (sempre com **s**) s.m. – *Calção, bermuda.*

Show: s.m. – *Espetáculo. (Nos EUA,* **concert** *é mais comum.)*

Showroom: s.m. – *Local em que se expõem produtos comerciais aos consumidores.*

Slogan: s.m. ◀ pronuncia-se [*slôugan*, e não: *islôugan*] – *Frase curta e fácil de lembrar, usada em campanhas políticas, propaganda comercial e para outros fins; lema.*

Smartphone: s.m. – *Telefones celulares modernos, que apresentam funções que seriam comuns em um computador portátil.*

Smoking: s.m. – *Traje (masculino) de gala.*

CURIOSIDADE: Na Inglaterra e nos EUA, não se usa **smoking** para se referir a um terno. O termo corrente é **tuxedo**: pronuncia-se [*tâksídou*].

SMS: s.m. (short message service) ◀ pronuncia-se [*és êmе és*] – *Serviço de mensagem curta, também conhecido como torpedo, que permite o envio de mensagens de texto (com 160 caracteres, no máximo) entre telefones celulares.*

Software: s.m. ◀ pronuncia-se [*sóft uér*, e não: *sófter*] – *Programa de computador.*

Spelling Checker: s.m. ◀ pronuncia-se [*spéling tchéker*] – *Programa aplicativo que utiliza um dicionário para detectar erros ortográficos.*

Spiritual: s.m. ◀ pronuncia-se [*spíritchual*] – *Hino ou canção sacra, emotiva e pungente cantada por negros do sul dos EUA.*

Sportswear: s.m. – *Roupa desportiva.*

Staff: s.m. – *Grupo qualificado de pessoas que assessora um dirigente, um político, etc.*

Stand-up: s.m. – *Espetáculo de humor executado apenas por um(a) comediante (que se apresenta sempre de pé). Daí o termo* **stand-up** *ser oriundo do inglês* **stand-up comedy.**

Starting block: s.m. – *Ponto de partida.*

Striptease: s.m. – *Ato de tirar a roupa de forma insinuante.*

Stripteaser: s.2g. – *Pessoa que pratica* **striptease.**

Sundae: s.m. ◀ pronuncia-se [*sândei*] – *Tipo de sorvete.*

Sunday driver: s.2g. – *Motorista de pouca habilidade; barbeiro.*

Talk show: s.m. ◀ pronuncia-se [*tók chôu*] – *Programa de televisão que combina entrevistas com diversões e humor.*

Teenager: s.2g. – *Adolescente. (Na linguagem informal, usa-se* **teen.***)*

Test drive: s.m. – *Dirigir um carro (experimentando-o antes de comprar) a fim de conhecer melhor o veículo.*

Texaco: s.f. – *Companhia distribuidora de combustíveis, que empresta o nome aos postos de abastecimento que trabalham exclusivamente com seus produtos.*

CURIOSIDADE: A pronúncia corrente no Brasil é [*techáko*]; nos EUA, contudo, pronuncia-se [*téksakôu*] por ser um siglema* de **Texas Company**.

Tie break: s.m. ◀ pronuncia-se [*tai breik*] – *Desempate numa partida de tênis ou voleibol.*

Titanic: s.m. ◀ pronuncia-se [*taitânik*] – *Nome de um filme.*

Topless: s.m. – *Biquíni (sem a parte superior).*

Trade union: s.m. – *Sindicato.*

Trade-union: (adj) – *Sindical.*

Trailer: s.m. ◀ pronuncia-se [*trêiler*] – *Reboque adaptado à traseira de um automóvel para **camping** ou excursões turísticas. (Também usado como moradia.)*

traveler's check / travelers check: s.m. – *Cheque de viagem (inglês americano). A primeira é a forma gramaticalmente correta.*

traveller's cheque / travellers cheque: s.m. – *Cheque de viagem (inglês britânico). A primeira é a forma gramaticalmente correta.*

T-shirt / tee shirt: s.f. – *Camiseta.*

Turnover: s.m. – *Volume de negócios.*

Updated: adj.2g. ◀ pronuncia-se [*âp dêitid*] – *Moderno, atualizado.* (Costuma aparecer em capas de livros: ***updated edition***.)

Upgrade: s.m. – *Atualização dos componentes de um computador.*

---

* *"Sigla que adota a forma própria do idioma em que se produz." (Aurélio)*

Vaporware: s.m. ◀ pronuncia-se [*vêipor uér*] – *Software (ou hardware)* anunciado por um desenvolvedor, mas que nunca chegou a ser produzido.

Vibracall: s.m. ◀ pronuncia-se [*vaibrakól*, e não: *vibrakáu*] – *Dispositivo de certos telefones celulares que vibram na recepção de uma chamada.*

Videotape: s.m. – *Imagem retransmitida na TV.*

VIP: (very important person) s.2g. adj. 2g. ◀ A pronúncia corrente no Brasil é [*vip*] ; na Inglaterra e nos Estados Unidos, [*viái pí*] – *Pessoas que recebem tratamento especial por terem grande prestígio, fama ou poder: cliente **VIP**; sala **VIP**; Os **VIPs** são quase sempre bem-vindos.*

Voucher: s.m. ◀ pronuncia-se [*váutcher*] – *Documento que comprova o pagamento de alguma coisa; recibo.*

Walkie-talkie / walky-talky: s.m. – *Aparelho sem fio usado para se comunicar a uma distância relativamente curta.*

walkover: s.m. – *Vitória obtida em razão da desistência do oponente. (Palavra que deu origem a expressão **W.O.** ou **WO**.)*

Weekend: (sem hífen) s.m. – *Fim de semana*.*

Whisky: s.m. *Forma tradicional (e correta). Nos EUA:* **whiskey**. *– Uísque.*

Wi-Fi: s.m. ◀ pronuncia-se [*uái fái*] – É a abreviação de **Wireless Fidelity**, que significa *fidelidade sem fio.*

Obs.: Wi-Fi, ou **wireless**, é uma tecnologia de comunicação que não faz uso de cabos; geralmente é transmitida por rádio ou raios infravermelhos.

---

* Em que pese o Volp registrar **week-end**, a forma correta é sem hífen.

Windsurfing: s.m. – *Esporte que consiste em se deslocar na água sobre uma prancha a vela (também conhecido como* **boardsailing,** **sailboarding** *e* **windsailing***).*

Wireless: adj. ◀ pronuncia-se [***uáirlis***] – *Sem fio.*

Workaholic: s.2g. – *Diz-se de uma pessoa que é obcecada, ou viciada por trabalho; trabalhador compulsivo.*

Yacht: s.m. – *iate.*

Obs.: Embora usada até em livros didáticos, a grafia ***yatch*** não existe.

Zapping / channel surfing: s.m. – *O ato de mudar de canais de televisão rapidamente, feito por meio do controle remoto, para procurar um programa atraente ou fugir dos comerciais.*

* * *

DICAS SOBRE O USO DO HÍFEN
(SEGUNDO A NOVA ORTOGRAFIA DA LÍNGUA PORTUGUESA)

Algumas regras sobre o uso do hífen foram alteradas pelo novo Acordo Ortográfico. O assunto apresenta muita controvérsia e é, com certeza, o ponto nevrálgico da nova reforma.

Para facilitar a compreensão do caso aos nossos leitores, apresentamos um resumo das regras que norteiam o uso do hífen com os prefixos mais comuns, rigorosamente de acordo com o Vocabulário Ortográfico da Língua Portuguesa.

USA-SE O HÍFEN NOS SEGUINTES CASOS:

Palavras formadas por prefixos ou por elementos que podem funcionar como prefixo (tais como: aero, agro, além, ante, anti, aquém, arqui, auto, circum, co, contra, eletro, entre, ex, extra, geo, hidro, hiper, infra, inter, intra, macro, micro, mini, multi, neo, pan, pluri, proto, pós, pré, pró, pseudo, retro, semi, sobre, sub, super, supra, tele, ultra, vice, etc.) só recebem o hífen nos seguintes casos:

A) Nas formações em que o segundo elemento começa por **H**:

    anti-histamínico, anti-herói, ex-hospedeira, super-homem, geo-história, extra-humano, contra-harmônico, sub-hepático, mini-hotel, macro-história

Obs.: Com os prefixos **CO**, **DES** e **IN**, o **H** desaparece:

    coerdeiro, desumano, inábil, coabitar
    Além de **geo-história**, existem as variantes *geoistória* e *geistória*.

B) Nas formações em que o prefixo ou pseudoprefixo termina na mesma vogal com que se inicia o segundo elemento:

anti-inflamatório, micro-onda, contra-almirante, semi-interno

Obs.: O prefixo **CO**, em geral, aglutina-se com o segundo elemento (mesmo quando iniciado por **O**):

coordenar, cooperar, cooptar, cooposição

C) Nas formações com os prefixos **CIRCUM** e **PAN**, quando o segundo elemento começa por vogal, **M** ou **N**:

pan-negritude, circum-murado, pan-americano, circum-navegação, pan-africano, circum-escolar

D) Nas formações com os prefixos **HIPER**, **INTER** e **SUPER**, quando o segundo elemento começa por **R**:

hiper-rugoso, hiper-resposta, inter-renal, inter-regional, super-resfriado, super-real

E) Nas formações com os prefixos **EX** (com o sentido de *estado anterior* ou *cessamento*) **SOTA**, **SOTO** e **VICE**:

ex-primeiro-ministro, ex-rei, sota-capitão, sota-general, soto-ministro, vice-presidente

Obs.: O novo Acordo Ortográfico propõe a sistematização do hífen em todas as palavras iniciadas pelos prefixos **soto-** e **sota-**; formas variantes, que significam abaixo de. O verbo SOTO-PÔR segue o paradigma de PÔR (e mantém o hífen em todas as formas conjugadas): soto-ponho, soto-pões, soto-põe, soto-pomos, soto-pondes, soto-põem...

F) Nas formações com os prefixos (acentuados graficamente) **PÓS, PRÉ** e **PRÓ**. Quando são átonos, eles se aglutinam com o elemento seguinte:

pré-natal, pós-guerra, pró-russo, pró-análise, promover, preestabelecido, pospasto

G) Com os prefixos **SEM, ALÉM, AQUÉM** e **RECÉM**:

sem-cerimônia, além-fronteiras, aquém-mar, recém-nascido, sem-pão

CASOS ESPECIAIS

A) Vocábulos onomatopaicos passam a ter hífen:

lenga-lenga, tim-tim, zigue-zague, zum-zum, nhem-nhem-nhem

B) Antes de encadeamentos vocabulares, como os que seguem, grafam-se com hífen, e não com travessão (como era antes):

ponte Rio-Niterói, eixo Rio-São Paulo, percurso Lisboa-Coimbra

C) Nomes de espécies botânicas (ou zoológicas) grafam-se com hífen. (**Girassol** e **madressilva** constituem exceção a essa regra.):

pimenta-do-reino, cana-de-açúcar, erva-doce, andorinha-do-mar, couve-flor

D) Palavras terminadas pelos sufixos **AÇU** ou **GUAÇU** (grande), e **MIRIM** (pequeno) exigem hífen quando o primeiro elemento acaba em vogal acentuada graficamente ou quando a pronúncia exige a distinção gráfica dos dois elementos:

amoré-guaçu, anajá-mirim, andá-açu, capim-açu, Ceará-Mirim

E) para clareza gráfica, se no final da linha a partição de uma palavra ou combinação de palavras coincidir com o hífen, ele deverá ser repetido na linha seguinte:

O médico receitou ao paciente apenas um anti-
-inflamatório.

F) Quando o prefixo termina em vogal diferente da vogal com que se inicia o segundo elemento, não há hífen:

    autoestrada, semianalfabeto, anteontem, antiaéreo, autoescola, agroindustrial

Obs.: Quando o segundo elemento começar por **R** ou **S**, duplicam-se essas letras:

    antissemita, contrarregra, microssistema, ultrassom, minissaia, antirreligioso

G) Os compostos ligados por preposição ou conjunção, não aceitam hífen:

    mão de obra, dona de casa, mestre de obras, maria vai com a outras

Exceções: Nomes que indicam espécies botânicas ou zoológicas:

    cana-de-açúcar, cobra-verde-e-amarela, lírio-do-brejo

H) Deixam de ter hífen os seguintes compostos:

    tão só, tão somente, dia a dia, à toa, quase crime, quase contrato, não fumante, não uso, não ficção, não pagamento.

DICAS SOBRE ACENTUAÇÃO GRÁFICA

(SEGUNDO AS REGRAS DO NOVO ACORDO ORTOGRÁFICO DA LÍNGUA PORTUGUESA)

TIPOS DE PALAVRA	COM ACENTO	EXEMPLOS	SEM ACENTO
OXÍTONAS (vocábulos que têm o acento na última sílaba)	terminadas em: A(S), E(S), O(S), EM, ENS	Jacá, vocês, jiló, amém, parabéns	as terminadas em I(S) U(S) precedidas por consoante: *Itu, javali, bambus, jabutis*
	terminadas pelas vogais I e U precedidas de outra vogal	Jundiaí, Itaú, Jaú, Piauí	
PAROXÍTONAS (vocábulos que têm o acento tônico na penúltima sílaba)	terminadas em: Ã(S), I(S), N, PS, R, UM, UNS, X	ímã, órfãs, júri, táxis, hífen, sêmen, fórceps, açúcar, fórum, fóruns, índex	as terminadas em EM, ENS: *nuvem, nuvens, hifens, polens*
	ditongo seguido ou não de S	bênção, órgãos	as terminadas em OO: *voo, enjoo, doo, coo*
PROPAROXÍTONAS (vocábulos que têm o acento tônico na antepenúltima sílaba)	todas são acentuadas	torácico, histórico, característica, fenômeno, biótipo	
MONOSSÍLABOS TÔNICOS*	terminados em A, E e O seguidos ou não de S	má, fé, mês, pé, pó, pôs, ré, dó, pás	os terminados em I, U, OR, EZ e OR: *ri, nu, flor, fez, por* (preposição)
DITONGOS ABERTOS (grupo de duas vogais proferidas em uma só sílaba)	EI, EIS, EU, EUS, OI, OIS, (só existe acento nos monossílabos e nas palavras oxítonas)	destrói, papéis, troféu, véus, faróis herói, caubói, céu	os ditongos EI e OI nas palavras paroxítonas: *jiboia, assembleia, ideia, boia, hebreia, heroico, paranoico*

* A preposição **pra** é o único monossílabo tônico terminado em **a** não acentuado.

TIPOS DE PALAVRA	COM ACENTO	EXEMPLOS	SEM ACENTO
HIATOS (sequência de duas vogais que estão inseridas em sílabas diferentes)	quando I, IS, U ou US estão sozinhos na sílaba tônica do hiato	saída, país, reúne, saúva, balaústre	quando a sílaba tônica começa por NH: *moinho, bainha* nas palavras paroxítonas em que o I e o U são precedidos de ditongos: *taoismo, Sauipe, feiura, baiuca, bocaiuva*
ACENTO DIFERENCIAL	**pôde** (pretérito perfeito) e o verbo **pôr** **ter** e **vir**	eles têm, eles vêm	os derivados de *pôr* não recebem esse acento, com exceção de *soto-pôr* pera, para e pelo perderam o acento.
DERIVADOS DE *TER* E *VIR*	na 3ª pessoa do singular do presente do indicativo, usa-se acento agudo na 3ª pessoa do plural do presente do indicativo, usa-se acento circunflexo	ele detém ele intervém ela convém eles detêm eles intervêm elas convêm	não se emprega mais o acento circunflexo na 3ª pessoa do plural no presente do indicativo ou subjuntivo dos verbos *ver, dar, ler, crer* e seus derivados: veem, deem, leem, creem
VERBOS TERMINADOS EM GUAR, QUAR, E QUIR	é facultativo o emprego da acentuação no A ou I (nos radicais das formas conjugadas) desses verbos no Brasil, a pronúncia mais corrente é aquela com A e I tônicos	averiguo, averíguo, averigue, averígue, enxaguo, enxáguo, delinquo, delínquo, delinque, delínque	ficam sem acento agudo no U (no presente do indicativo) os verbos *arguir* e *redarguir*: tu arguis, tu redarguis, ele argui, ele redargui, eles arguem, eles redarguem
TREMA	somente em palavras estrangeiras e delas derivadas	Müller, mülleriano Gisele Bündchen Hübner, hübneriano	frequente, aguentar, linguiça, tranquilo

BIBLIOGRAFIA

ACADEMIA BRASILEIRA DE LETRAS. *Vocabulário ortográfico da língua portuguesa.* 5ª ed. São Paulo: Global Editora, 2009.

ACADEMIA BRASILEIRA DE LETRAS. *Dicionário escolar da língua portuguesa.* 2ª ed. São Paulo: Companhia Editora Nacional, 2008.

ALMEIDA, Napoleão Mendes de. *Dicionário de questões vernáculas.* 4ª ed. São Paulo: Ática, 1998.

AULETE. Dicionário contemporâneo da língua portuguesa. Rio de Janeiro: Lexikon, 2011.

CEGALLA, Domingos Paschoal. *Dicionário de dificuldades da língua portuguesa.* 3ª ed. Rio de Janeiro: Lexikon Editor Digital Ltda, 2009.

CUNHA, Antônio Geraldo da. *Dicionário etimológico da língua portuguesa.* Rio de Janeiro: Nova Fronteira, 1982.

CURI, José. *Dúvidas de português? Acabe com elas!* Porto Alegre: Sagra, 2002.

FERNANDES, Francisco. *Dicionário de verbos e regimes.* 33ª ed. Porto Alegre: Globo, 1974.

--------. Dicionário de sinônimos e antônimos da língua portuguesa. 3ª ed. Porto Alegre: Globo, 1980

FERREIRA, Aurélio Buarque de Holanda. *Novo dicionário Aurélio.* 5ª ed. Curitiba: Positivo, 2010.

GARCIA, Luiz. *Manual de redação e estilo.* 20ª ed. São Paulo: Globo 1994.

GONÇALVES, J. Milton. *Gafes esportivas.* 2ª ed. São Paulo: Ibrasa, 2000.

GRISOLIA, Miriam Margarida; SBORGIA, Renata Carone. *Português sem segredos.* São Paulo: Madras, 2003.

HORNBY, Albert Sidney. *Oxford Advanced Learner's Dictionary.* 7ª ed. Oxford: Oxford University, 2005.

HOUAISS, Antônio; VILLAR, Mauro de Salles; FRANCO, Francisco Manoel de Mello. *Dicionário Houaiss da língua portuguesa.* Rio de Janeiro: Objetiva, 2009.

KURY, Adriano da Gama. *Para falar e escrever melhor o português.* 2ª ed. Rio de Janeiro: Nova Fronteira, 1989.

LEME, Odilon Soares. *Tirando dúvidas de português.* São Paulo: Ática, 1992.

LONGMAN, *Dictionary of English Language and Culture.* 2ª ed. Essex: Addison Wesley Longman, 1999.

MACHADO, Josué. *Manual da falta de estilo.* 3ª ed. São Paulo: Best Seller, 1994.

--------, *Língua sem vergonha.* Rio de Janeiro: Civilização Brasileira, 2011.

MARTINS, Eduardo. *Com todas as letras.* São Paulo: Estadão, 1999.

--------. *Manual de redação e estilo.* 3ª ed. São Paulo: Moderna, 1997.

MEDEIROS, João Bosco; GOOBLES, Adilson. *Dicionário de erros correntes da língua portuguesa.* 2ª ed. São Paulo: Atlas, 1998.

NETO, Pasquale Cipro. *Nossa língua em letra e música.* São Paulo: Publifolha, 2003.

NICOLA, José de; TERRA, Ernani. *1001 dúvidas de português.* São Paulo: Saraiva, 1997.

OLIVEIRA, Édison de. *Todo o mundo tem dúvida, inclusive você.* 6ª ed. Porto Alegre: Sagra, 2001.

RIOS, Dermival Ribeiro. *Grande dicionário unificado da língua portuguesa*. São Paulo: Divisão Cultural do Livro, 2010.

SACCONI, Luiz Antonio. *Não erre mais!* 30ª ed. São Paulo: Atual, 2010.

-------. *Não confunda!* 2ª ed. São Paulo: Atual, 2000.

SEREBRENICK, Salomão. *70 segredos da língua portuguesa*. 3ª ed. Rio de Janeiro: Bloch, 1990.

SILVA, Sérgio Nogueira Duarte da. *O português do dia a dia*. Rio de Janeiro: Rocco, 2003.

SQUARISI, Dad. *Dicas da Dad*. 8ª ed. São Paulo: Contexto, 2002.

-------. *Manual de redação e estilo – Diários Associados*. 2ª ed. São Paulo: Geração Editorial, 2013.

ÍNDICE REMISSIVO

A

A / há, 11
A baixo / abaixo, 12
A casa / à casa, 12
A cavaleiro / a cavalheiro, 12
A cerca de / há cerca de / acerca de, 12
À custa de / as custas de, 13
A distância / à distância, 13
A domicílio / em domicílio, 13
A expensas de / às expensas de / à expensa de, 14
A fim de / afim, 14
A gota d'água, 14
A grosso modo / grosso modo, 15
À medida que / na medida em que, 15
A menos / ao menos, 15
A menos de / há menos de, 15
A palácio / ao palácio, 16
A par / ao par, 16
A persistirem / ao persistirem, 16
A ponto de / ao ponto de, 16
A primeira vez em que, 17
A princípio / em princípio / por princípio, 17
À rua / na rua, 18
A sós / só, 18
À toa / à-toa, 18
A todos e a todas, 19
À uma hora / há uma hora / a uma hora, 19
Abaixo-assinado / abaixo assinado, 20
Abreviação / abreviatura / siglas, 20
Acaso / caso / se caso, 21
Acenar lenços brancos, 21
Adiar a data, 21
Adrede / adredemente, 21
Afora / a fora / fora, 22
Alerta(s), 22
Alto e bom som, 22
Alugam-se casas, 23
Amoral / imoral, 23
Anexo, 23
Ânsia / ânsias, 24
Ante- / anti-, 24
Antes de / antes que, 24
Ao encontro de / de encontro a, 25
Ao invés de / em vez de, 25
Aonde / onde / donde, 25
Antiético / anético / aético / anti-ético, 25
Aparecer / parecer, 26
Apendicite, 26
Apóstrofe / apóstrofo, 27
Apreçar / apressar, 27
Apreender / aprender, 27
Ar condicionado / ar-condicionado, 27
Arrear / arriar, 28
Arroz de carreteiro, 28
Ascensão / assunção, 29
Aspirar, 29
Assistir, 30
Até / até a / até à / até há / até que, 30
Atender, 31
Aterrar / aterrissar / aterrizar, 31
Ateu, 31
Atrás / trás / traz, 32
Através de, 32
Aumentativo / diminutivo, 32
Auxílio / seguro (+ substantivo), 34
Avôs / avós / avos, 34

B

Babador / babadoiro / babadouro, 35
Bacharel, 35
Bahia / baía, 35
Baixar / abaixar, 36
Barato / caro, 37
Bastante / bastantes, 37
Bastar / faltar / sobrar, 37
Bater / dar / soar (concordância), 38
Bê-á-bá / beabá, 38
Bem (+ hífen), 38

Bem / bom, 39
Bem educado / bem-educado, 39
Bem-feito / bem feito / benfeito, 39
Bem-vindo / benvindo, 40
Beneficente, 40
Berruga / Verruga, 40
Bicampeão / bi-campeão, 41
Bife à cavalo, 41
Bimensal / bimestral, 41
Biotipo / biótipo, 42
Blá-blá-blá / blablablá, 42
Bochincho / bochinche, 42
Bolsa-Escola / Bolsa-Família, 42
Bom dia / bom-dia, 43
Bom senso, 43
Bom-tom, 43
BOVESPA / Bovespa (siglas), 44
Brasileiro / brasilense, 45
Braguilha, 45
Brigar entre eles / brigar entre si, 45
Brocha / broxa, 45
Bucho / buxo, 45

C

Cabeleireiro / cabelereiro, 46
Caçar / cassar, 46
Caibo / cabo, 46
Cada / cada um, 47
Café-concerto, 47
Caixa, 47
Cal, 47
Caligrafia bonita, 48
Calvice / calvície, 48
Candidatos a vereadores, 48
Canja de galinha, 49
Cardeal / cardial, 50
Casa geminada / casa germinada, 50
Cegar / segar, 50
Cela / sela, 50
Censo / senso, 51
Cerração / serração, 51
Cessamento / sessamento, 51
Chá / xá, 51
Chácara / xácara, 52
Chamar a atenção, 52

Checar / xecar, 52
Choveram vaias, 53
Ciclo vicioso / círculo vicioso, 53
Cólera, 53
Coletivo, 54
Colmeia, 55
Comgas / Petrobras / Eletrobras, 55
Comprimento / cumprimento, 55
Concordância verbal, 56
Conosco / com nós, 59
Conseguir com que, 60
Contra-senso / contrassenso, 60
Contra filé / contra-filé / contrafilé, 61
Crase, 61
Crescente / crescendo, 63
Cuspido e escarrado, 63
Cuspir no prato que comeu, 64
Custa-me crer / custa-me a crer, 64

D

Dá gosto de ler um livro desses!, 65
Dado / dado a / devido a, 65
Daqui dez minutos, 66
Dar a luz a um belo menino, 66
Dar muito o que falar, 67
Dar o troco a / dar o troco em, 67
Dar parte, 68
De cócaras / de cócoras / de cócora), 68
De mais / demais, 69
De maneira que / de maneiras que, 69
De segunda à sexta-feira, 69
Deixar claro a intenção, 70
Demorar, 70
Depedrar / depredar, 70
Depois de / após, 72
Desapercebido / despercebido, 72
Desculpem nossa falha, 73
Desjejum, 73
Despensa / dispensa, 74
Dessabor / dissabor, 74
Destrinchar / trinchar, 74
Dia a dia, 74
Difícil de aceitar / difícil de se aceitar, 75
Dignatário / dignitário, 76
Diminuir, 76

Disparada / disparado, 76
Dó, 77
Doa a quem doer / doa em quem doer, 77
Doente grave / doente terminal, 78
Dormir no volante, 78
Duas metades iguais, 78
Duas vezes menor, 78

E

É de se estranhar, 79
É capaz, 80
É pena que, 80
É pouco / é suficiente / é demais / é muito, 81
É que, 81
Eis aí, 81
Elo de ligação, 83
Ela(s) / ele(s), 84
Ela mesmo / ela mesma, 84
Em aberto, 85
Em mão / em mãos, 85
Em que pese (a), 87
Embaixadora / embaixatriz, 88
Embaixo / debaixo / a baixo / abaixo, 89
Eminente / iminente, 89
Empate / empatar, 90
Empecilho / impecilho, 90
Encorporar / incorporar, 90
Enquanto que, 90
Ensino a distância / ensino à distância, 91
Entra-e-sai / entra e sai, 91
Entre eles / entre si, 91
Entre um a dois / entre um e dois, 92
Entregar a / em domicílio, 92
Espectador / expectador, 92
Esperto / experto, 92
Espiar / expiar, 93
Espremer / exprimir, 93
Esquecer, 93
Estada / estadia, 94
Esterno / externo / Hesterno, 94
Estupro / estrupo, 95
Eta-pô! / eita-pô!, 95

Excesso de preciosismo, 95
Expor ideias / fazer colocações, 96

F

Face a, 97
Fácil de., 97
Falou e disse!, 98
Falar ao telefone / falar no telefone, 98
Falaz, 98
Falkland / Falklands, 99
Faltar, 99
Faltou pouco para, 99
Fás, 99
Favorecer, 100
Fax / tórax / xerox, 100
Fazer o de que mais gosta, 101
Fazer que / fazer com que, 101
Fazer-se de/ fazer que, 102
Feliz Ano-Novo / Feliz ano novo, 102
Femoral / femural, 102
Fênix, 103
Fervendo / fervente, 103
Ficamos fora de si, 103
Ficar de pé / ficar em pé, 103
Ficha Limpa / ficha-limpa / ficha limpa, 104
Filé-mignon / filé mignon / filé-minhom, 104
Fintar / driblar, 105
Flagrante / fragrante, 105
Flecha / frecha, 105
Flor-de-lis / flor de lis, 105
Fluido / fluído / fruído, 106
Fogo-fátuo / fogo fátuo, 106
Foi comunicado, 106
Fonfom / fom-fom, 107
Fora-da-lei / fora da lei, 107
Força-tarefa, 107
Formidável, 107
Fosforescente / fluorescente, 108
Fraudulência / flatulência, 108
Frenesi / frenesim, 109
Frente a, 109
Frente a frente / frente à frente, 109
Frízer / freezer, 110

Fui eu que / fui eu quem, 110
Fulano, siclano, beltrano, 111
Funeral / féretro, 111
Furtar / roubar, 112
Futevôlei / futvôlei, 112

G

Gângster, 113
Ganhar, 113
Ganhar o lance na moral, 113
Garage / garagem, 113
Garçom / garção / garçon, 114
Garrett, 114
Gases / gazes, 115
Gato-sapato / gato e sapato, 115
Gênero dos substantivos, 115
Grã-Bretanha / Reino Unido, 117
Gradação / graduação, 117
Grama, 118
Grelha – (pronúncia), 119
Greve / locaute, 119
Guarda-costas, 119
Guerra a guerra / guerra à guerra, 120

H

Há / a, 121
Há / atrás, 121
Há cerca de, 121
Há de haver, 121
Há / havia, 121
Há mais tempo, 122
Há menos de, 122
Há tempo / a tempo, 122
Habeas corpus, 123
Haja / aja, 123
Haja vista / haja visto, 123
Haver / a ver, 123
Hegemonia / higemonia, 124
Hemeroteca, 124
Hesitar / exitar / excitar, 124
Hexacampeão, 124
Hieróglifo / hieroglifo, 124
Hindu / hindi / indiano, 125

História / estória, 125
Hodômetro / velocímetro, 126
Hóspede / hóspeda, 126
Hurra / urra, 126

I

Ibero / íbero, 127
Idiomatismo / idiotismo, 127
Ídolo e jogador exemplar, 127
Ímã / imã / íman, 128
Imergir / emergir, 128
Imérito / emérito, 128
Imigrante / emigrante, 129
Iminente / eminente, 129
Imoral / amoral, 129
Impeachment, 129
Impecilho / empecilho, 129
Ímpio / impio, 129
Implantar / implementar, 130
Implicar, 130
Importar, 130
Imprensa marrom, 130
Impresso / imprimido, 131
Ímprobo / improbo, 131
Impudico, 132
Imundice / imundícia / imundície, 132
Inapto / inepto, 132
Incendioso / insidioso, 132
Incerto / inserto, 133
Incipiente / insipiente, 133
Inclue / inclui, 133
Incluído / incluso, 134
Incontinente / incontinênti / incontinent, 135
Indefeso / indefesso, 135
Independente / independentemente, 135
Inexaurível / inexorável, 136
Infarte / infarto / enfarte / enfarto, 136
Infinitivo (uso), 136
Inflação / infração, 137
Infligir / infringir, 137
Iniciar(-se), 137
Inquerir / inquirir, 138
Inserido / inserto, 138
Instância / estância, 138
Insultante / insultuoso, 139

Integrado / reintegrado, 139
Intemerato / intimorato, 140
Intempestivamente, 140
Intenção / intensão, 140
Ínterim / interim, 140
Intervimos / interviemos, 141
Interviu / entreviu / interveio, 141
Intervivos / inter-vivos / inter vivos, 142
Intuito / intuíto, 142
Invendável / imprestável, 143
Investir, 143
Invólucro / envólucro, 144
Ir a / ir para, 144
Ir ao encontro de / ir de encontro a, 144
Ítem / item, 144

J

Já, 146
Já... mais, 146
Jaboti / jabuti, 146
Jamegão / chamegão, 147
Janta / jantar, 147
Joanete, 147
João-de-barro / joão-de-barros, 147
Joelho – (de joelhos), 148
Jogar a vera / jogar à vera, 148
Jogar de / jogar como, 148
Jogo-da-velha / jogo da velha, 149
Jogo de dama (ou damas?), 149
Jogo ruim de se ver, 149
Judeu / judaísmo / israelense / israelita, 150
Júniors / juniores, 150
Junk food / junk-food, 150
Juntamente com, 150
Junto a, 151
Justiçado, 152

K

Kafkiano, 153
Kaiser, 153
Kamikaze / kamikase / camicase, 153
Kantiano / kantista / kantismo, 154

Karaokê / caraoquê, 154
Karatê / caratê, 154
Kardecista, 155
Kart / cart / carte, 155
Ketchup / Catsup, 155
Kg, 155
Kibutz, 155
Kilobit, 155
Kilobyte, 156
Kilt, 156
Kit, 156
Kitchenette, 156
Kiwi, 156
Km, 157
Knockdown, 157
Knockout, 157
Know-how, 157
Ku Klux Klan. (Sem hífen.), 157
Kuwaitiano, 158
KW, 158

L

Labareda / lavareda, 159
Laço / lasso, 159
Lacônico / prolixo, 159
Lactante / lactente, 160
Lambuja / lambujem / lambugem, 160
Lampeão / lampião, 161
Laranjada / alaranjada, 161
Larápio, 161
Laser / lazer / lêiser, 162
Látex / latex, 162
Lava Jato / Lava-Jato, 162
Ledo engano, 163
Legiferar / legisferar, 163
Lei de talião, 163
Lésbia / lésbica / lésbico, 163
Lêvedo / levedo, 164
Leva e traz / leva-e-traz, 164
Limpado / limpo, 165
Lírio do campo / lírio-do-campo, 165
Lista / listra, 165
Longe / longes, 166
Louva-a-deus, 166
Lua / Terra / Sol, 167

M

Má / mau / mal, 168
Macérrimo / magérrimo, 168
Maciíssimo / friíssimo/ seriíssimo, 168
Má-criação / malcriação, 169
Macro / micro, 169
Mãe coruja / mãe-coruja, 170
Maestria / mestria, 170
Má-formação / malformação, 170
Mais de / perto de, 171
Mais / já, 172
Mais bem / melhor, 172
Mais bom / mais mal / mais grande, 173
Mais de um / menos de dois, 174
Mais grandioso, 174
Mais inferior / mais superior, 175
Mais informações / maiores informações, 175
Mal / mau, 175
Mal mal / mal-e-mal / mal-mal / mal e mal, 176
Mal educado / mal-educado, 176
Mal-humorado / mau humorado, 177
Mala sem alça, 177
Mal entendido / mal-entendido, 177
Malferido / paz podre, 177
Malgrado / mau grado, 178
Maligno / malino, 178
Malmequer / bem-me-quer, 179
Mandado / mandato, 179
Manicuro, 179
Manjadoura / manjedoura, 179
Manter a direita / conservar a direita, 180
Manter o mesmo time, 180
Mapa-múndi, 180
Marcha a ré / marcha à ré, 181
Marrons-claros / marrom-claros, 181
Mascote, 182
MASP / Masp, 182
Máxime, 183
MBA, 183
Medrar, 183
Meia / meio, 184
Meio de campo / meio-de-campo, 185
Meio-dia / meio dia, 185
Melhor / melhores, 185

Menos de um / menos de dois, 186
Mertiolate / mertiolato, 186
Mesmo / mesma, 186
Metade de, 187
Milhar / milhão, 187
Mim / eu, 188
Mínimos detalhes, 189
Mississípi / Mississippi, 189
Misto-quente / mixto-quente, 189
Monopólio exclusivo, 189
Monstro, 190
Moqueca / muqueca, 190
Moral, 190
Morar, 191
Mordi minha língua!, 191
Mostrengo / monstrengo, 192
Mozarela / muçarela / muzarela, 192
MTV, 192
Muito, 192
Muito dó, 193
Músico / música, 193

N

Na época que, 194
Na moral, 194
Nada a ver, 194
Nada / tudo / nenhum / ninguém, 195
Namorar com, 195
Não brinca! / não brinque!, 195
Não há quem faz nada igual, 195
Não pagamento / não-pagamento, 195
Não quero lhe dizer, 196
Nariz de cera, 196
Necropsia / necrópsia, 197
Nem... nem (concordância), 197
Nem um nem outro, 197
Nenhum / nem um, 197
Nenhum (concordância), 198
Nenhures / algures / alhures, 198
Neologismo, 198
Nesse (neste) comenos, 199
Nesse / neste, 199
No avesso, 200
No dia em que, 200
No mais absoluto sigilo, 201

No mais das vezes / o mais das vezes, 201
No norte / ao norte, 201
Nosso País / nosso país, 202
No peito / ao peito, 202
No sol, 203
Nobel, 203
Nocivo, 203
Nós mesmos / nós próprios, 203
Nova Iorque / Nova York / New York, 204
Nove-horas, 204
Num de seus melhores dias, 204
Num e noutro, 205
Nunca jamais, 205

O

Ó / oh, 206
O bom filho, 206
O caixa / a caixa, 207
Obedecer, 207
Obeso, 207
Obrigado, 207
Obsoleto, 208
Obstáculo / desafio, 208
Octacampeão / octocampeão, 208
Octogésimo, 208
Óculo / óculos, 208
Office boy, 208
Oitava de final, 209
Olheira / olheiras, 209
Olimpíada / olimpíadas, 209
Ombrear, 210
Omeleta / omelete, 210
Onde / aonde / donde, 210
Onde a coruja dorme, 210
Ortografia correta, 211
Os Estados Unidos, 211
Ouros, 211
Outra alternativa, 212
Ovo estrelado, 212

P

Pagar na mesma moeda, 213

País (maiúscula ou minúscula?), 213
Paisinho / Paizinho, 213
Panorama geral, 214
Papai Noel / papai-noel, 215
Para / a, 215
Para-choque / pára-choque, 215
Para frente / para atrás, 216
Parasita / parasito, 216
Pé de laranjeira, 218
Pé-de-meia / pé de meia, 218
Pegado / pego, 219
Pensar em, 219
Pequenez / pequinês, 220
Pequenos detalhes, 221
Pequi / piqui, 221
Perca / perda, 221
Perder para, 222
Petro-Sal / Petrossal, 222
Piloto / pilota, 223
Pique / pico, 223
Plural dos adjetivos compostos, 223
Polue / polui, 224
Ponte elevadiça / ponte levadiça, 225
Ponto e vírgula / ponto-e-vírgula, 225
Por conta de / devido a, 225
Pôr do sol / pôr-do-sol, 226
Por inteiro / por inteira, 226
Por hora / por ora, 226
Por que / por quê / porque / porquê, 227
Por si só, 228
Por sob / por sobre, 228
Porisso / apartir de / derrepente, 229
Porta-luva / porta-luvas, 229
Preeminente / proeminente, 230
Prestes a – (+ infinitivo), 231
Pretensioso, 231
Prevenir / previnir, 232
Prever / provir / prover, 232
Primeira-dama / primeiro-cavalheiro, 234
Primeiranista / primeiroanista, 234
Pronomes oblíquos, 234
Prova dos nove, 237
Provável / capaz, 238
Pseudo-, 239
Puxar alguém / puxar a alguém, 240
Puxar uma perna / puxar de uma perna, 240

Q

Quais de nós, 241
Qual o peixe que tem mais espinhos?, 241
Qualquer / nenhum, 242
Quantia vultuosa, 242
Quanto é dois mais dois?, 243
Quatorze / catorze, 243
Quê – (acentuado), 243
Quede / quedê / cadê, 244
Que dirá eu, 244
Que nem / como, 245
Que país é esse?, 245
Quebranto / quebrante, 245
Quebrar dois braços, 246
Queijo prato / queijo prata, 246
Quem – (concordância), 246
Quem quer que, 247
Quero que ela exploda!, 247
Quero Informá-lo (informar-lhe), 249
Questão – (pronúncia), 249
Quinta-coluna, 250
Quinta-essência / quintessência, 250
Quintos do inferno, 250
Quiprocó / quiproquó, 251
Quisto / cisto, 252
Quite / quites, 252
Quizesse / puzesse, 253
Quivi, 253
Quota / cota, 253

R

Rádio-ouvinte / radiouvinte, 254
Raios ultravioleta, 254
Ramadã / Ramadão, 255
Ramalhete de rosas, 255
Ramerrão, 256
Rampeira / rameira, 256
Ranger / rangir / ringir, 256
Rastelo – (pronúncia), 256
Rasto / rastro, 257
Ratificar / retificar, 257
Reaveu / reouve, 258
Record / récorde / recorde, 258

Re-escrever, 259
Refutar / reputar, 260
Régua-tê / régua-T, 260
Reino Unido / Grã-Bretanha, 260
Relampear, 260
Remédio para gripe, 261
Remédio ruim de se tomar, 261
Renite / rinite, 261
Reparar / reparar em, 261
Repercutir, 262
Rês / rés, 263
Residente à rua dos Gusmões, 263
Resina / rezina / rezinga / rizina, 263
Resplandecer, 263
Responder a (à), 264
Risco de vida / risco de morte, 264
Roraima – (pronúncia), 265
Rua tal, número tal, 266
Ruço / russo, 266
Rufar / ruflar, 267
Rufião, 267
Ruim de, 267

S

Saçaricar / sassaricar, 268
Saída, 268
Sair fora da área, 269
Salada é bom / salada é ótimo, 269
Saloba / salobra, 269
Salve, 270
Salve-se-quem-puder, 270
Salvo, 270
Sanguíneo / sangüíneo, 271
Santo / são, 271
São das tais coisas, 272
São Vicente de Paula, 272
Saudável / sadio, 272
Se caso / se acaso, 274
Se liga no SBT, 274
Se não / senão, 274
Seção / secção / sessão / cessão, 275
Segar / cegar, 276
Segmento / seguimento, 276
Sela / cela, 276
Seleiro / celeiro, 276

Selvícola / silvícola, 276
Sem eu / sem mim, 277
Sem-número / sem número, 277
Sem-sal / sem sal, 278
Senáculo / cenáculo, 278
Senatriz, 278
Senso / censo, 279
Sentir (+ infinitivo), 279
Sequer, 280
Ser – (concordância), 281
Ser necessário, 282
Ser o fiel da balança, 282
Ser perdoado, 283
Seriíssimo / seríssimo, 283
Serração / cerração, 284
Sicrano / ciclano, 284
Situado em / situado a, 285
Sob esse prisma, 285
Sobrancelha / sombrancelha, 285
Sobressaia, 286
Sobressair / sobressair-se, 286
Sócio-torcedor / sócio torcedor, 286
Soja, 287
Somatória / somatório, 287
Somos em cinco, 287
Subestimar, 287
Subjuntivo, 288
Sucinto / suscitar, 288
Sul – (maiúscula e minúscula), 288
Sul-rio-grandense, 288
Superavit / deficit / superávit / déficit, 289
Surdo-mudo, 289
Surpresa inesperada, 289

T

Tachar / taxar, 290
Tal / tais, 291
Tal qual / tais quais, 291
Talvez existam / talvez existem, 292
Tampar / tapar, 293
Tampouco / tão pouco, 293
Tanto faz, 293
Tanto quanto, 293
Tão só / tão somente, 294
Tataravô / tetravô, 294

Tem-tem / tentém, 294
Tenção / tensão, 294
Ter a mão cortada, 295
Ter de / ter que, 296
Terraplanagem / terraplenagem, 296
Tetracampeão / tetra-campeão, 296
Tireoide / tiroide, 296
Todas as três / todas três, 297
Tomare, 297
Tons pastéis, 297
Tórax / torácico, 298
Torcer (para ou por?), 298
Torre Eiffel – (pronúncia), 298
Transístor / transistor, 298
Traqueotomia / traqueostomia, 299
Traslado / translado, 299
Trata-se de, 299
Trema (sinal gráfico), 300
Triavô, 300
Trinchar / destrinchar, 300
Tudo mais / tudo o mais, 300
Tudo-nada, 301

U

Ultrage / ultraje, 302
Um copo com água / um copo d'água / copo-d'água, 302
Um deixou pro outro, 302
Um dos que – (concordância), 303
Um doze avos / um doze avo, 304
Um e outro – (concordância), 305
Um mil reais, 305
Um ou outro – (concordância), 305
Um tanto quanto / um tanto ou quanto, 305
Umbigo / embigo, 306
Umedecer / umidecer, 306
Unha-de-fome / unha de fome, 306
Unicolor / onicolor, 306
Usofruto / usufruto, 307
Usuário / usurário, 307
Usucapião, 307
Usufruir / desfrutar / compartilhar, 308
Utilizar / utilizar-se, 308

V

Vadear / vadiar, 309
Vagem / bagem, 309
Vai (ou vão?) para dez anos, 309
Vai e vem / vaivém / vai-vem, 310
Vai que é sua Taffarel!, 310
Vantagem / handicap, 310
Vem pra caixa você também, 311
Vencer obstáculos, 311
Vendável / vendível, 311
Ver / olhar / enxergar, 312
Vernissage / vernissagem / vernizagem, 313
Verruga / berruga, 313
Vez / vezes, 313
Via de regra, 314
Viajar de / por / em / com, 314
Vibrar de alegria, 314
Vício de linguagem, 315
VIP, 315
Vir num crescente, 315
Vírgula – (uso), 316
Visar, 317
Vitrina / vitrine, 318
Voar pelos ares, 318
Voltar atrás, 318
Vossa Excelência / Sua Excelência, 319
Vôlei / voleibol / volibol, 319
Vox populi, vox dei, 320
Vultoso / vultuoso, 320

W

W, 321
Waffle, 321
Wagneriano, 321
Walkie-talkie, 321
Water polo, 321
Watt, 322
Weekend, 322
Western / faroeste, 323
Wi-Fi, 323
Winchester, 323
Windsurf / windsurfe, 324
WO ou W.O, 324
Workshop, 324
WWW, 324
Wysiwyg, 325

X

Xá / chá, 326
Xácara / chácara, 326
Xale / xaile / chale / chalé, 326
Xampu / shampoo / champô / xampô, 326
Xará, 327
Xaxim, 327
Xeique / xeque / sheik, 327
Xenófilo / xenófobo, 327
Xepa, 328
Xerox / xérox, 328
Xexé / xexéu, 328
Xifópago / xipófago, 329
Xiquexique / xique-xique, 329
Xuxu / chuchu, 329

Y

Yahoo, 330
Yakimeshi, 330
Yakisoba / Yakissoba, 331
Yakuza, 331
Yen / iene, 331
Yoga / ioga, 331
Yogue / iogue, 331
Yom Kippur, 332
YouTube, 332
Yuppie, 332

Z

Zangão / zângão, 333
Zé-mané, 333
Zé-povinho / zé-povo, 333
Zero à esquerda, 333
Zero-quilômetro, 333
Ziguezaguear / zigue-zague, 334

Zinho (com Z) / sinho (com S), 334
Zipar, 334
Zoar / zuar, 334
Zoeira / zueira, 335
Zoom / zum, 335
Zumbido / zunido, 335

Este livro foi diagramado utilizando a fonte Arial
e impresso pela Smart Printer, em papel off-set 75 g/m²
e a capa em papel cartão supremo 250 g/m².